21 世纪高职高专规划教材·财经管理系列

人力资源管理

主　编　王立波
副主编　马中宝　石　爽
主　审　许继英

清华大学出版社
北京交通大学出版社
·北京·

内 容 简 介

本书共 9 章，内容包括：人力资源管理概述、工作分析、人力资源规划、员工招聘与录用、员工培训与开发、绩效管理与绩效评价、薪酬管理、劳动关系管理和职业生涯管理。

本书可作为高职高专院校经济管理类专业学生学习人力资源管理课程的教材，也可以作为经济管理实践工作者的参考用书。

本书封面贴有清华大学出版社防伪标签，无标签者不得销售。
版权所有，侵权必究。侵权举报电话：010-62782989　13501256678　13801310933

图书在版编目（CIP）数据

人力资源管理／王立波主编. —北京：北京交通大学出版社：清华大学出版社，2017.11
（21 世纪高职高专规划教材·财经管理系列）
ISBN 978-7-5121-3130-9

Ⅰ.①人… Ⅱ.①王… Ⅲ.①人力资源管理-高等职业教育-教材 Ⅳ.①F243

中国版本图书馆 CIP 数据核字（2017）第 004865 号

人力资源管理
RENLI ZIYUAN GUANLI

责任编辑：	黎　丹
出版发行：	清 华 大 学 出 版 社　邮编：100084　电话：010-62776969　http://www.tup.com.cn
	北京交通大学出版社　邮编：100044　电话：010-51686414　http://www.bjtup.com.cn
印　刷　者：	北京时代华都印刷有限公司
经　　　销：	全国新华书店
开　　　本：	185 mm×260 mm　　印张：15.75　　字数：393 千字
版　　　次：	2017 年 11 月第 1 版　　2017 年 11 月第 1 次印刷
书　　　号：	ISBN 978-7-5121-3130-9/F·1719
印　　　数：	1～2 000 册　　定价：32.00 元

本书如有质量问题，请向北京交通大学出版社质监组反映。对您的意见和批评，我们表示欢迎和感谢。
投诉电话：010-51686043，51686008；传真：010-62225406；E-mail：press@bjtu.edu.cn。

前　言

人力资源管理是一门迅速发展的学科，在坚持以人为本的今天，学习与应用人力资源管理意义深远。

本书是为高职高专经济管理类各专业编写的人力资源管理教材，内容体现了高等职业技术人才培养定位的要求，突出了应用性、实用性和可操作性，并且在教学内容的选择上以需要为准、以够用为度，进行了一定的取舍和探索。

本书主要对人力资源管理基础知识、工作分析、人力资源规划、员工招聘与录用、员工培训与开发、绩效管理与绩效评价、薪酬管理、劳动关系管理、职业生涯管理等方面进行了阐述，力求全面、准确、及时地反映人力资源管理的最新内容，结合我国有特色的人力资源管理实际，为我国经济建设与社会发展服务。全书内容精练、结构简洁、重点突出，实现了理论与案例的有机结合。

本书设置了"学习目标""案例导读""能力链接""单元小结""思考与实践"等内容，旨在建立"教、学、做"一体化的教学模式。每章开篇的"学习目标"是本章应该掌握和理解的内容；"案例导读"是为了提高学生的阅读兴趣，引导学生思考；"能力链接"则是为拓展知识面服务；"思考与实践"主要是帮助学生复习和检测学习效果，培养学生的实践应用能力。

本书由黑龙江农业经济职业学院王立波担任主编，黑龙江农业经济职业学院马中宝、石爽担任副主编，黑龙江农业经济职业学院许继英担任主审。本书由王立波拟定编写大纲，并由从事人力资源管理教学的教师分工编写，参加编写的人员有：黑龙江农业经济职业学院王冠鹰，黑龙江农业经济职业学院李薇。最后由王立波统稿、修改和定稿。全书的编写分工如下。

王立波：第1章、第2章、第3章。

石　爽：第4章、第5章。

王冠鹰：第6章、第7章。

马中宝：第8章。

李　薇：第9章。

本书配有教学课件和相关的教学资源，有需要的读者可以从网站 http：//www.bjtup.com.cn 下载或者与 cbsld@jg.bjtu.edu.cn 联系。

本书在编写过程中参考了大量文献资料，借鉴和吸收了众多学者的研究成果，在此深表谢意。由于编者水平有限，书中缺点和错误在所难免，敬请读者和专家批评指正。

编　者
2017年8月

目 录

第1章 人力资源管理概述 (1)
  1.1 人力资源概述 (2)
  1.2 人力资源管理概述 (6)
  1.3 人力资源管理的产生和发展 (11)
  1.4 人力资源管理与企业文化 (15)
  单元小结 (19)
  思考与实践 (19)

第2章 工作分析 (25)
  2.1 工作分析概述 (27)
  2.2 工作分析的内容和程序 (30)
  2.3 工作分析的方法 (34)
  2.4 工作说明书的编写 (40)
  单元小结 (42)
  思考与实践 (42)

第3章 人力资源规划 (48)
  3.1 人力资源规划概述 (49)
  3.2 人力资源规划的内容和要求 (50)
  3.3 人力资源预测 (54)
  3.4 人力资源规划的编制 (60)
  3.5 人力资源规划的实施与评价 (62)
  单元小结 (65)
  思考与实践 (65)

第4章 员工招聘与录用 (73)
  4.1 员工招聘概述 (74)
  4.2 员工招聘的途径 (77)
  4.3 员工甄选 (86)
  4.4 员工录用与招聘评估 (94)
  单元小结 (97)
  思考与实践 (97)

I

第 5 章　员工培训与开发 (101)
- 5.1　员工培训与开发概述 (103)
- 5.2　员工培训 (105)
- 5.3　员工的职业开发 (111)
- 单元小结 (115)
- 思考与实践 (116)

第 6 章　绩效管理与绩效评价 (121)
- 6.1　绩效管理概述 (122)
- 6.2　绩效管理的内容 (125)
- 6.3　绩效评价概述 (130)
- 6.4　绩效评价的程序 (133)
- 6.5　绩效评价方法 (137)
- 单元小结 (140)
- 思考与实践 (141)

第 7 章　薪酬管理 (146)
- 7.1　薪酬概述 (147)
- 7.2　薪酬方案设计 (154)
- 7.3　薪酬制度 (166)
- 7.4　福利 (172)
- 单元小结 (180)
- 思考与实践 (180)

第 8 章　劳动关系管理 (185)
- 8.1　劳动关系概述 (186)
- 8.2　劳动合同管理 (189)
- 8.3　劳动争议 (198)
- 8.4　社会保障 (203)
- 单元小结 (206)
- 思考与实践 (207)

第 9 章　职业生涯管理 (212)
- 9.1　职业生涯管理概述 (213)
- 9.2　职业生涯设计 (217)
- 9.3　职业管理 (221)
- 9.4　职业发展阶段管理 (224)

9.5　个人职业生涯规划 ……………………………………………………（227）
单元小结 …………………………………………………………………（235）
思考与实践 ………………………………………………………………（235）

参考文献 ……………………………………………………………………（241）

第1章 人力资源管理概述

【学习目标】

通过人力资源管理理论的学习,理解人力资源和人力资源管理的概念;明确人力资源的特点,重点掌握人力资源管理的内容;在理清人力资源管理理论发展脉络的基础上,学会运用科学方法开展人力资源管理工作,从而为后面内容的学习奠定基础。

案例导读

兴达公司人力资源管理存在的问题

兴达公司的主要业务是做某著名品牌的新产品在中国区的总经销。由于管理人才的缺乏,公司成立之初,市场业绩一直不理想。后经公司内部员工推荐,老板未经过人力资源部直接引进了一位高层管理人员担任主管销售和市场工作的副总裁。

副总裁来公司两周后,公司委派其带领销售部门的几名员工去外地参加一个展会。员工赵小萌和该副总裁分别向财务借了部分费用。在参展期间,赵小萌预支的费用不够买回程的车票,请求副总裁支援。副总裁怀疑赵小萌与展会主办单位有黑幕交易,拒绝支援且于展会结束后自己直接乘飞机回总部并说服老板不安排汇款。参展的另外几名员工滞留当地一日,自行凑钱买了火车票回公司。员工赵小萌由于未结清参展费用,又无钱购买火车票,被滞留当地3日,才辗转回到总部。

该事件在一段时期内给公司造成了消极影响。老板征求公司人力资源部的意见,希望能采取合适的措施消除该事件的不利影响。

兴达公司的人力资源管理有什么问题?该公司人力资源部应该如何处理这样的事件?

(资料来源:根据互联网资料改写)

案例启示

从上述案例可以看出，该公司引进的副总裁的表现不令人满意：一是怀疑该公司的员工赵小萌与展会主办单位有黑幕交易；二是拒绝支援且于展会结束后自己直接乘飞机回总部；三是说服老板不安排汇款。

该副总裁是公司参展人员中的领导，如果是他安排员工赵小萌负责联系，但又对赵小萌有怀疑，说明他用人方法、用人能力等值得怀疑。用人不疑，疑人不用，上司应该充分信任自己的下属，可是他没有做到。即使他怀疑赵小萌有黑幕交易也应该在充分调查并获得证据支持的前提下才能下结论。从上述案例中看不出来该副总裁对员工赵小萌的怀疑有足够的证据。即使证实员工赵小萌与展会主办单位有黑幕交易，副总裁后期的做法也显然错误。可以认为，该事件的责任基本上应该由该副总裁承担。

公司老板的做法也有不当之处，主要表现在以下几个方面。一是引进该副总裁之前没有做必要的测试、甄选，所以不能确定该人选是否合格。实践证明，该副总裁不称职。二是该副总裁来公司以后没有经过系统的培训，就独立承担重要的工作。任何新到公司的员工都应该做系统的培训，包括企业文化培训，公司政策、制度培训，以及相应的技术、业务培训等。三是该副总裁来公司后，应该有一个实习期过渡，既让他本人对工作有个熟悉的过程，又让他和他的下属、上司之间有一个相互了解、相互认可的机会。

公司对准备录用的员工，在同他签订劳动合同之前，还应该确认：与原公司是否解除了劳动合同；该员工同原单位有没有签订"竞业禁制"协议；有没有体检报告等。

分析上述案例，还能看到该公司存在严重的老板越权现象。公司老板超越人力资源部门做了本应该由人力资源部门做的事情。在一个企业内，老板不能越权做其他经理该做的事，老板更应该遵守公司的制度，否则带来的后果就不仅仅是越权带来的不良结果。越权行为本身就是向公司的员工表示：公司的制度不重要，可以不遵守。老板这样做，将对企业文化产生严重的不良影响。

1.1 人力资源概述

在经济学上，资源是为了创造物质财富而投入生产活动中的一切要素。众所周知，世界上的资源可以分为四大类：自然资源、资本资源、信息资源和人力资源。自然资源是指用于生产活动的一切未经人为加工的自然物；资本资源是指用于生产活动的一切经人为加工的自然物；信息资源是指对生产活动及与其有关的一切活动的事物描述的符号集合；经济学家称人力资源是四类资源中的"第一资源"。

1.1.1 人力资源的概念和特点

1. 人力资源的概念

人力资源是指在一定社会组织范围内，能够推动经济和社会发展的具有智力劳动和体力劳动的人力的总和。人力资源在宏观意义上的概念是以国家或地区为单位进行划分和计量的，在微观意义上的概念则是以部门和企业、事业单位为单位进行划分和计量的。

(1) 数量方面

人力资源的数量构成包括 8 个方面。

① 处于劳动年龄之内，正在从事社会劳动的人口，它占据人力资源的大部分，可称为"适龄就业人口"。

② 尚未达到劳动年龄，已经从事社会劳动的人口，即"未成年劳动者"或"未成年就业人口"。

③ 已经超过劳动年龄，继续从事社会劳动的人口，即"老年劳动者"或"老年就业人口"。

以上 3 部分人，构成了就业人口的总体。

④ 处于劳动年龄之内，具有劳动能力并要求参加社会劳动的人口，这部分可以称作"求业人口"或"待业人口"，它与前 3 部分人构成经济活动人口。

⑤ 处于劳动年龄之内，正在从事学习的人口，即"就学人口"。

⑥ 处于劳动年龄之内，正在从事家务劳动的人口。

⑦ 处于劳动年龄之内，正在军队服役的人口。

⑧ 处于劳动年龄之内的其他人口。

(2) 质量方面

人力资源的质量构成包括思想素质、文化技术素质和生理心理素质 3 个方面的内容。

① 思想素质包括政治觉悟、思想水平、道德品质等。

② 文化技术素质主要指智力、知识、技能，这是人力作为资源所具有的质的规定性的主要方面。

③ 生理心理素质是指体能和心理精神状态。

这 3 个方面的统一构成了人力资源的全部质量内容，缺一不可。

人力资源的数量内容与质量内容相互统一、相互联系。一定数量的人力资源是一个国家或地区、一个企业存在和发展的基础和前提条件。当今时代，经济发展主要取决于知识信息和科学技术进步，因此对人力资源质量的要求越来越高，需求也更迫切，而对数量需求相对减弱。再加之人力资源的质量对数量有很强的替代性，而数量对质量的替代性较差，甚至不能替代，所以在人力资源数量一定的前提下，质量更重于数量。

2. 人力资源的特点

要进行社会生产，就必须具备人、财、物 3 种基本资源。由于财力（即资金）是人力和物力的货币表现，因此社会生产的最基本要素或基本资源就是人力和物力。

人力资源作为国民经济资源中的一个特殊部分，具有以下 6 个特点。

(1) 生物性

它存在于人体之中，是有生命的"活"资源，与人的自然生理特征相联系。

(2) 能动性

人不同于自然界的其他生物，人具有思想、感情，具有主观能动性，能够有目的地进行活动，能动地改造客观世界。由于作为劳动者的人具有社会意识，并在社会中处于主体地位，因此表现出主观能动性。人力资源的能动性，主要表现在 3 个方面。

① 自我强化。人类的教育和学习活动，是人力资源自我强化的主要手段。人们通过正规教育、非正规教育和各种培训，努力学习理论知识和实践技能，刻苦锻炼意志和身体，使

自己获得更高的劳动素质和能力，这就是自我强化的过程。

② 选择职业。在市场经济环境中，人力资源主要靠市场来调节。人作为劳动力的所有者可以自主择业。选择职业是人力资源主动与物质资源结合的过程。

③ 积极进取。敬业、爱业，积极工作，创造性地劳动，这是人力资源能动性的最主要方面，也是人力资源发挥潜能的决定性因素。

（3）动态性

人作为生物有机体，有其生命周期，能从事劳动的自然时间被限定在生命周期的中间一段。人的能力随时间而变化，在青年、壮年、老年各个年龄组人口的数量及其相互关系，特别是"劳动人口与被抚养人口"比例，都是不断变化的。因此，必须研究人力资源形成、开发、分配和使用的时效性和动态性。

（4）积累性

人类在劳动中创造了机器和工具，通过开发智力，使自身的功能迅速扩大。人类的智力具有继承性。人力资源所具有的劳动能力随时间的推移得以积累、延续和增强。

（5）再生性

经济资源可分为再生资源和非再生资源两大类。非再生资源最典型的是矿产，如煤矿、金矿、铁矿、石油等，每开发和使用一批，其总量就会减少一批，且不可靠自身机制恢复。另一些资源，如森林，在开发和使用过后，只要保持必要的条件，就可以再生，从而可以保持资源总体的数量。人力资源也具有再生性。它基于人口的再生产和劳动力的再生产，通过人口总体内个体的不断更替和"劳动力耗费—劳动力生产—劳动力再次耗费—劳动力再次生产"的过程得以实现。当然，人力资源的再生性不同于一般生物资源的再生性，除了遵守一般生物学规律外，它还受人类意识的支配和人类活动的影响。

（6）社会性

从人类社会经济活动角度看，人类劳动是群体性劳动，不同的劳动者一般分别处于各个劳动集体之中，构成了人力资源社会性的微观基础。从宏观上看，人力资源总是与一定的社会环境相联系的，它的形成、配置、开发和使用都是一种社会活动。从本质上讲，人力资源是一种社会资源，应当归整个社会所有，而不应仅仅归属于某一个具体的社会经济单位。

1.1.2 人力资源的相关概念

为了准确地把握人力资源的概念，需要明确人口资源、劳动力资源、人才资源、人力资本这些与人力资源有关的概念。

1. 人口资源

人口资源是指一个国家或地区所拥有的人口总和，主要表现为人口的数量。其基本形态是一个个具体的人，是构成人力资源的基础。人口资源为人力资源提供了一个可能的承载量，人口资源中具备智力和体力的那部分人才是人力资源。

2. 劳动力资源

劳动力资源是指一个国家或地区所有达到法定劳动年龄且具有劳动能力的人口的总和，通常是指18岁至60岁具备从事体力劳动或脑力劳动能力的人口群体。

3. 人才资源

人才资源是指一个国家或地区具有较强的管理能力、研究能力、创造能力和专门技术能力的人的总和。人才资源是人力资源的一部分,即优质的人力资源。人才资源侧重于对人的质量上的评价。人口资源、劳动力资源、人才资源与人力资源的关系如图1-1所示。

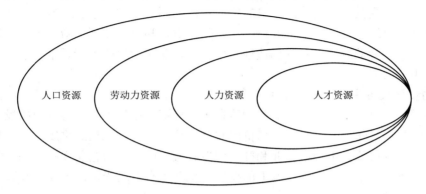

图1-1 人口资源、劳动力资源、人才资源与人力资源的关系图

4. 人力资本

"人力资本之父"西奥多·W. 舒尔茨认为,人力资本是劳动者身上所具备的两种能力:一种能力是通过先天遗传获得的,是由个人与生俱来的基因所决定的;另一种能力是后天获得的,是由个人努力经过学习而形成的。同物质资本一样,人力资本也要通过投资才能形成。按照劳动经济学的观点,人力资本的投资主要有3种形式:教育和培训、迁移、医疗保健。而且与其他类型的投资一样,人力资本的投资也包含着这样一种含义:在当前时期付出一定的成本并希望在将来能够带来收益,因此人们在进行人力资本的投资决策时主要考虑收益和成本两个因素,只有当收益大于成本或者至少等于成本时,人们才愿意进行人力资本的投资;否则,人们将不会进行人力资本的投资。

对于企业来说,人力资本是企业人力资源的全部价值,在企业表现为人们所拥有的并能够用于工作的能力。

1.1.3 人力资源在经济发展中的作用

经济增长的主要途径取决于以下4个方面的因素:新的资本资源的投入、新的可利用自然资源的发现、劳动者的平均技术水平和劳动效率的提高、科学技术的知识储备及运用的增加。后两项均是与人力资源密切相关的,它们对人力资源的质量起了决定性的作用。可以说,人力资源决定了经济的增长。经济学家也因此将人力资源称为第一资源。

劳动者的平均技术水平和劳动效率的提高、科学技术的知识储备及运用的增加是经济增长的关键。由于这两个因素是与人力资源的质量密切相关的,因此一个国家经济发展的关键在于如何提高人力资源质量。

1. 人力资源是社会生产的基本要素

为了进行生产,不仅要具备劳动资料和劳动对象这些物质资源,还必须拥有一定数量和质量的劳动力资源。在生产过程中,必须使两者有机地结合起来。不仅如此,为了提高生产效率,不但要有直接从事生产的劳动者,还必须有对生产的诸要素进行合理组织、协调、规划和监督的管理者。

2. 人力资源是生产力的主导因素

与物质资源不同，人力资源具有其鲜明的特性：它是生产力诸要素中唯一具有主观能动性的要素。劳动者受其大脑的控制，具有物质资源所不具备的创造性，能够在生产实践中不断地发现问题、总结经验，制造和改进劳动工具，发现和改造、利用新的劳动对象，从而促进生产力的发展。劳动者所独具的创造性，使人力资源成为生产力诸要素中最积极、最活跃和起决定作用的因素。

3. 人力资源投资是最有效的投资

在社会再生产过程中，不仅要进行物质资源的投资，更要进行人力资源的投资。人力资源在生产力中起主导作用，劳动是一切价值和剩余价值的唯一源泉。物质资源本身不创造价值，只能转移自身价值，不会给企业和社会创造收益，而真正为企业和社会创造收益的只能是人力资源。所以，企业在人力资源上的投资才是真正有效的投资，企业的利润正是通过这部分投资来实现的。

1.2 人力资源管理概述

1.2.1 人力资源管理的概念

人力资源管理，就是指运用现代化的科学方法，将与一定物力相结合的人力进行合理的培训、组织和调配，使人力、物力保持最佳比例，同时对人的思想、心理和行为进行恰当的诱导、控制和协调，充分发挥人的主观能动性，使"人尽其才，事得其人，人事相宜"，从而实现组织目标。

根据定义，可以从两个方面来理解人力资源管理，一是对人力资源外在要素——量的管理。对人力资源进行量的管理，就是根据人力和物力及其变化，对人力进行恰当的培训、组织和协调，使二者经常保持最佳比例，使人和物都充分发挥出最佳效应。二是对人力资源内在要素——质的管理。主要是指采用现代化的科学方法，对人的思想、心理和行为进行有效的管理（包括对个体和群体的思想、心理和行为的协调、控制和管理），充分发挥人的主观能动性。

> **能力链接**

现代人力资源管理的特点

① 现代人力资源管理以"人"为核心，视人为"资本"，把人作为第一资源加以开发，既重视以事择人，也重视为人设事，让员工积极主动地、创造性地开展工作。管理的出发点是"着眼于人"，既考虑人的个性需求的差异，又考虑客观环境对人的影响，用权变的观点开展工作，从而达到人力资源的合理配置、人与事的系统优化，使企业获得最佳的经济效益和社会效益。

② 现代人力资源管理属于动态管理，强调一种动态的、心理的调节和开发，同时将人

力资源作为劳动者自身的财富，重视开发使用，强调人员的整体开发。现代人力资源管理结合组织目标和个人情况，进行员工的职业生涯规划，不断培训，不断进行横向和纵向的岗位职务调整，做到大材大用、小材小用，充分发挥个人才能。

③ 现代人力资源管理采取理性与感情化的管理，较多地考虑人的情感、自尊、价值，以人为本，多激励，少惩罚，多授权，少命令，尽量发挥每个人的特长，尽可能地体现每个人的价值。

④ 现代人力资源管理追求创新性，不断创新、完善考核系统、测评系统等。根据组织现状和未来，现代人力资源管理被赋予了很多的组织变革职能，通过参与变革与创新，实施组织变革（并购与重组、组织裁员、业务流程再造等）过程中的人力资源管理实践，包括提高员工对组织变革的适应能力、妥善处理组织变革过程中的各种人力资源问题、推动组织变革进程，并以企业变革推动者的身份有计划、有目标地展开工作。

⑤ 现代人力资源管理主体是市场运行的主体，行为受市场机制左右，而且须遵循市场通行规则和人力资源管理自身特有的规律。

⑥ 现代人力资源管理上升为决策层、为企业的高层管理者提供建议。作为企业战略决策的参与者，提供基于战略的人力资源规划及系统解决方案，将人力资源纳入企业的战略与经营管理活动中，使人力资源与企业战略相结合。

1.2.2 人力资源管理的基本原则

1. 选人的基本原则

（1）严格把关原则

选人是人力资源管理的起点，要保证组织能及时地得到所需要的人。选对了人，才能培养他，才能用他，才能留住他。

（2）岗位需要原则

选人首先必须做好岗位分析，确定需要的岗位、要求、人数、质量，减少主观性、盲目性。

（3）人、事匹配原则

要根据岗位需要选择"最适合"的人，不能盲目地攀比高学历、高层次，亦不能为降低工资成本选低层次的人，既要避免"大马拉小车"现象，又要避免"小马拉大车"现象。

（4）公正原则

要以公正、公平、合理的标准来评价人才，选人者要有识才、辨才的能力，要站在企业的角度选人。

（5）用人部门参与原则

用人部门的参与可以保证所选的人符合岗位工作的要求，同时也能让被选的人了解今后工作的情况，便于沟通与合作。

2. 用人的基本原则

（1）量才使用原则

企业选择的人各有所长，在用人时一定要根据他们的特长和能力，将他们安排到企业需要并且也是他们所擅长的岗位。要用人之长，管理者就必须容忍他们的短处。用人之长，一方面可以激励人才的职业发展，另一方面可以保证组织的运作效率。

（2）岗位的成长性原则

管理者应使设置的职位具有很大的挑战性，这样有利于员工发挥自己的优势和特长。同时，又可以保证所设置的职位有足够的发展空间，从而使员工容易将自身的优势变成重大的成果。

（3）薪酬体系公平原则

美国心理学家亚当斯于1965年提出了公平理论，这一理论重点研究个人做出的贡献与所得报酬之间的比较值对激励的影响。公平理论认为，人的工作积极性不仅受其所得的绝对报酬的影响，更重要的是受其相对报酬的影响。这种相对报酬是指个人付出劳动与所得报酬的比较值。付出劳动包括体力脑力消耗、技术水平能力高低、工龄长短、工作态度等，报酬包括工资、奖金、晋升、名誉、地位等。比较方式包括两种：一种是横比，即在同一时间内以自身同其他人相比较；二是纵比，即拿自己不同时期的付出与报酬进行比较。前者可称为社会比较，后者可称为历史比较。

是否感到公平取决于付出与报酬之间比较出来的相对报酬。相对报酬如果合理，就会获得公平的感受，否则就会获得不公平感受。当获得公平感受时，员工就会心情舒畅，努力工作；当获得不公平感受时，员工就会出现心理上的紧张、不安，进而会采取行动消除或减轻这种心理紧张状态。其所采取的具体行动包括：试图改变其所得报酬或付出；有意或无意地曲解自己或他人的报酬或付出；竭力改变他人的报酬等。

（4）物质激励与精神激励相结合原则

按照美国行为科学家赫茨伯格的双因素理论，金钱虽然起到了保障的作用，但真正起激励作用的是对工作本身的认可、责任、提升、成就和个人成长与发展。用人并不是把人当作劳动工具，人不单纯是经济人，人是复杂的社会人，人有心理和社会的需要，用人一定要尊重人，要表扬、称赞，让员工充分体会到工作中获得的成就感。

3. 育人的基本原则

（1）德才兼备原则

培育人不仅仅要注重专业技能、管理能力的培养，更要注重培养员工敬业爱岗、热爱本职工作的思想意识。另外，可以通过企业文化的认同，培养员工的归属感。

（2）长期性原则

在知识经济时代，知识折旧甚至淘汰的速度在不断加速，不管是从工作的需要（新机器、新技术、新工艺、新流程）还是从员工个人成长的需要来说，不断进行知识更新都是必不可少的。

（3）实用原则

企业育人要根据企业自身发展的需要，这与学校教育完全不同。企业培育人是一项长期的投资，一定要考虑投资的回报，不可"好大喜功"，亦不可"只取不予"。

（4）学以致用原则

这里的学以致用是指员工将学到的知识和技能用到工作中，如果不能应用到工作中就是没有价值的培养。因此，企业要提供条件或创造条件，使员工所学的知识和技术有用武之地。

4. 留人的基本原则

（1）待遇留人原则

人的生存需要一定的物质保障，提高生活质量更离不开物质。所以，待遇是留住人才的重要手段。同时待遇又是个人价值和社会贡献的一个衡量指标，也是企业是否重视人才的一个重要标志。

（2）事业留人原则

工作既是谋生的手段，更是实现人生追求和自我价值的事业。当一个人把自己的职业当作事业来追求时，就会大大调动自身的潜力，充分发挥自己所长，更加关注事业发展的空间。

（3）企业文化留人原则

企业文化是企业在长期的实践活动中所形成的并且为企业成员普遍认可和遵循的具有本企业特色的价值观念、团体意识、工作作风、行为规范和思维方式的总和。良好的企业文化能使员工获得精神层面的满足感，心甘情愿地为企业工作。

1.2.3 人力资源管理的基本职能

人力资源管理的基本职能包括获取、整合、激励、调控和开发，具体内容如下。

1. 获取

获取主要解决人力资源从无到有的问题，主要包括人力资源规划、招聘和录用。为了保证企业战略目标的实现，人力资源管理部门在工作分析的基础上，制订与企业目标相适应的人力资源需求与供给计划，并据此开展招募、考核、选拔、录用与配置等工作，为企业获取人力资源。显然，只有首先获取了所需的人力资源，才能对之进行管理。

2. 整合

这是使员工之间和睦相处、协调共事、取得群体认同的过程，是个人认知与组织理念、个人行为与组织规范的同化过程。现代人力资源管理强调个人在组织中的发展，个人的发展势必会引发个人与个人、个人与组织之间的冲突，会产生一系列问题，这就需要整合。整合的主要内容有：组织同化，即个人价值观趋同于组织理念，个人行为服从于组织规范，使员工认同组织并产生归属感；群体中人际关系的和谐，组织中人与组织的沟通；矛盾冲突的调解与化解。

3. 激励

激励是指对员工所做出的贡献给予奖励。它是人力资源管理的激励与凝聚职能，也是人力资源管理的核心。其主要内容为：根据员工工作绩效考评的结果，公平地向员工提供合理的、与他们各自贡献相称的工资、奖励和福利。通过激励，可以增强员工的满意感，提高其工作积极性和工作效率，从而提高组织的绩效。

4. 调控

调控是对员工实施合理、公平的动态管理，是人力资源管理中的控制与调整职能。它包括：科学、合理的员工绩效考评与素质评估；以绩效考评结果为依据，对员工进行动态管理，如晋升、调动、奖惩、离退、解雇等。

5. 开发

人力资源开发是指对员工素质与技能的培养与提高，使他们的潜能得以充分发挥，从而最大限度地实现其个人价值。它主要包括组织与个人开发计划的制订、组织与个人对培训和继续教育的投入、培训与继续教育的实施、员工职业生涯开发及员工的有效使用。通过开发，可以发挥员工的积极性、主动性和创造性。

通常企业在开展人力资源开发工作时，往往只注重员工的培训与继续教育，而忽略了员工的有效使用。实际上，对员工的有效使用是一种投资最少、见效最快的人力资源开发方法，因为它只需将员工的工作积极性和潜能充分发挥出来即可转换为劳动生产率。当员工得到有效使用时，对员工而言，其满意感增强、劳动积极性提高；对企业而言，则表现为员工得到合理配置、组织高效运作、劳动生产率提高。

1.2.4　人力资源管理的主要内容

1. 人力资源规划

人力资源规划包括人力资源战略规划和各项业务规划。人力资源战略规划是企业为适应内外环境的变化，依据企业总体发展战略，并充分考虑员工的期望而制定的企业人力资源开发与管理的纲领性长远规划。人力资源战略规划是企业人力资源开发与管理活动的重要指南，是企业发展战略的重要组成部分，也是企业发展战略实施的有效保障。人力资源的各项业务规划也称为经营计划，企业人力资源部门的工作人员收集、分析人力资源供给和需求的信息、资料，利用科学的方法预估人力资源供给和需求的发展趋势，制订人力资源招聘、培养和发展计划等必要的政策和措施，保证企业人力资源的供求平衡。

2. 人力资源管理的基础业务

岗位分析与岗位评价是企业人力资源管理的基础工作。岗位分析就是对企业所有工作岗位的特征和任职要求进行界定和说明，岗位分析的结果是形成对每一个工作岗位的职位描述、任职资格要求、岗位业务规范。岗位评价是对企业各工作岗位的相对价值进行评估和判断，岗位评价的结果是形成企业不同工作岗位的工资体系。岗位分析和岗位评价就如同一个产品的说明书和产品标价，使员工"明明白白工作""清清楚楚拿钱"。

3. 人力资源管理的核心业务

人力资源管理的核心业务包括招聘、培训、绩效考核、薪酬管理。招聘是人力资源管理核心业务的首要环节，是企业不断从组织外部吸纳人力资源的过程，它能保证组织源源不断的人力资源需求。培训是企业人力资源开发的重要手段，它包括对员工的知识、技能、心理素质等各方面的培训，是企业提升员工素质的重要保障。绩效考核是指运用科学的方法和标准对员工完成工作数量、质量、效率及员工行为模式等方面的综合评价，从而进行相应的薪酬激励、人事晋升激励或者岗位调整。绩效考核是实施员工激励的重要基础。薪酬管理是企业人力资源管理的一个极为重要的方面，主要包括薪酬制度与结构的设计、员工薪酬的计算与水平的调整、薪酬支付等内容，是企业对员工实施物质激励的重要手段。

4. 人力资源管理的其他工作

人力资源管理还包括其他一些日常事务性业务，如人事统计、员工健康与安全管理、人事考勤、人事档案管理、员工合同管理等。

1.3 人力资源管理的产生和发展

1. 早期的人力资源管理思想

我国具有五千多年的文明史，而且素有文官治国的传统，因此积累了丰富的人力资源管理思想并记录在许多文化典籍之中。诸如春秋战国时期的《尚书》《左传》《论语》《墨子》《孟子》《韩非子》、汉代的《史记》《汉书》、三国时代的《人物志》、唐代的《贞观政要》、宋代的《资治通鉴》等，都有精彩的论述。我国古代的这些辉煌思想，日本、美国及欧洲的一些人力资源管理学者至今仍在研究和应用。

2. 手工艺制度阶段的人力资源管理

在古埃及和古巴比伦时期，经济活动中的主要组织形式是家庭手工工厂形式。当时，为了保证具有合格技能的工人有充足的供给，对工人技能的培训主要是以有组织的方式进行的。到了13世纪，西欧的手工艺培训已经非常流行。手工业行会负责监督生产的方法和产品的质量，对各种行业的员工条件做出规定。这些手工业行会由一些工作经验丰富的师傅把持，每个申请加入行会的人都必须经过一个做学徒工人的时期。在这种手工艺制度下，师傅与徒弟在一起生活和工作，因此非常适合家庭工业生产的要求。

3. 科学管理阶段的人力资源管理

19世纪末到20世纪初是科学管理的诞生时期，此时人事管理作为一种管理活动正式进入企业的管理活动范畴。许多人力资源管理学者把这一时期作为现代人事管理的开端，或者说现代人力资源管理的开端。这种以企业为基础的人力资源管理，来自于工业社会的科学分工。

分工是生产和工厂制度的一个主要支柱。最早研究分工的是詹姆斯·斯图亚特（1712—1780），他是英国重商主义后期的重要代表人物。他指出，如果给一个人每日规定一定的工作量，他就会以一种固定方式工作，永远不想改进他的工作方法，如果他是计件付酬的，他就会想出一千种的方法来增加其产量。他还指出了管理人员和工人之间的分工问题。詹姆斯·斯图亚特是科学管理阶段人力资源管理的思想先驱者。

亚当·斯密是经济学的主要创立者，他强调分工带来的经济利益。他指出，劳动生产力上的最大的增进，以及运用劳动时间所表现的更高的熟练技巧和判断力，似乎都是分工的结果。他讲的分工有两种：一种是按产品分工，即专业分工；另一种是按职业分工，即按工种分工。

大卫·李嘉图提出了"工资规律"，工资越低，利润就越高；反之，工资越高，利润就越低。

罗伯特·欧文是一位英国的空想社会主义者，也是一位企业家、慈善家，现代人事管理之父、人本管理的先驱。欧文是19世纪初最有成就的实业家之一，是一位杰出的管理先驱者。他于1800—1828年在苏格兰自己的几个纺织厂内进行了实验。通过实验，他认为人的行为会受环境的影响，雇主和企业应努力发掘员工的天资，消除影响员工天资充分发挥的障碍。欧文还创建了最早的工作绩效评价体系。他把一个木块的四面分别涂成白、黄、蓝、黑4种颜色，其中白色代表优秀，黄色代表良好，蓝色代表平均水平，黑色代表差。他把这一木块安装在机器上,每天将反映员工前一天工作表现的颜色转向通道,及时向员工提供工作业绩的反馈信息,取得了很好的效果。在企业的实地调查中,可以看到一些外资企业生产车间的生产线尽头有液晶显示牌,上面不断变化的数据在通知该条生产线上员工目前下线产品的合格率。这一做法与欧文的 4 色显示木块是相似的。

弗雷德里克·泰勒是美国管理学家、科学管理理论的主要倡导者,被后人尊称为"科学管理之父"。1885 年他在一家钢铁公司对名为施密特的铲装工人进行了时间-动作研究,去除了其无效工作部分,并对技术进行改进,对铲的大小、堆码、铲装重量、走动距离和手臂摆动的弧度等细节都做了具体的规定,结果使生产率提高了 2.96 倍。除了时间-动作研究以外,泰勒还认为所挑选的工人的体力和脑力应该尽可能地与工作要求相符合,不应该使用高于合格水平的工人。泰勒还指出,只要工人在规定的时间内以正确的方式完成了工作,就应该发给他相当于工资的 30%~100% 的奖金,这就是最新的劳动计量奖励制度。综合起来,泰勒认为企业应选定标准人(合乎工作要求的工人)、使用标准工具(规定铁铲的标准容量)、采用标准方法(去除多余无用动作)、完成标准工作量(一个班内每名工人应铲多少吨铁矿砂送进炼铁炉)、给予标准报酬等"5 标准"法。

泰勒的理论在美国被广泛地采用,它对人事管理产生了重大的影响,引发了现代人事管理理论和实践的一次革命。泰勒强调让工人最有效率地工作,就需要用金钱来激励。仅仅把员工作为和机器设备一样的生产资料来对待,员工会对工作产生不满,从而影响其激励效果的发挥。

4. 人际关系运动阶段的人力资源管理

20 世纪 30 年代的霍桑实验使人事管理科学转向了对人际关系的研究。

1924—1932 年,哈佛大学商学院的伊尔顿·梅奥等人在芝加哥的西方电器公司霍桑工厂开展了实验,提供了有史以来最著名的研究成果。霍桑实验证明,员工的生产率不仅受到工作方式、工作环境和报酬的影响,而且还受到某些社会和心理因素的影响。

这一实验的目的本来是研究照明对工人生产率的影响。他们选择了照明条件相似的两组工人作为研究对象,在实验中,他们改变了照明水平,同时保持控制组的照明条件不变。令研究人员感到意外的是两个小组的生产效率都提高了,甚至在研究人员事先告诉一个小组的工人们即将改变照明条件但是事实上并没有改变的情况下,工人们的生产效率仍在继续提高。经过 3 年的实验,研究人员得出的结论是:在工作中,影响生产效率的关键变量不是外界条件,而是员工的心理状态。在实验中生产效率的提高是因为工人对工作和公司的态度。研究中还发现在工人中存在一种非正式的组织,这种非正式的组织对工人的态度有着极其重要的影响。后来,梅奥、怀特等人在 20 世纪 30 年代初期得到的研究结果进一步表明,生产效率直接与集体合作及其协调有关。泰勒认为企业是一个技术经济系统,霍桑实验的结果却表明企业是一个社会系统。

霍桑实验的研究结果启发人们进一步研究与工作有关的社会因素的作用,如群体环境、领导工作作风、管理者的支持等。这些研究结果导致了人们所称的人际关系运动,它强调组织要理解员工的需要,这样才能让员工满意并提高生产效率。

5. 组织科学阶段的人力资源管理

人际关系理论是建立在过于简单的员工行为分析的基础上的,它强调组织要理解员工的需要,这样才能提高员工的满意度,提高生产力。而组织行为科学的研究发现,组织中员工的行为是多种多样、复杂多变的，不能仅仅认为组织中员工的行为方式就是人际关系。组织本身对人们的表现具有造就、限制和调整的作用，而且人的行为还要受到各种职位上的权威、工作和技术要求的影响。组织行为学对个体、群体及组织在工作中的行为进行研究，说明它们是如何影响个体、群体的生产力水平及生产绩效的。组织行为学的发展使人事管理中对个体的研究与管理扩展到了对群体与组织的整体研究与管理，人力资源管理的实践也因而发生了很大的改变。

组织行为学对形成个体、群体行为的动机和原因的研究，促进了员工激励理论的完善和应用。20世纪50年代是激励理论发展卓有成效的阶段，这一时期形成的3种理论都在不同程度上影响了人事管理的理论和实践。这3种理论分别是马斯洛的需要层次理论、麦格雷戈的X理论和Y理论、赫兹伯格的双因素理论。

"人力资源"是1954年由美国著名管理学家彼得·德鲁克在《管理的实践》一书中提出的。在这本书里，德鲁克提出了管理的3个更广泛的职能：管理企业、管理经理人员及管理员工和他们的工作。在讨论员工及其工作的管理时，德鲁克引入了"人力资源"（员工）这一概念。他指出，"和其他所有资源相比，唯一的区别就是他是人"，并且是经理们必须考虑的具有"特殊资产"的资源。德鲁克认为人力资源拥有其他资源所没有的素质，即协调能力、融合能力、判断力和想象力。经理们可以利用其他资源，但是人力资源只能自我利用，"人对自己是否工作拥有完全的自主权"。

因此，德鲁克要求管理人员在设计工作时要考虑人的精神和社会需求，要采取积极的行动来激励员工，为员工创造具有挑战性的工作，并对员工潜能进行开发。德鲁克关于"人力资源"概念的首次提出及人事管理理论与实践同后工业化时代中员工管理的不相适应，使人事管理向人力资源管理转变。

1958年，社会学家怀特·巴克出版了《人力资源功能》一书，详细阐述了有关人力资源的问题，并把管理人力资源作为管理的普通职能来加以讨论。他认为，人力资源的管理职能对于组织的成功来讲，与其他职能（如会计、生产、金融、营销等）一样是至关重要的。巴克认为，人力资源管理的职能包括人事行政管理、劳工关系、人际关系及行政人员的开发等。

6. 人力资源管理的发展

（1）迈尔斯和人力资源模式理论

人力资源模式理论指导管理人员如何充分满足员工的经济需求。该理论认为，通过沟通，使员工确信对组织来说他们自身是非常重要的。从另一个角度讲，迈尔斯的这一理论是对麦格雷戈等人理论的综合，认为员工的经验和知识对组织具有很大的价值。员工的参与和人力资源的充分利用都能达到改进决策和自我控制的目的，从而实现提高员工生产力和工作满意度的目标。

（2）20世纪70—80年代的人力资源管理

20世纪70年代中后期至80年代早期，由于有效的人力资源管理活动对组织的重要性日益增加，随着组织心理学、组织行为学的发展，人力资源管理再次引起人们的高度关注。这一时期人力资源管理理论主要集中在讨论如何实施有效的人力资源管理活动，以及通过对员工行为和心理的分析来确定其对生产力和工作满意度的影响，从而使人力资源管理更加关注员工的安全与健康。

1984年,比尔等在《管理人力资本》一书中提出了战略人力资源管理理论,指出人力资源管理的研究领域已经扩展为对影响组织和员工之间关系的所有管理决策和活动的研究,因而人力资源管理的应用领域也更加广泛。与传统的人事管理相比,比尔的人力资源管理更注重成本效应和竞争力,突出了企业内不同政策的联系和统一性、系统性,较好地综合了组织行为学、劳工关系,以及人事行政管理诸学科的特点。

20世纪80年代初期,德鲁克和巴克关于人力资源管理特征的观点被重新提了出来,指出把人力资源管理和组织的战略计划作为一个整体来加以考虑。

比尔、德鲁克和巴克的理论与观点将人力资源管理同传统的人事管理进行了区分,但真正做出系统完整区分的是斯托瑞。斯托瑞认为,人事管理和人力资源管理之间有27个方面的不同点。从组织的角度来看,人事管理是管理人的活动,而人力资源管理则更多地是参与组织战略发展规划的制定和实施。

(3) 20世纪90年代的人力资源管理

主要是战略人力资源管理和国际人力资源管理。在20世纪的最后10年中,人力资源管理的一个最重要变化就是把人力资源看成组织的战略贡献者。人力资源管理已经从行政管理、事务性管理向战略管理的方向发展,它在组织战略管理中正在取代原有的行政性和事务性管理的作用。人力资源管理正在逐步向战略人力资源管理过渡,从某种程度上讲,人力资源管理已经成为战略人力资源管理。在这一时期,有关人力资源管理的理论和论著很多。

在国际人力资源管理中必须考虑与国内人力资源管理不相同的方面,这些方面是不同文化形式和社会价值之间的相互作用,是从一种文化到另一种文化的管理适应性问题,是现存的法律和经济差异及由于社会文化差异产生的不同学习风格和应变方式。

我国从20世纪80年代后期开始,随着MBA教育的引入及大量外资企业的进入,对人力资源管理理论进行了教育培训、普及推广和学术研究,主要是以引进美国等发达国家的理论成果为主。虽然也产生了一些结合我国国情的做法和理念,总结了一些案例,但是在人力资源管理基础理论研究及"本土化"理论研究方面发展缓慢。

7. 20世纪90年代后期人力资源管理的发展趋势

20世纪90年代后期,现代人力资源开发与管理的理念,如企业的竞争就是人才的竞争、企业必须以人为本、将人力资源作为企业发展的第一资源等,已经得到广泛的认可和接受。一些企业,特别是大型跨国公司在实践现代人力资源管理理念与价值观上取得了显著的进展和成就。此外,由于经济全球化趋势的加快,以计算机信息技术为代表的现代科技迅猛发展,使20世纪90年代后期的人力资源管理显现出以下发展趋势。

(1) 人力资源管理的规范化

人力资源管理的内容由单一化、随意性走向多样化、规范化,形式上由不成文到成文,范围上由不全面到趋于完整。人力资源管理所涉及的问题由少到多、由简到繁,所采取的措施和办法、做出的各类决策,已不是过去那种完全由主管领导凭主观意志和个人独断专行所能决定的,而是逐渐被科学的制度和民主的决策程序所取代。

(2) 人力资源管理的专业化

随着人力资源管理的日益复杂化,工作性质及所需要的知识技能也日趋专业化。例如人力资源规划、职务分析、人事测量、绩效考评等工作必须由具有专门知识技能,以及专门化职业所需要的心理性格的人员来担当。

(3) 人力资源管理的信息化

计算机信息技术的发展为人力资源管理的高效化提供了必备的条件。例如人才数据库的建立、人事评估、人力资源规划模型化、工作绩效考核的定量化等采用计算机信息系统来管理，可以使人力资源管理工作者从大量繁杂的数字和事务性工作中解脱出来，大大提高人力资源管理的效率，从而可以更多地考虑如何开发人的潜力、协调人与人之间的关系、充分发挥员工的积极性和主动性，以实现人力资源开发与管理的战略目标。

(4) 人力资源管理的人性化

以人为本，实施柔性管理。未来经济的发展取决于人的智能的开发、创新能力的发挥和活力的激发。也就是说，只有通过发挥人的能动性和创造性，开发人的潜能，才能推动经济的发展。要做到这一点，就必须实行人性化管理。人力资源管理者要转变工作观念和工作方法，以人为本，充分了解员工的心理需要、价值观的变化及自我实现的需要；要给员工足够的自由度，充分调动他们的积极性和主动性；要信任员工的品质和能力，放手让员工做自己职责范围内的工作，让其承担一定的责任，并授予相对的权力；要让员工享有建议、投票、决策、参谋等民主权利，使员工愿意把企业当成自己的家，产生与企业荣辱与共的责任感；要为优秀员工提供进修、晋升、轮岗、培训等机会，通过晋升和培养，员工能力得到了提高，当其才能得到认同和赏识时，更乐于接受富有挑战性的工作并不断增加工作责任感。这样员工在个人成长的同时，把企业的目标当作自己为之奋斗的事业，把个人的前途与企业的命运融为一体，在个人智慧和才能得到充分发挥的同时企业也得到了发展，个人与企业实现了双赢。

(5) 人力资源管理的科学化

科学管理是人力资源管理的时代要求。科学技术的飞速发展，对管理工作也提出了新的要求，对于人力资源管理而言，将由过去的被动式、经验式的人事管理，步入科学化、专业化、技术化的人力资源管理时代。

1.4 人力资源管理与企业文化

从世界成功企业看，它们都有一个共同的特点，即都有自己颇具特色的企业文化。通用电气公司的口号是"我们最重要的产品是进步"；美国电话电报公司的口号是"为全世界服务而骄傲"。

1.4.1 企业文化的概念与功能

1. 企业文化的概念

狭义的企业文化主要是指企业的精神文化，它是在长期的经营活动中形成的共同拥有的企业理想、信念、价值观和道德规范的总和。企业文化是企业的"灵魂"。广义的企业文化是指企业在创业和发展过程中形成的共同价值观、企业目标、基本行为准则、制度管理规范、外在形式表现等的总和。它是企业意识形态、物质形态、制度形态等文化的复合体。企业文化就是企业信奉并付诸实践的价值理念,也就是说,企业文化是企业信奉和倡导并在实践中真正实行的价值理念。

企业文化是由企业领导人倡导的、在生产经营和变革实践中逐渐形成的企业员工共同遵守的价值观和行为准则。它是一种具有企业个性的信念和行为方式,包括价值观、行为规范、道德伦理、习惯习俗、规章制度、精神风貌等,其中价值观处于核心地位。

2. 企业文化的类型

企业文化从内容上来看,可分为外显文化和内隐文化。

企业的外显文化,是指企业文化的外在表现形式。人们认识企业文化首先是通过企业的外显文化而获得印象。它包括:企业的厂容厂貌、机器设备、产品造型和外观、建筑设施、质量,以及文化教育、技术培训和娱乐活动等。

企业的内隐文化,是指企业用于指导生产经营活动的各种价值观念、群体意识及由此体现的员工素质。例如在精神方面,有创新开拓精神、埋头苦干的工作态度等;在意识形态方面,有竞争意识、改革意识、危机意识等。由于企业人员的构成不同,其内隐文化的特点也不尽相同。

3. 企业文化的功能

具体来说,企业文化一般具有以下6个基本功能。

(1)导向功能

企业文化能对企业整体和企业成员的价值及行为取向起引导作用。具体表现在两个方面:一是对企业成员的思想和行为起导向作用;二是对企业整体的价值取向和经营管理起导向作用。这是因为一个企业的企业文化一旦形成,它就建立起了自身系统的价值和规范标准,如果企业成员在价值和行为的取向上与企业文化的系统标准产生悖逆现象,企业文化就会进行纠正并将其引导到企业的价值观和规范标准上来。

(2)约束功能

企业文化对员工的思想、心理和行为具有约束和规范作用。企业文化的约束是一种软约束,而不是制度式的硬约束,这种约束产生于企业文化氛围、群体行为准则和道德规范中。群体意识、社会舆论、共同的习俗和风尚等精神文化内容,会造成强大的个体行为从众化的群体心理压力和动力,使企业成员产生心理共鸣,继而达到行为的自我控制。

(3)凝聚功能

企业文化的凝聚功能是指当一种价值观被企业员工认可后,它就会成为一种黏合力,从各个方面将其成员聚合起来,从而产生一种巨大的向心力和凝聚力。企业中的人际关系受到多方面的约束,其中既有强制性的"硬约束",如制度、规章等;也有说服教育式的"软约束",如舆论、道德等。企业文化属于软约束,它能使全体员工在企业的使命、战略目标、战略举措、运营流程、合作沟通等基本方面达成共识,这就从根本上保证了企业人际关系的和谐性、稳定性和健康性,从而增强了企业的凝聚力。

(4)激励功能

企业文化具有使企业成员从内心产生一种高昂情绪和奋发进取精神的效应。企业文化把尊重人作为中心内容,以人的管理为中心。企业文化给员工多种需要的满足,并能用它的"软约束"来调节各种不合理的需要。所以,积极向上的理念及行为准则将会形成强烈的使命感、持久的驱动力,成为员工自我激励的一把标尺。一旦员工真正接受了企业的核心理念,他们就会被这种理念所驱使,为企业更加努力、高效地工作。

（5）辐射功能

企业文化形成以后，它不仅会在企业内部发挥作用，对本企业员工产生影响，而且也会通过各种渠道对社会产生影响。企业文化的传播将帮助企业树立良好的公众形象，提升企业的社会知名度和美誉度。优秀的企业文化将对社会文化的发展产生重要影响。

（6）品牌功能

企业在公众心目中的品牌形象，是一个由以产品服务为主的"硬件"和以企业文化为主的"软件"所组成的复合体。优秀的企业文化，对于提升企业的品牌形象将发挥巨大的作用。独具特色的优秀企业文化能产生巨大的品牌效应。品牌价值既是时间的积累，也是企业文化的积累。

1.4.2 人力资源管理与企业文化

能力链接

如何建立中国特色的企业文化

1. 发展创新理念

创新是企业全部活动的价值理念，是企业经营的基础。企业创新的内容主要包括技术创新、管理创新、体制创新、经营创新、结构创新等。企业只有具有全方位的发展创新理念，才能创造更大的业绩。

2. 构建有中国特色的企业文化

（1）继承和弘扬中华民族优秀的传统文化

企业文化总是同民族传统文化紧密相连的。优秀的中国民族文化对行为方式和思维能力都有深远的影响。在建设有中国特色的企业文化过程中，要充分重视民族传统文化的影响，不应当也不能抛开我国的民族传统文化。

（2）吸收国内外企业文化建设的经验

建设有中国特色的企业文化，绝不能离开世界文明大道而故步自封，要大胆吸收和借鉴当今世界各国，包括发达国家的一切反映现代社会化生产规律的管理理论和管理方法，以期达到"事半功倍"的效果。

（3）立足中国现实，反映时代要求

建设有中国特色的企业文化，要从我国社会主义初级阶段的基本国情和企业现状出发，要从不同类型、不同行业的企业和经济发展阶段的实际出发，充分体现它们的特点，发挥它们的优势，从而体现中国的特色。

（4）建立现代企业制度，形成科学的法人治理结构

在建立规范的法人治理结构条件下，公司董事会应该是激励的主体，对高层经理人员的薪酬激励应逐步放开，基本按市场化原则设计，由董事会根据经理人员的市场绩效决定其报酬的数量和结构。

（5）加强企业文化建设的民族性

在企业文化建设过程中，要认真总结我国企业管理的实践经验，吸取传统文化的精华，

把理论与实践、继承与创新、民族性与时代性结合起来，以求在探索中逐步形成有中国特色的社会主义企业文化的理论体系和管理模式。

（资料来源：http：//wenda.so.com/q/1363404559063381，有改动）

1. 人力资源管理与企业文化的关系

人力资源管理采取内部统一立场，企业成员为了共同利益一起工作，排除冲突的影响，以实现共同目标。从这一立场出发，人力资源管理与企业文化的特定观点相一致，即管理驱动、不存在冲突、共同利益占上风。

人力资源管理面临的挑战是将内部统一目标与更多的个人及小团体的自主性目标相协调，而这种目标的协调不是轻而易举的事情。企业文化可以在一定程度上帮助人力资源管理在企业和员工利益之间找到合理的平衡点，同时又能使企业目标与员工自身目标不发生冲突。由此可以说，人力资源管理真正的关注点就是企业文化，以及对文化的变革和管理。

人力资源管理由6大模块组成，分别是：人力资源规划、人员的招聘与配置、培训与开发、绩效管理、薪酬管理、劳动关系管理。明晰企业文化和人力资源管理的关系，就要从这6个方面谈起。人力资源规划是从全盘出发，对组织机构进行设置和制定人力资源相关制度，这些都要与企业的战略、文化相契合；在进行人员招聘的时候，要寻找与企业价值观一致、认同企业文化及发展战略的人才；在培训与开发的过程中，要针对企业文化进行宣传，使员工对企业文化深入的认识，并影响、指导自己的行为习惯；绩效管理和薪酬管理主要强调衡量人才的关键点是什么，硬的是业绩，软的就是对企业核心价值观的践行；劳动关系管理中，对于员工权利的维护等是对企业使命的践行，而使命就是企业文化最主要的组成部分。

在人力资源管理中，要做到"招得来，留得住，用得好"，这就要把人力资源管理与企业文化相结合，把企业文化的核心内容灌输到员工的思想之中，体现在行为上，这是企业文化形成的关键。

2. 人力资源管理与企业文化结合的做法

（1）把企业的价值观与用人标准结合起来

这就要求企业在制定招聘要求时要有专家的参与，在招聘过程中，选择对企业文化认同度较高的人员。

（2）把企业文化的要求贯穿于整个培训之中

这种培训既包括企业职业培训，也包括非职业培训。尤其是非职业培训，应采取一些较灵活的方式，如非正式活动、非正式团体、管理游戏、管理竞赛等方式，将企业价值观念在这些活动中不经意地传达给员工，并潜移默化地影响员工的行为。

（3）将企业文化融入员工的考核与评价中

大部分企业在评价员工时，以业绩指标为主，即使有些企业提出"德"的考核，但对"德"的考核内容缺乏具体的解释，也缺乏具体量化的描述，没有起到深化企业价值观的作用。要将企业价值观念的内容注入考核体系内，作为多元考核指标的一部分。其中对企业价值观的解释要通过各种行为规范来进行，通过鼓励或反对某种行为来达到诠释企业价值观的目的。

（4）要在员工中建立企业文化的认同感

企业文化的形成，要与企业的沟通机制相结合，只有上下理解一致，才能在员工心目中真正形成认同感。这就要求不仅人力资源管理部门要处理技术性工作，而且所有的管理人员都要参与其中，如此才能形成企业人力资源管理的整体能力，从而形成核心能力，进而建立起在市场竞争中特有的竞争优势。

单元小结

> 人力资源管理，就是指运用现代化的科学方法，对人进行合理的培训、组织和调配，使人力、物力、财力保持最佳比例，同时对人的思想、心理和行为进行恰当的诱导、控制和协调，充分发挥人的主观能动性，使人尽其才，事得其人，人事相宜，进而实现组织目标。
>
> 人力资源管理的基本职能包括获取、整合、激励、调控和开发。
>
> 人力资源管理的主要内容包括工作分析、人力资源规划、员工的招聘与选拔、薪酬福利、培训与开发，以及劳动关系的处理、企业文化建设等。
>
> 在人力资源管理中，要做到"招得来，留得住，用得好"。

思考与实践

一、复习思考题

1. 如何理解人力资源的概念？
2. 人力资源管理的职能有哪些？
3. 人力资源管理的主要内容是什么？
4. 简述人力资源管理的发展过程，并分析其对当代企业管理的影响。
5. 简述企业文化的功能。
6. 谈谈你对人力资源管理与企业文化的关系的理解。

二、案例分析

案例1 福临汽车配件股份有限公司的人事问题

福临汽车配件股份有限公司位于珠江三角洲，该企业专门生产活塞、活塞环、气门等产品。

企业创办人乔国栋，本来在北方一家国有大型汽车制造厂的销售部门工作，20世纪80年代初他毅然辞职南下，在一家中外合资汽车制造公司继续从事销售工作。干了近10年后，觉得自己干销售得心应手，已经建立了一个不小的用户联络网，并有一定的资金积累，觉得与其给洋老板打工，不如自己干。于是他拉了从北方一起南下的老同事傅某一起，辞去现职，办起了一家一共才10个人的福临汽车修配站。老傅懂技术、会修理，乔国栋自己管公关、管供销，生意红火，很快发展起来。3年后，他们又吸纳了一位会计出身的女强人关某共同办起这家汽车配件股份有限公司,乔、傅、关各占股本的40%、30%和30%。乔国栋是董事长兼总经理,干营销他拿手,所以坚持自己兼营销售副总,关某任财务副总,傅某任生产副总,他手下还有位生产厂长,叫刘志仁,是老傅自己找来的。事实上,创业之初,厂区布局、车间设备、工艺、质量标准,甚至4位车间主任人选,全由老傅包揽,老乔并未全力关注公司发展的全局和战略,大部分精力花在他爱干也擅长的营销、采购和公关上了。好在当时公司规模不大,市场也有利,这么干下来,效益相当不错。

公司成立之初,公司的做法就是大胆放权,各车间主任和科室负责人都各自包下自己部门的人事职能,对自己所辖工作领域内的人,从招聘、委派、考核、升迁、奖惩都是他们自己说了算,公司领导基本不过问。

经过几年的发展,公司规模扩大到340人,业务也复杂起来。乔总发现当初全公司"一个和睦大家庭"的气氛消失了,员工士气在不断下降。领导班子开会研究决定,应当专门设一个管理人事职能的办公室。但这个办公室该设在哪一级,大家意见不一致。争辩再三后,才决定设在生产厂长之下,办公地点在生产厂进门左边的一个小房间内。该办公室有主任一名,并配一名秘书。

公司财务科有位成本会计师,名叫郭翰文,6年前从北方一所大学工商管理专业毕业,经他的父亲(乔总的一位亲戚)推荐,来公司财务科工作。那时公司还小,工作分工不细,再加上他聪明能干,科长让他管成本控制,不久就熟练了。他的工作性质使他跟生产与营销两部门的人都多有接触,人缘甚佳。乔总和傅总都觉得这个小伙子工作自觉,受到大家喜爱。但他常说,我并不喜欢干财会,我其实爱搞人事工作,跟人打交道,不爱跟数字打交道。他那天在食堂,正巧跟总经理秘书小周同桌吃饭,从小周处听到公司要设"人事办"的消息,于是闻风而动,马上递上书面申请,要求当"人事办"主任。同时,又分头向乔、傅、关"三巨头"口头汇报,软磨硬缠,最后终于如愿以偿,当上了"人事办公室主任"。上任前,乔总关照他说:"你们人事办公室干得好坏,对全厂工作很重要。"

郭主任新官上任三把火。上任伊始,他就向各车间主任发出书面通知:"为适应公司的扩展,公司领导决定对全厂员工的人事管理实行集权,为此成立本办公室。今后各车间一切人事方面的决定,未经本主任批准,一概不得擅自执行。"

通知发下后,各车间主任对此政策变化的不满便接踵而至,都说:"小郭这小子太狂了,一朝权在手,便把令来行,手太长了。"厂长开始听到主任们的抱怨,说:"工人们已经跟刚招来时不同,难管多了。"一次厂长见到一位车间主任,问为什么产量下降了,主任答道:"我手脚给捆住了,还怎么管得了工人。如今奖励、惩罚、招聘、辞退,我都没有权,叫我怎么控制得了他们?怎么让他们出活?"

一天,有位女职工闯进人事办公室气冲冲地说,她被车间主任无缘无故地辞退了。郭主任说:"别急,让我先搞清楚情况。"说完就给那个车间主任打电话:"喂,三车间张主任吗?我是郭翰文。你们车间林达芬是怎么回事?""我炒了她鱿鱼。""这我知道,但为什么?""很简单,我不喜欢她。""你知道,没有人事办公室批准,你是不能随便辞退工人的。""是吗?可是我已经辞退她了。""老张,你不能这么办。你总得有个站得住的理由才……""我不喜欢她这就够了。"电话到此就给挂断了。

郭主任把这事向厂长做了汇报。厂长做了不少工作,并坚持让小林复职,这事才平息下来。但车间主任们关于招的工人质量差、自己没有人事权、管不了的抱怨却有增无减。主任们主张人事办应当管的事越少越好,这事终于闹到老傅那里去了,但乔总出差去走访用户去了。厂长对傅总说,现在咱厂的规模还不算大,用不着设一个专门的人事职能部门。他建议还是用行之有效的老办法,让各车间主任自己管本车间的人事工作。郭主任还是回他的财务科去做原来的成本会计为好。

老傅左思右想,觉得恐怕只好按厂长意见办了。但他说还是等乔总回来后,请示了再定。

(资料来源:http://www.docin.com/p-22358556.html,略有改动)

讨论与训练

1. 福临公司是怎么同意把人事权下放给各车间主任的?为什么看来这套办法还算有效?
2. 你认为该公司这样处理人事职能恰当吗?若恰当,为什么?不恰当,又为什么?
3. 郭翰文改行去干人事,是否正确?为什么说正确,或为什么说不正确?
4. 你若是乔总,回来听了老傅的汇报,会怎样决定?为什么?

案例2 雀巢的留人策略

自1987年在双城设立第一家合资工厂以来,雀巢对中国的直接投资已达约70亿元人民币,在中国经营着20家工厂,拥有员工约13 000名。雀巢在中国的迅速成长,与其对本土人才的重视密不可分。雀巢中国人力资源及培训部总监陈云雀表示,雀巢的员工是"公司最重要的资产,是体现雀巢精神的灵魂和载体,是企业最为宝贵的财富"。因此,如何留住优秀的本土人才,让他们尽可能长时间地为雀巢服务,已成为雀巢中国人力资源部和公司高层的首要课题之一。

1. 留人从招人开始

对于公司的非核心业务,雀巢一般会考虑采取外包的方式加以解决,这样使得公司的内部员工基本上都是核心员工。因此,任何一个雀巢的员工,不管是管理层还是普通员工,对公司来说都相当重要。实际上,早在雀巢招聘员工的时候,留住他们的工作就已经展开了。为了使这些公司未来的员工能在雀巢长期工作,公司人力资源部除了像其他跨国公司一样,对他们的各项能力予以考查之外,还非常看重这些应聘者的价值观与雀巢的文化价值观的匹配度。雀巢公司的文化价值观描述如下:对道德、正直、诚实和质量的坚强承诺;基于信任和相互尊重的个人关系。这意味着以友好的态度对待他人,并且具有开诚布公沟通的能力;互相以个性化和直接的方式相处。这意味着高度容忍别人的意见和主意,以不屈不挠的精神承诺与他人积极合作;对业务采取更实用而非教条的方式。这意味着脚踏实地,在事实的基础上作决定;对未来的技术潮流、消费者习惯转变,以及新业务策略和机会,保持开放的态度和求知欲,同时尊重人们基本的价值观、态度和行为;以公司信誉和业绩贡献为荣。这尤其需要在日常工作中追求卓越和长期业绩,而不要赶时髦或者急功近利;忠实于公司,认同于公司。

除了上述文化价值观外,雀巢还制定了《雀巢集团业务原则》(见附1)和《雀巢人力资源政策》(见附2)。那些不愿遵守这两大原则,以及与雀巢文化价值观不匹配的应聘者将不可能成为公司的成员。雀巢的这一举措确保了为雀巢工作的员工都能认可雀巢的基本价值观和原则,这从根本上保证了他们能够长期留在雀巢工作。

2. 薪酬不是主要留人策略

区别于许多成长型的公司，薪酬只是雀巢留住员工的策略之一，但并不是最主要的策略。雀巢把自己定位为提供报酬水平高于相关标杆平均值的雇主。为实现这一目标，雀巢倾向于提供总体上有竞争力和吸引力的报酬结构。雀巢作为一家食品饮料公司，其薪酬无法与三大会计师事务所及新兴企业等相竞争，雀巢要留住自己的优秀员工，主要还是靠公司优秀的企业文化，以及对员工的全面发展措施。

雀巢公司推崇扁平化的公司管理结构，管理层级别较少而控制范围较大。在经理人责任和等级清晰的前提下，雀巢鼓励不同级别和平级间的沟通。在公司内部，上下级之间为工作产生争论的情况经常存在。而与其他一些企业不同的是，在雀巢，并不是你是总经理，就能决定一切事情，所有决定的做出都必须经过沟通的环节。与这种沟通机制相对应，雀巢还刻意营造一种家庭化的工作氛围。现任雀巢烹调品业务单元财务总监的王欣对此深有感受。1998年，王欣从北京大学毕业后就以管理实习生的身份加入雀巢公司，刚开始3年在北京做管理会计，然后到雀巢位于广东东莞的工厂做了2年会计。2003年，王欣被调回北京做内部审计，然后做管理会计的经理，这期间还去内蒙古工作了一段时间。2008年5月份，她开始担任雀巢中国烹调品业务单元的财务总监。"11年时间，我在不同的地方和部门工作，经历了不同的生活和工作环境，但一直都是在雀巢这个组织内部。雀巢给了我一个大家庭的感觉，不管走到哪里，我都是这个家庭的一分子。"王欣说。而在员工发展方面，雀巢基本的管理原则是发动各级员工积极参与公司事务，让正确的人在正确的时候在正确的岗位上工作。为了实现这一点，雀巢会为所有员工定期做职业发展规划。雀巢是结果导向型的公司，但人力资源部在关注员工工作结果的同时也关注员工是如何达成这一结果的，要求员工对其自身优势和劣势进行分析并给予反馈与辅导。

除此之外，人力资源部会与各级主管共同了解员工对自身未来发展的期望，同时使员工清楚公司的业务发展方向及需求，谋求个人发展与公司业务发展的一致。在上述调查进行完之后，人力资源部会与员工一起确定未来的发展计划和行动计划，通过系统的课堂培训、研习会、讨论会、海外培训、在职培训、辅导、岗位转换、特殊项目、扩展职责、海外派遣、职位提升等手段支持员工采取措施，将规划变为现实。

在雀巢，所有培训都是在职进行的，指导和训练是每个经理职责的一部分，而每个培训项目都是在员工个人发展计划的框架下提议组织的。因此，参加培训项目是出于员工自身发展的需求，而不会被当作某种奖励。愿意学习是在雀巢工作的一个不可讨价还价的条件。雀巢在大中华区一直致力于发展本土管理人才。对于相当一部分有发展愿望和发展潜力的员工来说，进入公司管理层是激励他们继续留在公司的最好手段，雀巢也不例外。目前，雀巢20家工厂中有18家由中国本土人才管理，工厂的所有总工程师和各地区销售经理也都是由本土人员担任。为了更有效地培养中国本土的管理团队，雀巢在2000年启动了"雀巢中国管理发展培训项目"。每年，公司会选择一些合格的候选人参加此培训计划，向他们传授雀巢公司业务的基本原则和业务最佳实践。参加该项目合格候选人的选择标准是基于公司的首要任务，以及个人发展的潜力、表现和态度。这些候选人将在长达18～24个月内接受10个模块（每个模块时长3天）的高强度培训，以帮助他们掌握承担更高级的管理职责时所必须具备的技能、知识、理解力，培养他们的领导才能。这一培训计划可以拓展候选人对公司业务范围的远见，更好地理解公司的业务及组织内部的各种功能。雀巢的最终目标是：为雀巢在中国的美好未来培养出有能力的管理者与领导者。截至2008年，参加此培训发展计划的人员已达364人。"雀巢中国管理发展培训项目"的学员目前在雀巢中国的组织中都承担着重要的工作岗位，陆明就是该项目的第一批学员。

陆明1990年大学毕业后加入双城雀巢公司，刚开始在农业服务部做奶源督察工作，两年后调到生产部做生产主管，1996年提升为生产部经理，1999年调回农业服务部做助理经理，2001年调转到青岛雀巢有限公司做生产部经理，2003年年末调回双城雀巢公司做农业服务部经理。2007年年末至2008年4月，在经过一系列的海外及国内研发中心的培训后，陆明调到雀巢青岛工厂做总经理至今。陆明笑言，现在几乎每天都能接到猎头电话，说有管理几家工厂的机会，问愿不愿意考虑，他总是毫不犹豫地就拒绝了。"雀巢有完备的培训机制和发展机会，每天都能充实和完善自己；而我在雀巢已经工作将近20年了，它的文化让我愿意依托这个企业，一起共同发展下去。"

附1：雀巢集团业务原则

雀巢承诺在所有的国家都遵循以下业务原则，并同时遵循当地法律、文化及宗教习惯。雀巢公司及其各级管理人员和员工的业务目标是：制造并销售公司的产品，从而为股东、员工、消费者、业务伙伴及其业务所在的众多国家的国民经济创造长久可持续的价值；雀巢不会为了追求短期利润而牺牲成功的长期业务发展，但同时也认识到每年需创造健康的利润，以保持股东和金融市场对我们的支持，并为投资筹措资金；雀巢意识到自己的消费者对他们所信任的品牌背后的公司的行为、信念和活动有着真诚和合理的兴趣，并且意识到没有消费者，就没有公司；雀巢相信，一般来说，法律是保证负责行为的最有效方式，但在某些领域，以公司自拟的、自觉自愿的业务原则的形式向员工提供附加的指南，对全集团确保最高的行为标准是有益的；雀巢认识到，一个公司的成功反映出其管理人员和员工的职业素质、行为及负责态度，聘用合适的人员并不断地对他们进行培训和培养是十分重要的；雀巢在全球许多国家和多种文化中运作，丰富的多元性是领导的无价源泉。没有一个单一的文件可以涵盖每一个国家可能要求的每一项法律义务。事实上，也许有的国与国之间的法律要求是相互冲突的。雀巢继续保持自己的承诺，即在每个国家中遵守并尊重所有当地适用的法律。如果本文件中某些内容的解释是和当地的法律相悖的，那么该解释不应在那些国家得到执行。

附2：雀巢人力资源政策

"雀巢人力资源政策"描述了雀巢集团的管理风格和企业价值观，尤其在人际关系方面，对这些原则的尊重需要特别的态度，而这些态度在本政策中概略陈述如下。

① 与人打交道的前提是尊重与信任。不能有任何余地容忍任何形式的偏狭、骚扰和歧视，因为这些是缺乏基本尊重的表现。这个原则没有任何例外的情形，必须应用于所有级别和所有情况。

② 在与人打交道的过程中，透明和诚实是有效沟通的必要条件，在事实和诚挚对话的基础上，这种透明是推动持续进步的唯一坚强基石。为分享知识技能和推动创造力而进行的开诚布公的沟通将补充这一点。

沟通并不仅仅是通知别人，它还包括聆听和参与对话。每个职员都有权与上级和同事进行开诚布公的谈话。愿意合作和帮助别人是评估有潜力的候选人晋升时所要求的基础。在职员与上级或另一个职员发生不和谐的情况时，必须给予公正听证的机会。人力资源部职员应该提供帮助，保证不和谐的情况得到公正处理，并且各方都有机会解释自己的观点，不论级别职位的高低。

（资料来源：http：//www.hbjob.net/news-176.html）

分析与讨论

1. 雀巢公司的留人策略是什么？对你有哪些启发？
2. 简述雀巢公司的企业文化。它们对你将来工作有哪些指导意义？
3. 你认为留住优秀员工是薪酬重要、职业发展重要，还是企业文化重要？请说明理由。

第 2 章

工作分析

【学习目标】

通过工作分析的学习,深刻理解工作分析的含义和基本术语,认识工作分析在人力资源管理中的重要作用,明确工作分析的过程,重点掌握定性和定量的工作分析方法;掌握工作说明书的撰写内容和方法,并在此基础上,以企业为模板、以企业科学调研为基础,运用恰当的工作分析方法进行工作分析活动,完成工作说明书的撰写,并能在实施中不断修正。

案例导读

讯达信息服务公司的工作分析

李磊大学毕业两年后进入了讯达信息服务公司(以下简称讯达)。李磊学的是人力资源管理专业,因此公司将她安排在人力资源部工作。在应聘和面谈过程中,她了解到这是一家中外合资企业,主要经营业务是为企业和个人提供软件和硬件。公司自 1996 年创办以来,发展迅速,在信息激烈的竞争中保持了领先地位。讯达管理层认为,作为一个知识密集型的企业,公司的发展将主要依赖于它所拥有的人力资源,企业间的竞争实质上是高质量人力资源的竞争。因此,讯达非常注重通过提高员工的工作满意度来留住他们。迄今为止,它的人员流动率低于行业的平均水平。李磊为自己的选择暗自高兴。

但人力资源部刘经理与她进行深入的沟通后,李磊原来乐观的想法改变了。刘经理告诉她,尽管从表面上看,讯达有骄人的经营业绩和良好的发展势头,但是事实上公司内部的管理制度有很多不完善的地方,这些方面将严重阻碍讯达的进一步发展。刘经理举例说,作为人力资源管理基础工作之一的工作分析,在讯达就没有得到很好的贯彻,随着公司规模的扩大,新的工作不断增加,但是相应的工作描述和工作说明书却没有制定,原有的一些工作描述和工作说明书的内容也与实际情况不完全匹配了。刘经理交给李磊一份旧的工作说明书，如表 2-1 所示。造成这种状况的原因在于：初创时期讯达的员工较少，公司内部的局域网可以使上下级之间和同事之间有非常好的沟通，同部门的工作经常由员工们共同协力完成，职位在讯达被定义成是员工之间关于特定技术、专业能力和兴趣的竞赛。有超常能力和成就的员工常被录用，接着很快获得晋升。正因为如此，讯达并不注重为每个员工制定工作描述和工作说明书，因为从某种意义上来说，这只是一纸空文。

表 2-1　一份旧的工作说明书

职位	助理程序员
基本目的	在项目经理的监督下进行编码、测试、调试程序
具体任务	根据总体的程序设计，编码、测试、开发程序的文件资料 在使用系统时培训用户，为用户提供帮助，按要求向管理者汇报服务管理信息
任职资格	至少： 在相关领域里具有 BA/BC 学位或相当的经验和知识 具备 FORTRAN 语言编程知识 在经营和账务应用方面具有较好的工作知识 希望： 具有在分时环境下计算机编程经验 在 COBOL、PLI 或者装配语言方面受过培训或者教育

随着讯达规模的日益扩大，这种忽视工作分析的做法，对人力资源管理工作产生了许多负面影响。刘经理告诉李磊，在讯达，人力资源部被认为是一个低效率的团队。例如，人力资源部的一个职责是：通过绩效评估，查找员工绩效不符合标准的原因，并安排各种培训和锻炼机会以提高这部分员工的技能，增强他们的信心。但是由于缺乏准确的工作描述和工作说明书，人力资源部就没有确切的标准来衡量员工的工作绩效，因而也无从发现员工哪些方面需要改进和提高，更无法制订适合员工的培训计划。因此在讯达，人力资源部的员工都没有这方面的能力和经验。另外，公司主要的奖励系统也和人力资源部没有太大关系，甚至公司年度职工表彰会也被认为是来自外方总经理的奖赏而与人力资源部无关。而通常，员工的薪酬奖励计划应该是由人力资源部根据工作描述和工作说明书，判断每个工作岗位的相对价值后，再以此为依据制订的。

正是由于缺乏细致的工作分析，讯达的人力资源部在开展工作时显得无所适从。近期，讯达将招聘 50 名新员工，刘经理决定先从工作分析这一基础工作做起，彻底改变人力资源部的工作重心。他将此重任交给李磊，要求她在 6 个月的时间内修正所有的职位说明书。

（资料来源：根据互联网资料改写）

案例启示

工作分析是人力资源管理的一项重要的基础工作，工作分析的结果可以运用在企业内部组织决策、人力资源管理、工作分析、工作设计等方面，也可以用于制订教育培训计划、职业咨询等。对人力资源管理工作而言，只有做好工作分析，才能保证在人员招募与配置过程中的适人适位,才能保证人员培训、绩效评价、工资报酬、职业生涯规划等人力资源管理职能的规范化,从而最大限度地提高人力资源的使用效率,降低人力资源的使用成本。

2.1 工作分析概述

工作分析也称为职务分析,是人力资源管理各种要素中最基本的要素,是组织进行人力资源管理工作的基础,是最费力、最烦琐的工作,同时又是最有效保证组织与工作系统效率和员工工作满意度的基础性工作。

2.1.1 工作分析的概念和基本术语

1. 工作分析的概念

工作分析又称职位分析、岗位分析或职务分析,是指采用科学的方法与技术,全面了解工作并提取有关工作全面信息的基础性管理工作,从而确定工作的任务、性质及什么类型的人员适合从事该项工作。工作分析在人力资源管理中具有重要地位。通过对工作输入、工作转换过程、工作输出、工作的关联特征、工作资源、工作环境背景等的分析,形成工作分析的结果——职务规范,也称工作说明书。工作说明书包括工作描述和工作规范两大部分。工作描述说明工作的内容,即描述工作中需要从事的活动,以及工作中所使用的设备和工作条件的信息;工作规范是说明适合该项工作的人员特征,即说明承担该项工作的员工所必须具有的特定技能、工作知识、能力、其他身体和个人特征的要求。

由于组织的总体任务过于庞大,任何个人都无法完成,那么如何把总体目标分解成个人力所能及的个人任务及责任?这些任务需要具有什么样能力、技巧和个人特征的人员去完成?需要招聘多少人员?在挑选人员时,需要注意什么因素?如何训练员工?用什么标准测量员工的绩效?在做出这些决策之前,必须先对有关工作做出明确规定,然后进一步确定完成这些工作需要怎样的行为,这个过程就是职务分析。因此,工作分析的主要内容就是了解各种工作的特点,以及胜任各种工作的人员的特点。这是一个企业有效地进行人力资源开发与管理的重要前提。

2. 工作分析的基本术语

整个工作分析活动的操作,实际上可以从不同个体的职业生涯与职业活动的调查入手,依此分析工作的职务、职位、职责、工作任务与工作要素,最后从不同层次上确定工作的性质、繁简、难易与承担的资格条件。在此过程中出现的若干专门术语是工作分析操作过程中经常出现的,也是在进行工作分析之前应当明确理解的。

(1) 要素

要素是指工作活动中不能再继续分解的最小单位。例如,速记人员速记时,能正确书写各种速记符号。

(2) 任务

任务是指工作活动中达到某一工作目的的要素集合。例如,管理计算机某个项目、打印一份信件、锯木工锯一棵大树等,都是不同的任务。

(3) 职责

职责是指一个人担负的一项或多项相互关联的任务集合,常以任职者的行动加上行动的目标表示。例如,人事管理人员的职责之一是进行工资调查。这一职责由下列任务所组成:设计调查问卷、把问卷发给调查对象、将结果表格化并加以解释、把调查结果反馈给调查对象。

(4) 职位

职位是指在一个特定的组织中,某一时间内某一主体所担负的一项或数项相互联系的职责的集合。例如,办公室主任,同时担负单位文书管理、日常行政事务处理等两项职责。如果不存在职位空缺,在同一时间内职位数量与员工数量相等。

(5) 工作

工作是指主要职责在重要性与数量上相当的一组职位的集合。例如,秘书就是一个工作。实际上工作与职务是同义的。一项工作可以有一个职位,如总经理,也可以有多个职位,如办公室秘书有多个,多个秘书职位构成了一个秘书工作。

(6) 职业

职业是指在不同时间、不同组织中,工作要求相似或职责平行(相近、相当)的职位集合。例如,教师、会计、工程师等。

(7) 职业生涯

职业生涯是指一个人在其工作历程中所经历的一系列职位、工作或职业。例如,一名公司总经理的职业生涯是车间技术员、车间技术主任、制造部门经理、销售员、销售部门大区经理、销售部门经理、公司总经理。

3. 工作分析的公式

国外人事心理学家从人事管理角度,提出了职务分析公式,即用谁(who)、做何事(what)、何时(when)、何地(where)、如何做(how to do)、为何(why)、为何人(for whom)。这也就是职务分析所要研究的事项。

2.1.2 工作分析的目的

工作是组织实现其目标的手段,工作分析可以为许多人力资源管理活动提供信息。工作分析的目的是确定什么是一个职务所承担的任务、职责,以及如何来完成相应的工作任务、履行规定的职责,以保证组织中各项工作都是按照管理者的意愿进行分配,做到人职匹配,以便对职务工作进行规范、确认、指导和改进,从而为规范和改进工作提供指导和依据。

2.1.3 工作分析的时机

工作分析是企业的一项常规性工作。要根据工作目标、工作流程、组织战略和环境变化对工作进行相应的动态调整,使责、权达到一致。

一般来说,当企业出现以下情况时,就表明非常需要进行工作分析。

① 缺乏明确、完善的书面职位说明,员工对职位的职责和要求不清楚。

② 虽然有书面的职位说明,但工作说明书所描述的员工从事某项工作的具体内容和完

成该工作所具备的各项知识、技能和能力与实际情况不符,很难遵照它去执行。
③ 发现一些工作没人去做,或相互推托,一些工作总是出现问题。
④ 当招聘某个职位的新员工时,发现很难确定用人的标准。
⑤ 当需要对在职人员进行培训时,发现很难确定培训的需求。
⑥ 当需要建立新的薪酬体系时,无法对各个职位的价值进行评估。
⑦ 当需要对员工的绩效进行考核时,发现没有根据职位确定考核的标准。
⑧ 新技术的出现,导致工作流程的变革和调整。

2.1.4 工作分析的作用

1. 为组织结构及其设计提供基础

任何组织都有目标,为达到目标有一系列的任务、职责。所以,组织有各种职位。通过职务分析,组织可以分清各种职务的角色及其行为,为组织结构和设计打下基础。职务分析通过明确组织中职务的性质、职责、要求,以及职务间的相互关系,合理地设计职务,尽量避免工作重叠和劳动重复,提高组织的工作效率与和谐气氛。

2. 制定人力资源规划的依据

人力资源规划是对人员需求的规划,而未来组织需要什么样的人、需要多少人,只有在职务分析的基础上才能确定。职务分析中的职务描述,介绍了有关工作任务、性质、职务、职责等多方面的内容;工作说明书对从事该工作的工作人员的知识、技能、经验等多方面的要求做出了明确规定,从而为人员补充计划、培训计划、晋升计划等人力资源计划的制订提供了客观依据,有利于组织发展中"人"与"工作"的相互适应。

3. 使职务评价和报酬达到公平和公正

工作分析评价是合理制定薪酬标准的基础,正确的工作评价则要求深入理解各种工作的要求,这样才能根据它们对组织的价值大小进行排序。岗位分析通过了解各项工作的内容、工作所需要的技能、学历背景、工作的危险程度等因素确定工作相对于组织目标的价值,也可以作为决定合理薪酬的依据。岗位分析为薪酬管理提供相关的工作信息,通过工作差别确定薪酬差别,使薪酬结构与工作挂钩,从而制定公平合理的薪资政策。

4. 选聘与录用合格的人员

工作分析能够明确地规定工作职务的近期目标和长期目标,掌握工作任务的特性,提出工作所需的有关技术、体力要求及其他条件。一方面,招聘人员可以根据工作描述与工作规范里的技术能力与工作经验等确定合理的选聘标准,通过考核选择和录用符合工作需要和职务要求的人员;另一方面,工作描述可以为应聘人员提供关于他不熟悉的工作的介绍,从而确定自己是否感兴趣及是否能胜任此项工作。

5. 使人员换岗更有效率

被录用的员工并不总被分配在固定的岗位上,随着员工工作能力的变化,他们的工作岗位要作相应调整。那么如何调整?首先要有一个非常清楚的岗位说明书和完成这些职务需要的人,如果对职务描述是模糊的,那么换岗的工作效果会很差。

6. 使培训和开发员工有合理的方向

培训员工需要较高的成本。使用职务分析能帮助人力资源管理部门确定员工的能力和技术、需要训练的内容,从而使培训开发具有针对性,节省培训人员的支出。

7. 帮助明确劳动关系

职务分析提供的信息有助于企业和员工之间的劳务谈判，同样也有益于解决劳资纠纷。因为职务分析能提供与职务有关的信息，企业和员工都可以利用这些信息，合理地争取自己的权益。

8. 有利于重视作业的安全

有些工作在没有分析以前，其安全性（如环境条件与个人劳动保护防范）常常被忽略。若进行了职务分析，就会发现其中的一些不安全因素，以便应用技术来改变不安全情况或告知员工注意防范。

2.2 工作分析的内容和程序

在企业管理中，每一个工作岗位都有它的名称、工作条件、工作地点、工作范围、工作对象，以及所使用的工作资料。首先要对岗位存在的时间、空间范围做出科学的界定，然后再对岗位内在活动的内容进行系统的分析，并做出必要的总结和概括。在界定了岗位的工作范围和内容以后，应根据岗位自身的特点，明确岗位对员工的素质要求，提出本岗位员工所具备的资格和条件，将上述岗位分析的研究成果，按照一定的程序和标准，以文字和图表的形式加以表述，最终制定出工作说明书、岗位规范等人事文件。

2.2.1 工作分析的内容

工作分析的内容依据企业的不同而不同，企业本身都有各自的特点，需要解决的问题也各不相同。有的企业进行工作分析是为了设计员工培训方案，提高员工的业务素质；有的企业是为了制定更切实可行的奖励分配制度，调动员工的积极性；有的企业是为了制定人力资源规划，提高人力资源规划的可行性；还有的企业是为了引进高层次人才，提高引进人才的针对性。因此，这些企业所要进行的工作分析的侧重点就不一样。但一般来说，工作分析主要包括以下两方面的内容。

1. 工作描述

工作描述就是确定工作的具体特征，它包括以下6个方面的内容。

① 工作名称。用以识别某项工作的专门称呼，如医生、护士、司机、记者、舞蹈家、摄影师、服务员、教师等。

② 完成工作的原因。为什么要完成这项任务，什么时候执行这项任务。

③ 工作活动和程序。包括所要完成的工作任务、工作职责、完成工作所需要的资料、机器设备与材料、工作流程、工作中与其他工作人员的正式联系及上下级关系。

④ 工作条件和物理环境。工作是在室内还是在室外，工作场所的温度、适当的光照度、通风设备、安全措施。

⑤ 社会环境。包括工作团体的情况、社会心理气氛、同事的特征及相互关系、各部门之间的配合情况等。

⑥ 职业条件。职业条件说明了工作的总体情况：工资报酬、奖励制度、工作时间、工

作季节性、晋级机会、进修和提高的机会、该工作在本组织中的地位,以及与其他工作的关系等。

2. 工作要求

工作要求说明了从事某项工作的人所必须具备的知识、技能、能力、兴趣、身体素质和行为特点等心理及生理要求。工作要求的主要内容包括:有关工作程序和技术的要求,独立判断与思考的能力,记忆力、注意力及知觉能力,警觉性,反应速度,工作技能及操作能力,工作态度和各种特殊能力要求。工作要求还包括文化程度、工作经验、生活经历和健康状况等。

工作要求可以用经验判断的方法获得,也可以通过统计分析方法来确定。

2.2.2 工作分析的程序

工作分析过程可以分为以下 4 个阶段,工作分析的不同目标与信息收集的侧重点如表 2-2 所示。

表 2-2 工作分析的不同目标与信息收集的侧重点

工作分析的目标	工作分析所需收集的信息	信息收集的成果
组织优化	工作目的与工作职责 职责细分或履行程序 工作流程 职位在流程中的角色 工作权限	组织结构的调整 职位设置的调整 职位目的的调整 职责履行程序的理顺
招聘与甄选	工作目的与工作职责 职责的重要程度 任职资格	招聘要求 甄选标准
培训与开发	工作职责 职责学习难度 工作难点 关键工作行为 任职资格	培训要求 培训难点 培训重点
绩效考核	工作目的与工作职责 工作的重要程度与执行难度 工作难点 绩效标准	绩效评价指标 绩效评价标准
薪酬管理	工作目的与工作职责 工作范围 职责的复杂程度与执行难度 职位在组织中的位置 工作联系的对象 内容与频率 任职资格	与工作评价要素相关的信息

(资料来源:刘冬蕾. 人力资源管理概论. 成都:西南财经大学出版社,2009.)

1. 准备阶段

① 成立工作分析小组，制订工作分析计划。建立由工作分析专家、主管人员和任职者组成的工作分析小组，赋予他们进行分析活动的权限，制订工作分析的具体计划。

② 明确工作分析的总目标、总任务。根据总目标、总任务，对企业现状进行初步了解，掌握各种数据和资料。

③ 明确工作分析的目的。有了明确的目的，才能正确确定分析的范围、对象和内容，规定分析的方式、方法，并弄清应当收集什么资料、到哪儿去收集、用什么方法去收集。

④ 确定分析对象的样本。为保证分析结果的正确性，应该选择有代表性、典型性的工作。

⑤ 建立良好的工作关系。为了搞好工作分析，还应做好员工的心理准备工作，建立起友好的合作关系。

2. 调查阶段

这一阶段的主要任务是对整个工作过程、工作环境、工作内容和工作人员等做全面的调查。

在此阶段，要编制各种调查问卷和调查提纲，运用各种分析方法广泛深入地收集有关工作特征和要求的数据资料。在调查中，要灵活运用面谈法、问卷法、观察法、参与法、实验法、关键事件法等不同的调查方法。根据工作分析的目的，有针对性地收集有关工作的特征及所需要的各种数据，重点收集工作人员必要的特征信息。

3. 分析阶段

分析阶段的主要任务是对有关工作的特征和工作人员的特征的调查结果进行全面深入的总结分析。这一阶段的具体工作是：认真审核、整理、汇总各种信息，分析有关工作和工作人员的关键部分，分门别类地编入工作说明书与工作规范的项目内。以工作为导向的工作分析是围绕并描述工作本身的性质、内容、任务和环境等方面展开的；以人员为导向的工作分析是研究各项工作的任职者所应具备的基本任职条件，包括工作能力、知识结构、经验、身体素质、心理特征等方面的最低条件。

4. 完成阶段

完成阶段是工作分析的最后阶段。这一阶段的主要任务是在深入分析和总结的基础上，编制工作说明书和工作规范。

① 将信息处理结果写成工作说明书和工作规范，并对其内容进行检验。

② 召开工作说明书和工作规范的检验会，将工作说明书和工作规范初稿复印，分发给到会的每位人员。初稿的发放对象主要是从事这些工作的员工，特别是那些在工作分析中给予了协助的员工。对每位员工，一般需发给与员工自身所在工作岗位相对应的工作说明书和工作规范。让这些在职员工有机会参与讨论和修改，以加强管理者和员工间的相互交流和沟通。

③ 将草拟的工作说明书和工作规范与实际工作对比，以决定是否需要再次调查。

④ 修正工作说明书和工作规范，对特别重要的岗位，还应按前面的要求进行再修订。

⑤ 将工作说明书应用于实际工作中，并注意收集反馈信息，不断完善。

⑥ 对工作分析过程进行总结评估，以文件形式将工作说明书确定下来并归档保存，为今后的工作分析提供经验与信息基础。

工作说明书要定期进行评审,看是否符合实际的工作变化,同时要让员工参与到工作分析的每个过程,一起探讨每个阶段的结果,共同分析原因,需要调整时也应要求员工加入调整工作。只有亲身体验才能加强员工对工作分析的充分认识和认同,从而在实践中被有效实施。

工作分析的过程框图如图 2-1 所示。

某公司销售经理工作规范

职务名称:销售经理

年龄:26~40 岁

性别:男女不限

学历:大学本科以上

工作经验:从事销售工作 4 年以上

生理要求:无严重疾病;无传染病;能胜任办公室工作,有时需要走动和站立;平时以说、听、看、写为主

心理要求标准

A——90 分以上

B——70~89 分

C——30~69 分

D——10~29 分

E——9 分以下

心理要求

智力:A

观察能力:B

记忆能力:B

理解能力:A

学习能力:A

解决问题能力:A

创造力:A

知识域:A

数学计算能力:A

语言表达能力:A

性格:外向

气质:多血质或胆汁质

兴趣爱好:喜欢与人交往,爱好广泛

态度:积极、乐观

事业心:很强

合作能力:优秀

领导能力:卓越

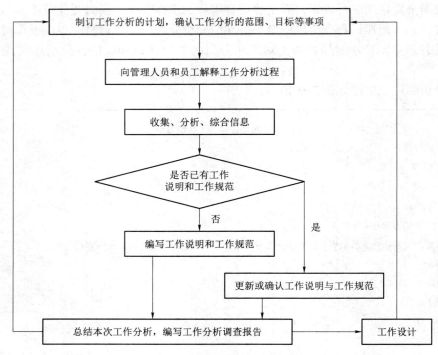

图 2-1 工作分析的过程框图

(本图来源于：冯拾松．人力资源管理与开发．北京：高等教育出版社，2010.)

2.3 工作分析的方法

工作分析的方法有许多种，每种方法都各有不同的优缺点，在工作分析时，要综合运用。下面介绍常用的工作分析方法。

2.3.1 定性的工作分析方法

定性的工作分析方法主要包括观察法、访谈法、问卷调查法、工作日志法、工作实践法和专家讨论法等。

1. 观察法

观察法是指工作分析人员到现场实地去查看员工的实际操作情况，并予以记录、分析、归纳，整理为适用的文字资料的方法，是传统的工作分析方法。分析人员观察工作时，必须注意员工在做什么、员工如何做、员工为何要做，以及工作技能好不好。而对于可以改进、简化的工作事项，也应予以记录说明。当观察完某工作场所人员如何执行某工作后，最好再在其他两三处工作场地再予以观察，以证实其工作内容。

观察法的适用范围：被观察者的工作相对稳定，在一定时间内，对工作内容、程序和要求等不会发生明显的变化。观察法适用于大量标准化的周期较短的以体力劳动为主的工作。

观察法的优点在于：通过对工作的直接观察和工作者介绍，能使分析人员更多、更深刻地了解工作要求，从而使所获得的信息比较客观和正确。观察法的缺点是：不适用于工作周期长、主要是脑力劳动的工作；不易观察紧急而又偶然的工作，如处理紧急情况。

工作人员在运用观察法进行观察时要注意：观察者不要影响被观察人员的工作；观察前要列好详细的观察提纲和行为标准。

工作岗位分析的观察提纲（部分）

被观察者姓名_____ 日期_____

观察者姓名_____ 观察时间_____

工作类型_____ 工作部分_____

观察内容_____

1. 什么时候开始工作_____
2. 上午工作几个小时_____
3. 上午休息几次_____
4. 第一次休息时间是从_____到_____
5. 第二次休息时间是从_____到_____
6. 上午完成产品多少件_____
7. 平均多长时间完成一件产品_____
8. 与同事交谈几次_____
9. 每次交谈大约多长时间_____
10. 室内温度_____摄氏度
11. 什么时候开始午休_____
12. 出了多少次品_____
13. 搬运了多少次原料_____
14. 工作场所噪声分贝是多少_____

---

2. 访谈法

访谈法也称为面谈法，是指工作分析者与工作承担者面对面的谈话，以获得与工作分析有关的信息资料的方法。对于许多工作，分析人员不可能实际去做（如公司财务负责人的工作），也不可能去现场观察（如外科手术医生的工作），这些情况就需要与工作者本人进行访谈来收集有关信息。一般来说，正在承担某一工作的员工对这项工作的内容和他的任职资格是最有发言权的。访谈法适用于工作任务周期长、工作行为不易直接观察的工作。

访谈法有3种形式。

① 个人访谈。对组织的员工可以进行个人访谈。个人访谈适用于员工的工作有明显差别的情况。

② 群体访谈。是指对从事同种工作的员工群体所进行的访谈，适用于多员工从事同样工作的情况。

③ 主管人员访谈。是指对完全了解工作的上级主管人员所进行的访谈。同主管面谈可以获得比较客观、全面的信息。

访谈的作用：一是对于观察所不能获得的资料，可由此获得；二是对已获得的资料加以证实。该方法是目前使用最广的方法之一。

有些工作，主管人员与现职人员的说明可能不同，这时分析人员必须把双方的资料合并在一起，予以独立的观察和思考。这不仅需要运用科学的方法，还需要有可被人接受的人际关系技能。因此，应该把这3种形式加以综合运用。

访谈的内容大致有以下4个方面。

① 工作目标。组织为什么设立这一职务，确定职务的报酬依据是什么。

② 工作内容。任职者在组织中有多大的作用，其行动对组织产生的后果有多大。

③ 工作的性质和范围。这是访谈的核心，主要了解该工作在组织中的关系、上下级职能的关系、所需的一般技术知识、管理知识、人际关系能力、需要解决问题的性质，以及自主权。

④ 所负责任。涉及组织、战略政策、控制、执行等方面。

访谈法的优点在于能够简单、迅速地收集工作分析资料，实用性强；缺点是被访谈者往往夸大其承担的责任和工作的难度，容易引起工作分析资料的失真和扭曲。

进行访谈时要注意以下两个问题：一是尊重工作者，接待要热情，态度要诚恳，用语要适当，要营造一种良好的气氛，使工作者感到轻松愉快，使之能够客观、真实地将工作情况反映出来；二是分析人员应该启发和引导，防止离题、诉苦和邀功现象的发生，对重大原则问题，应避免发表个人看法和观点。

3. 问卷调查法

获取工作信息的另外一种比较好的方法是让员工通过填写问卷来描述其工作中所包括的任务和职责，这就是问卷调查法。采用这种方法，首先需要考虑如何安排问卷的结构，以及提什么样的问题。问卷分为结构性问卷和非结构性问卷。设计良好的工作问卷可以帮助分析人员获得大量信息，既快捷又经济。

问卷主要有两种：一种是内容具有普遍性，适合于各种职务内容；另一种是专门为特定的工作职务设计的。

问卷还可以分成职务定向问卷和人员定向问卷两种。职务定向问卷比较强调工作本身的条件和结果；人员定向问卷则集中于了解员工的工作行为。

问卷法的成败至少取决于3个方面：一是问卷的设计能否包括主要问题；二是各个问题的设计是否适当、贴切，从而使回答者可以在要求的范围内正确地给予相当标准化的答案；三是如果答卷无强制性，则问卷会不会因太详尽而影响回收率。

问卷回答的方式有3种：开放型回答、封闭型回答和混合型回答。

（1）开放型回答

所谓开放型回答，是指对问题的回答不提供任何具体答案，而由被调查者自由填写。开放型回答的最大优点是灵活性大、适应性强，特别适合于回答那些答案类型很多或答案比较复杂或事先无法确定各种可能答案的问题。同时，它有利于发挥被调查者的主动性和创造性，使他们能够自由表达意见。一般地说，开放型回答比封闭型回答能提供更多的信息，有时还会发现一些超出预料的、具有启发性的回答。开放型回答的缺点是：答案的标准化程度低，整理和分析比较困难，会出现许多一般化的、不准确的、无价值的信息。同时，它要求被调查者有较强的文字表达能力，而且要花费较多填写时间，这样就有可能降低问卷的回收率和有效率。

（2）封闭型回答

所谓封闭型回答，是指将问题的几种主要答案，甚至一切可能的答案全部列出，然后由被调查者从中选取一种或几种答案作为自己的回答。封闭型回答一般都要对回答方式作某些指导或说明，这些指导或说明大都用括号括起来附在有关问题的后面。

（3）混合型回答

所谓混合型回答，是指封闭型回答与开放型回答的结合，它实质上是半封闭、半开放的回答类型。这种回答方式综合了开放型回答和封闭型回答的优点，同时避免了两者的缺点，应用非常广泛。

在问卷调查法实施的过程中应注意以下 5 点。

① 针对不同的组织和不同的调查目的设计不同的问卷。
② 明确要获得何种信息，将信息转化为可操作的问题。
③ 问题目的性明确，语言简洁易懂。
④ 问卷中的问题语义明确，不能产生歧义，不能产生诱导倾向。
⑤ 问卷的填写应独立完成。

问卷调查法的主要优点如下。

◆ 省时、省力、省钱。问卷调查法可以在很短的时间内同时调查到很多人的情况，比传统的调查方法效率更高。

◆ 匿名。问卷调查法无须被调查者署名，也不易受他人影响，这样就使得回答的隐秘性和真实性更强。

◆ 便于研究结果分析。问卷调查法所得到的原始资料很容易转换成数字，通过问卷的形式得到可以量化的结果。

◆ 避免偏见、减少误差。问卷调查法可以更好地避免人为的各种误差，更加真实地反映出不同被调查者的情况。

问卷调查法的主要缺点如下。

◆ 被调查者的文化要求。一些文化程度较低的被调查者，就不适宜填答问卷，这样调查对象的范围无形中就受到了限制。

◆ 有时回收率难以保证。问卷调查法依赖于被调查者的合作程度。如果被调查者态度不积极，责任心不强，回收的问卷数量、质量都会受影响。

◆ 问卷结果有时并不可靠。有时，问卷调查法是在调查人员不在场的情况下填答的，所以答题环境是无法控制的。

调查问卷样例

姓名_____ 性别_____ 年龄_____
所属部门_____ 学历_____ 月平均收入_____
进入公司时间_____ 从事本工作时间_____
说明工作的主要职责_____
_____

```
其他方面的职责_____
_____
列举你所使用的工具      持续使用      经常使用      偶尔使用
_____  _____  _____  _____
_____  _____  _____  _____
_____  _____  _____  _____
你认为做此项工作需要何种教育程度？
□研究生学历     □本科学历     □专科学历     □专科以下学历
担任此项工作需要多少年相关的工作经验？
□不用经验      □半年        □1年到3年     □3年到5年      □5年以上
你认为要做好或者熟悉此项工作，需要多长时间的培训？
□2周或少于2周   □3个月      □半年         □1年           □2年         □3年及以上
```

（资料来源：蔡荣先，何学菊. 现代人力资源管理实务. 北京：北京交通大学出版社，2010.）

4. 工作日志法

工作日志法是为了了解员工实际工作的内容、责任、权利、人际关系及工作负荷，而要求员工坚持记工作日记，然后经过归纳提炼，取得所需工作信息的一种职务信息获取方法。每个员工都要将自己所从事的每一项活动按照时间顺序以日志的形式记录，它可以提供一个非常完整的工作图景。通常工作日志由两方面的信息构成：一是基本情况，包括记录日志的起止时间、记录者姓名、所在部门、所在岗位等；二是工作日志的内容，包括工作活动名称、内容、结果、时间、地点等。

工作日志法的优点是：所获得的信息的可靠性很高，适用于获取有关工作职责、内容、关系、劳动强度等方面的信息，所需费用也较低。缺点是：使用范围较小，不适用于工作循环周期较长、工作状态不稳定的职位，且信息整理量大，归纳工作烦琐。

工作日志法在实际应用时应注意：工作日志法所获取的信息单向来源于任职者，工作分析者应采取措施加强与任职者（填写者）的沟通交流，以避免信息缺失及理解误差造成的失误。工作分析者工作前应对填写者进行培训、过程指导、疑难解答等，最好是事先设计好工作日志表格，以控制任职者填写过程中可能出现的偏差和不规范之处。工作日志法示例如表2-3所示。

表2-3　工作日志法示例

部门	人力资源部	职务	人事专员	姓名	李丽	填表日期	20×5年3月4日
工作项目记录					工作完成情况		
1. 准备周二招聘会工具：易拉宝3个，宣传单100份，应聘登记表50份，面试通知单30份 2. 整理从2月1日开始应聘的所有通过笔试人员的名单，并一一进行电话确认是否进行面试 3. 完善组织架构图 4. 完善新招员工培训课件 5. 准备明天参加培训的人员名单					1. 招聘会工具准备完成 2. 面试人员已确认 3. 组织架构图已完成 4. 课件已完成 5. 培训人员名单已确认		

5. 工作实践法

工作实践法也称职位实践法，又称参与法，是指工作分析者直接参与某一职位的工作，细致深入、全面体验，了解和分析职务特征及要求，并在工作过程中掌握有关工作的第一手资料。工作实践法适用于专业性不是很强的职位。工作实践法与观察法、问卷调查法相比，获得的信息更加准确。要注意的是，职位分析者需要真正地参与到工作中去，而不是仅仅模仿一些工作行为。

6. 专家讨论法

专家讨论法是指请一些相关领域的专家或者经验丰富的员工进行讨论，进而进行职位分析的一种方法。这种方法适合于发展变化较快或职位职责还未定型的企业。由于企业没有现成的观察样本，所以只能借助专家的经验来规划未来希望看到的职位状态。现代社会技术更新非常迅速，用传统的人力资源预测方法很难准确地预计未来的技术人员的需求。相关领域的技术专家由于把握技术发展的趋势，所以能更加容易地对该领域的技术人员状况做出预测。

上述这些职位分析方法既可单独使用，也可结合使用。由于每种方法都有自身的优点和缺点，所以企业应该根据本企业的具体情况进行选择。

2.3.2 定量的工作分析方法

1. 职位分析问卷法

职位分析问卷法（PAQ）是目前最普遍和最流行的人员导向职务分析系统，它是1972年由麦考密克、詹纳雷特和米查姆设计开发的。设计者的初衷在于开发一种通用的、以统计分析为基础的方法来建立某职位的能力模型，同时运用统计推理进行职位间的比较，以确定相对报酬。目前，国外已将PAQ应用范围拓展为194个项目，其中187个被用来分析完成工作过程中员工活动的特征（工作元素），另外7个涉及薪酬问题。这种问卷结构严密，要求由职务分析人员填写，并且要求职务分析人员对被分析的职务相当熟悉。

所有的要素被划分为6个部分：信息输入、思考过程、工作产出、人际关系、工作环境、其他特征。

- 信息输入——用来了解员工如何或从哪里获得完成工作所需要的信息。
- 思考过程——回答工作需要进行哪些推理、决策、计划和信息处理活动等问题。
- 工作产出——回答工作完成需要哪些体力活动，使用哪些机器、工具和设施等问题。
- 人际关系——工作与其他人的关系。
- 工作环境——完成工作的自然环境和社会环境。
- 其他特征——其他工作的特征。

在应用职位分析问卷法时，职务分析人员要对信息使用程度、耗费时间、对工作的重要程度、对各个工作部门及部门内部的各个单元的适用性、发生的可能性及特殊性进行6种程度的主观计分。这样就可以对每种工作的各个要素分配一个量化的分数，以此为基础对各种工作划分等级，从而为确定每种工作的薪酬标准提供依据。

职位分析问卷法的优点如下。

① PAQ同时考虑了员工与职位两个变量因素，并将各种职位所需要的基础技能与基础行为以标准化的方式罗列出来，从而为人事调查、薪酬标准制定等提供依据。

② PAQ 不需修改就可用于不同组织中的不同职位，使得比较各组织间的工作更加容易，也使得职位分析更加准确与合理。

职位分析问卷法的缺点如下。

① 由于问卷没有对职位的特定工作进行描述，因此职位行为的共同性使得任务间的差异比较模糊，所以不能描述实际工作中特定的、具体的任务活动。

② 花费时间较多，成本很高，程序非常烦琐。

2. 弗莱希曼工作分析系统法

弗莱希曼工作分析系统法把能力定义为引起个体绩效差异的持久性的个人特性。该方法通过建立 52 种能力，充分代表与工作有关的各种能力，包括认知能力、精神运动能力、身体能力及感觉能力等。弗莱希曼工作分析系统法中的 52 种能力因数如表 2-4 所示。

表 2-4 弗莱希曼工作分析系统法中的 52 种能力因数

1. 口头理解能力	14. 规范灵活性	27. 手-臂稳定性	40. 耐力
2. 书面理解能力	15. 终止速度	28. 手工灵巧性	41. 近距视觉
3. 口头表达能力	16. 终止灵活性	29. 手指灵活性	42. 远距视觉
4. 书面表达能力	17. 空间空位能力	30. 手腕-手指速度	43. 视觉色彩区分力
5. 思维敏捷性	18. 目标能力	31. 四肢运动速度	44. 夜间视觉
6. 创新性	19. 知觉速度	32. 静态力量	45. 外围时间
7. 记忆力	20. 选择性注意力	33. 爆发力	46. 景深感觉
8. 问题敏感度	21. 分时能力	34. 动态力量	47. 闪光敏感性
9. 数学推理能力	22. 控制精度	35. 躯干力量	48. 听觉敏感性
10. 数字熟练性	23. 多方面协调能力	36. 伸展灵活性	49. 听觉注意力
11. 演绎推理能力	24. 反应调整能力	37. 动态灵活性	50. 声音定位能力
12. 归纳推理能力	25. 速率控制	38. 总身体协调性	51. 语音识别能力
13. 信息处理能力	26. 反应时间	39. 总身体均衡性	52. 语音清晰性

企业运用弗莱希曼工作分析系统法时，需要将这 52 个维度都展示给专家，由专家指出每一个维度图中的哪一个点数能够恰当地代表某一个特定工作需要的能力水平，最后根据评价结果绘制出某种工作所要求的能力全图。

2.4 工作说明书的编写

工作说明书是工作分析的成果，是通过对工作信息的收集、分析和综合，形成的书面文件；是以一定的格式对工作的职责及任职者的资格条件进行描述的文件。

2.4.1 工作说明书的内容

工作说明书由两大部分组成：工作描述和工作规范。

1. 工作描述

工作描述，是对职位本身的内涵和外延加以规范的描述性文件，是对有关工作职责、工作活动、工作条件，以及工作对人身安全危害程度等工作特性方面的信息所进行的书面描述。

工作描述主要涉及工作任职者实际在做什么、如何做，以及在什么条件下做的一种书面文件。

工作说明书中的工作描述一般包括以下内容。

① 工作标识。包括工作的名称、编号、工作所属部门或班组、工作地位、工作说明书的编写日期、编写人与审核人，以及文件确认时间等项目。

② 工作综述。描述工作的总体性质，列出主要工作的特征及主要工作范围，回答为什么这个岗位存在。

③ 工作职责。包括工作的内容、承担的责任。与工作综述相比，它提供了工作职责的细节描述，包括所有的主要职能和要求。在工作说明书中，对每项工作的主要职责都应该列出来，并分别对每项任务加以描述。

④ 工作条件与物理环境。简要地列出有关的工作条件，包括工作地点的温度、湿度、光线、噪声程度、安全条件、地理位置等。它是制定劳动安全保障制度的重要依据。

⑤ 内外软性环境。包括工作团队中的人数、完成工作所要求的人际交往的数量和程度、各部门之间的关系、工作现场内外的文化设施、社会习俗等。

⑥ 工作权限。组织根据某项职位的工作目标与责任，赋予该职位的决策范围、层级与控制力度，主要表现为对人、财、物的控制权、处置权、决策权、建议权等。例如，某工厂采购部经理有批准购买价款在 1 万元之内的原材料的权力。

⑦ 工作的绩效标准。工作说明书中还需包括有关绩效标准的内容，即完成某些任务或工作量所要达到的标准。这部分内容说明企业期望员工在执行工作说明书中的每一项任务时所要达到的标准或要求。

2. 工作规范

工作规范，又称为任职资格，它界定了工作对任职者的教育程度、工作经验、培训、知识、技能、能力、心理特征等方面的要求。当它作为招聘甄选的依据时，也可以视为任职要求。工作规范是对人的要求，说明任职者胜任工作所必须具备的知识、能力、技术及其他要求。

工作规范基本包括以下 3 个方面。

① 一般要求。包括年龄、性别、学历、工作经验。

② 身体要求。包括健康状况、运动的灵活性、感觉器官的灵敏度。

③ 心理要求。包括观察能力、学习能力、解决问题的能力、语言表达能力、人际交往能力、性格特点、品格气质、兴趣爱好等。

2.4.2 工作说明书的编写要求

（1）可简可繁

内容可根据职务分析的目的进行调整，可简可繁。

（2）文件格式

文件格式要统一，可以用表格形式，也可以选择叙述形式；可以参照典型的工作说明书编写样本。

（3）实用性

工作说明书要让大家都能够理解和认识各项工作的职责内容，因此对于工作的描述必须清晰透彻，让任职人员读过以后可以准确地明白其工作内容、工作程序与工作要求等，无须再询问他人或查看其他说明材料。工作说明书要明确任务和考核标准，清晰地表达任职资格，当遇到技术性的问题时，应尽量转化成较为通俗的语言。

（4）清晰简单

工作说明书要能够清楚地说明职位的工作情况、性质和范围，任职者的资格，把所有重要的工作关系包括进去，描述要准确，语言要精练。一般来说，由于基层或生产线员工的工作更为具体，其工作说明书中的描述也应更为详细。实际上，许多企业是使用"作业指导书"和"岗位操作规程"来替代工作说明书的。

单元小结

工作分析，又称职务分析，是采用科学的方法与技术，全面了解工作并提取有关信息的基础管理活动，从而确定工作的任务、性质，以及哪些类型的人员适合从事某项工作。

管理者进行工作分析时，要对工作要素、任务、职责、职位、职务、职业、职业生涯等展开分析活动。

工作分析的作用表现为：制定有效的人力资源管理规划；选聘与录用合格的人员；设计积极的人员培训开发方案；提供科学的绩效考核标准；建立科学合理的薪酬政策；为职业生涯设计提供依据。

工作分析相关信息的来源包括：现存的可查资料；任职者提供的信息；同事提供的信息；工作分析人员提供的信息；客户提供的信息等。信息来源的选取原则是客观性和可靠性。

工作分析的过程可以分为准备阶段、调查阶段、分析阶段和完成阶段。

工作分析的方法可以分为定性和定量两大类，在工作分析中，两类方法常常结合起来运用，以达到期望的效果。

思考与实践

一、复习思考题

1. 什么是工作分析？工作分析在人力资源管理中有哪些作用？
2. 简述工作分析的步骤。

3. 工作分析的主要内容有哪些？
4. 定性的工作分析方法有哪些？试说明它们各自的优缺点。
5. 简述几种定量的工作分析方法。
6. 简述职位分析问卷的构成。
7. 工作说明书包括哪些内容？
8. 编写工作说明书有哪些要求？

二、案例分析

案例1　请用头脑工作

一天，某制造工厂的首席执行官决定到基层转转，进行他的"走动式管理"。正当他四处走动的时候，碰上了一个名叫特德的设备操作员，很明显特德正无事可做。他便问特德发生了什么事，这个员工解释说，他正在等一个技术员来校准设备。这个时候，特德也不失时机地向首席执行官抱怨自己已经等该技术员很长时间了，电话打了好几次，还不见人来。

首席执行官问："特德，请你告诉我，这台设备你用了多长时间了？"

特德回答说："哦，先生，我想大概有20年了。"

首席执行官继续说："特德，你是不是告诉我，用了20年你还不知道如何校准这台设备？这很难让人相信。因为我知道你可能是我们最好的机械师。"

特德自豪地回答说："哦，先生，我闭上眼睛都能校准这个设备。但你知道，校准设备不是我的工作。我的工作描述上说了，期望我使用这台设备，并将校准方面的问题报告给技术员，但不必修理设备。我不想让任何人烦恼。"

首席执行官忍住自己的沮丧，邀请这位设备操作员到办公室，并请他拿出一份工作描述。首席执行官说："我们将为你写一份更有意义的全新工作描述。"首席执行官再没有说其他的话，就将那份工作描述撕掉了，并很快在一张新表上写了点什么东西，递给了特德。

新的工作描述就一句话："用你的头脑工作。"

实际上，特德知道问题的存在，并有能力解决问题，但他没有说出来，更没有去行动。所以被管理者认为是"没有动脑子"，这一方面是不动脑子的表现，另一方面是不积极主动的表现，也可能正是这些因素限制了他，使得他操作了20多年的设备，仍然还在操作设备，而没有获得提升。

作为一名员工，你不仅要动脑子思考问题，还要善于分析问题，提出解决方案，并与管理者进行沟通，简单一句话，就是"说出来"，说出你的想法，说出你的解决方案，然后再与管理者一起，寻找最佳的方案，并一起制订行动计划，在以后的工作中加以改进。

仅仅说出来是不够的，要想做得更好，你还要做出来，要采取行动。史蒂芬·柯维说，任何优秀的计划都要经过两次创造，一次是心智上的创造，即制订计划和行动方案，另一次是行动上的创造，即进行实践，把计划和方案付诸行动。

作为一个善于动脑子的员工，不仅要思考问题，提出解决方案，更要善于使用智慧，把方案和计划付诸实践、加强实践，提高动手能力，为企业发展贡献力量。

员工并不是被管理的代名词，员工才是自己绩效的创造者和主人，而要想创造高绩效，就必须会"用你的头脑工作"，正确认识自己的角色，并采取积极的行动，谋求自己绩效和企业绩效之间的最佳结合点，在为企业做出贡献的同时也获得更好的发展。

（资料来源：http：//www.ceconline.com/mycareer/ma/8800048640/01/）

讨论与训练

1. 什么原因限制了特德的职业发展？
2. 对新的工作描述这一句话："用你的头脑工作。"谈谈你的看法。
3. 本案例对你将来的工作有何启发？

案例2 人力资源经理李丽的烦恼

人力资源部经理李丽刚从某外企跳槽到一家民营企业，发现企业管理有些混乱，员工职责不清，工作流程也不科学。她希望进行工作分析，重新安排组织架构。一听是外企的管理做法，老板马上点头答应，还很配合地做了宣传和动员。李丽和工作分析小组的成员积极筹备一番后开始行动。不料，员工的反应和态度出乎意料地不配合。"我们部门可是最忙的部门了，我一个人就要干3个人的活。""我每天都要加班到9点以后才回去，你们可别再给我加工作量了。"多方了解后，李丽才知道，她的前任也做过工作分析。不但做了工作分析，还立即根据分析结果进行了大调整：裁减了大量的人员和岗位，还对员工的工作量做了调整，几乎每个人都被分配到更多的活。有了前车之鉴，大家忙不迭地夸大自己的工作量，生怕工作分析把自己"分析掉了"。

（案例来源：http：//zhidao.baidu.com/question/438167022.html）

讨论与训练

1. 李丽的前任在进行工作分析时为什么会出现以上问题？
2. 李丽应如何开展工作？

案例3 什么样的工程师最合适

某年冬季，计算机和通信专业毕业生的人才争夺战拉开帷幕。总裁们马不停蹄，奔走于全国各大高校之间，或演讲，或座谈，宣传自己的企业，吸引优秀人才加盟。A公司也不例外，从10月份就开始行动了。人力资源部深知这一年招聘软件工程师的难度，计算机和通信专业的毕业生有很多选择机会，薪资水平只是吸引他们的一个方面，受到重视、能够发挥自己的潜能才是吸引他们的根本。那么，如何识别出适合自己企业和技术方向的人才呢？技术把关应该不是问题，各项目经理有足够的水平来做好这项工作，但实践证明，人才发展不理想往往不是因为技术背景不行，更多的原因是个性等综合素质不适合自己企业的研发工作。在这样的背景下，A公司决定加重"综合素质"测评工作的分量。经过仔细研究设计，整体测评工作安排如下。

第一步，通过工作分析确定测评的重点维度。这一步至关重要，甚至比测评过程本身还重要。这次招聘主要是针对一类职位：软件工程师。人力资源部进行了深入的工作分析，主要采用深度访谈法，对象是项目经理。通过访谈，最后得出了需要评价的学习能力、创新能力和合作能力3个主要维度。IT业很多技术需要自己跟上世界发展潮流，很多知识是在课堂上学不到的，因此，需要具备很强的学习能力。企业间竞争越来越激烈，能够不断开发出适合市场需求的新产品和新服务，才是企业竞争制胜的关键，创新能力当然成为对研发人员测评的重点。另外，企业做软件研发工作，靠一个人单打独斗很难快速开发出新产品，团队精神、合作能力就成了另外一个关注的重点。现代企业，强调的是以人为本，自我激励，那些需要别人督促的人显然会落后于竞争对手的速度和创造能力，所以，这次测评特别提出了自我驱动这个维度的评价。

第二步，选择和开发能够测评以上维度的工具。A公司主要运用了3类测评工具：心理测验、半结构化面试、情景模拟测验，每一类工具针对不同的测评维度。学习能力的测评相对简单，A公司采用了国际上通用的非文字逻辑推理能力测验来测评。合作能力测评主要运用情景模拟测验来做，请4~8个人组成一个小组来共同解决一个问题，从中观察应聘人员的合作能力和综合素质。创新能力的测评历来是个难题。目前，测评创造力的工具效度和信度普遍偏低，A公司只好采取综合的方法来解决问题。创新能力的高低和很多素质有直接关系，如对新事物的开放性思维、直觉思维、独立性、灵活性等。A公司就选用了能够测评这些素质的工具，并在面试和情景模拟测验中专门用来考察创新能力。

第三步，实施测评。在招聘测评过程中，首先由技术专家（一般是项目经理）进行技术面试，过关者由A公司进行综合能力测评。在测评过程中，很多应聘学生对这种测评方法感到很新颖，很有兴趣，反馈很积极。有的说："A公司虽然不是跨国公司，但在招聘人才方面比跨国公司做得还细致、还专业。"有的说："经历过3个小时的测评，我感觉A公司这种做法是重视评价人的潜能和团队精神，我对来这样的企业之后的个人前途充满希望！"在具体实施过程中，创造良好的测评环境很重要，很多学生从外地赶到北京，很辛苦，如果测评环境不好，就会影响到他们水平的稳定发挥。综合能力测评结束后3~4天，项目经理拿到A公司提交的应聘人员测评报告。报告的主要内容是定性、定量描述应聘人员和软件工程师这个岗位的匹配程度，包括合作能力、学习能力、创新能力等的评价描述。各项目经理根据技术面试结果和测评报告做出录用决策。项目经理一开始并没有特别在意这份6 000多字的测评报告，但当读完报告之后，他们觉得这份报告很实用。在两个应聘人员技术背景相差很小的情况下到底用谁，测评报告给出了答案，因为它关注的是非技术素质，这就为项目经理提供了很好的参考。另外，这份测评报告还有一个很重要的用途，就是指导新员工尽快适应工作岗位，报告对应聘人员的个性特点和工作风格分析得比较透彻、准确，可以作为设计职业生涯、指导开展工作的参考。

第四步，跟踪研究。为了更好地改进招聘工作，A公司还对上岗人员的工作表现进行跟踪研究。同时获取这次测评的预测效度数据，为改进测评方法奠定基础。

（资料来源：牛雄鹰. 员工任用（1）：工作分析与员工招募. 北京：对外经济贸易大学出版社，2004.）

讨论与训练

1. 谈谈你对A公司工作分析的评价。如果将来你做人力资源管理工作，对你有什么启发？
2. A公司的工作分析是如何为招聘工作服务的？
3. 借鉴本案例，完成对某一职位的"综合素质"测评工作。

案例4　如何解决员工之间的不满

某事务所办公室每天上午8点开始一天的工作，全体员工包括一个主任、2个秘书、2个打字员和3个档案管理员。到上一年为止，由于均衡的工作量和明确的责任，这个事务所一直运转平稳。

从去年开始,主任注意到在打字员和档案管理员之间出现了越来越多的争执。当他们找到主任讨论这些争执时,可以确定问题是由于对特定职责的误解造成的。打字员认为档案员有过多的空闲时间,因而流露出强烈的不满。另外,秘书和打字员必须经常加班来做他们认为档案管理员很容易承担起来的工作;而档案管理员则强调他们不应承担任何额外的工作,因为他们的薪水没有反映额外的责任。

这个办公室每个人都有一份几年前编写的一般工作说明书。但是,从那以后由于实施了计算机信息系统,绝大多数职位的工作内容都发生了相当大的变化,但这些变化一直未写入书面材料之中。

讨论与训练

1. 你建议该主任采取什么行动?
2. 你认为应该何时进行工作分析?

三、实践训练

某生产制造企业工作分析

1. 实训目的

初步运用学会的知识和方法进行工作分析和工作设计。

2. 实训内容

选择本地有代表性的生产制造企业,对其进行调查和分析,了解该企业组织结构、工作岗位的设置,并对工作岗位进行分析,对比该企业的工作说明书,为其设计新的工作说明书。

3. 实训步骤

① 班级学生自由组建团队,每个团队3~5人,选出团队队长。团队内部进行分工。全班同学共同选择一个目标企业。

② 学生对所选企业进行调查,掌握目标企业的组织结构、各个层级管理者的工作职责、基层工作者的工作职责。

③ 分析生产制造型企业工作的特点。

④ 每个团队针对目标企业的岗位选择1~2个,进行工作分析。

⑤ 对比该企业的工作说明书,为其设计新的工作说明书。

4. 实训考评

团队队长在全班汇报本次实训项目的实施和完成情况。实训考评评价表如表2-5所示。

表2-5 实训考评评价表

要求及评分标准	量分幅度				得分
	优秀	良好	中等	差	
目标企业选择适当(5分)	5	4~3	2~1	0	
调查认真详细,资料收集全面(5分)	5	4~3	2~1	0	
资料分析科学合理,能根据企业和行业的实际进行分析(10分)	10~9	8~6	5~3	2~0	

续表

要求及评分标准	量分幅度				得分
	优秀	良好	中等	差	
能应用人力资源管理知识分析问题（10分）	10～9	8～6	5～3	2～0	
生产制造型企业特点分析准确（10分）	10～9	8～6	5～3	2～0	
工作分析科学、可操作性强，工作说明书编制完备（30分）	30～22	21～14	13～6	5～0	
团队合作良好、凝聚力强（10分）	10～9	8～7	6～4	3～0	
实训过程严谨，内容安排合理（10分）	10～9	8～6	5～3	2～0	
汇报过程全面简洁、重点突出（10分）	10～9	8～6	5～3	2～0	
合计（100分）					

第 3 章

人力资源规划

> 【学习目标】
>
> 通过人力资源规划的学习,能充分理解人力资源规划对于企业人力资源管理的重要性,明确人力资源规划的内容和基本要求,重点掌握人力资源需求预测和供给预测的方法。在此基础上,科学地调研企业,学会理论知识联系实际工作,以企业为模板,能够设计可供企业实际应用的人力资源规划,并在实施中不断修正。

案例导读

C 公司的人力资源规划

最近,C 公司被人员空缺所困扰,特别是经理层次人员的空缺,使得公司陷入被动的局面。因此,C 公司决定开展人力资源规划工作。首先由 4 名人事部的管理人员负责收集和分析目前公司生产部、市场与销售部、财务部、人事部 4 个职能部门的管理人员和专业人员的需求情况,以及劳动力市场的供给情况,估计并预测年度各职能部门内部可能出现的关键职位空缺数量。调查结果用来作为公司人力资源规划的基础,同时也作为一线管理人员制定行动方案的基础。但是在这 4 个职能部门里制定和实施行动方案的过程(决定技术培训方案、实行工作轮换等)是比较复杂的,因为这一过程会涉及不同的部门,需要各部门的通力合作。例如,生产部经理将本部门员工小张的工作轮换到市场与销售部,就需要市场与销售部提供合适的职位,需要人事部做好相应的人事服务(财务结算、资金调拨等)。职能部门制定和实施行动方案的复杂性给人事部门进行人力资源规划也增添了难度,这是因为有些因素(职能部门间的合作的可能性与程度)是不可预测的,它将直接影响到预测结果的准确性。C 公司的 4 名人事管理人员克服种种困难,对经理层的管理人员的职位空缺做出了较准确的预测,制定了详细的人力资源规划,使得该层次人员空缺减少了 50%,跨地区的人员调动也大大减少。另外,从内部选拔任职人选的时间也减少了50%,并且保证了人选的质量,合格人员的漏选率大大降低,人员配备过程得到了改进。人力资源规划还使公司的招聘、培训、员工职业生涯计划与发展等各项业务得到改进,节约了人力成本。C公司取得上述进步,不仅仅得益于人力资源规划的制定,还得益于公司对人力资源规划的实施与评价。每个季度,高层管理人员会同人事咨询专家共同对上述4名人事管理人员的工作进行检查、评价。这一过程按照标准方式进行,即这4名人事管理人员均要在以下14个方面做出书面报告:各职能部门现有人员多少;人员状况;主要职位空缺及候选人;其他职位空缺及候选人;多余人员的数量;自然减员;人员调入;人员调出;内部变动率;招聘人数;劳动力其他来源;工作中的问题与难点;组织问题及其他方面(预算情况、职业生涯考察、方针政策的贯彻执行等)。同时还必须指出上述14个方面与预测(规划)的差距,并讨论可能的纠正措施。通过检查,一般能够在下一个季度与各职能部门应采取的措施达成一致意见。在检查结束后,这4名人事管理人员对他们分管的职能部门进行检查。在此过程中,一线经理重新检查重点工作,并根据需要与人事管理人员共同制定行动方案。当一线经理与人事管理人员发生意见分歧时,可通过协商解决。行动方案上报上级主管审批。

(资料来源:根据互联网资料改写)

案例启示

C玻璃公司制定了科学的人力资源规划,从而使公司人力资源管理存在的问题得到了明显的改善。从案例中可得出,这一系列的措施降低了人力资源管理成本,提升了公司整体工作效率和员工的团队合作能力,增强了员工的满意度。这个案例用事实说明,切实可行的人力资源管理规划对于一个企业来说是非常重要的。

3.1 人力资源规划概述

人力资源规划(human resource planning,HRP)是一项系统的战略工程,它以企业发展战略为指导,以全面核查现有人力资源、分析企业内外部条件为基础,以预测企业对员工的未来供需为切入点,内容包括晋升规划、补充规划、培训开发规划、人员调配规划、工资规划等,基本涵盖了人力资源的各项管理工作。人力资源规划还通过人事政策的制定对人力资源管理活动产生持续和重要的影响。

1. 人力资源规划的概念

人力资源规划是企业根据其战略目标、发展战略及外部具体环境的情况,以科学规范的方法,进行人力资源需求和供给的分析预测,编制相应的吸引、留住、使用、激励的方案,为企业的发展提供所需要的员工,以完成企业发展目标的过程。

2. 人力资源规划的意义

① 现代人力资源管理重视人,在管理上以人为中心。员工的数量、质量和需求直接关系到企业发展的成败。因此,对人力资源进行规划势在必行。

② 企业所处的外部环境因素对企业的影响非常大，会直接影响企业在人员数量和结构方面的改变。重要的影响有国家的法律、法规和政策。例如，社会保障制度的建立使企业的人工成本上升；科学技术的迅猛发展导致劳动生产率大幅上升，如计算机信息技术的广泛采用，对劳动力素质提出了更高的要求。企业对优秀人才的竞争导致优秀人才稀缺，优秀人才价格上涨。

③ 企业组织内部结构、管理方式的变化必然影响人力资源的结构和员工素质。企业内部人力资源的流入、晋升、流出等会影响员工结构的变化。企业管理必须促使企业人力资源的数量和结构向着企业发展方向稳步渐进地调整，避免大起大落，而且要引导员工队伍的年龄、学历、能力结构达到最优状态，产生最大的竞争力。

3. 人力资源规划的作用

一份有效的人力资源规划可发挥如下 4 个方面的作用。

① 没有目标就没有规划，没有规划更难实现目标，规划是实现目标的一种工具。每个企业都有自己的发展目标，而要实现这些目标，没有规划是不可能的。科学地制定一份人力资源规划对于企业的重要性是不言而喻的，人力资源规划就是企业在人力资源方面要达到的目标。

② 有规划才有条理，人力资源规划规定了企业在人力资源管理方面需要做的各种事项。企业在一段时间内可以有章可循，经理们可以清楚地意识到何人在何时何地应该干什么，指导员工完成人力资源管理工作，达到企业的目标。

③ 对企业紧缺的人力资源发出引进与培训的预警。由于人力资源规划不是凭空拍脑袋想出来的，因此制定了人力资源规划后就清楚地知道企业的人力资源的数量和质量到底如何。如果人力资源的数量不够，可能要进行招聘和选拔。如果人力资源的质量有问题，可能要进行培训。

④ 激励员工更好地为实现企业的目标而努力工作。人力资源规划是企业的战略规划与整体人力资源管理职能之间联系的关键所在，是一座架起两者之间联系的桥梁。合理的人力资源管理规划是员工继续努力工作的动力和生活的保障，如果人力资源管理规划能满足员工的物质需求和精神需求，员工的工作积极性就会被激发出来；反之亦然。

3.2 人力资源规划的内容和要求

3.2.1 人力资源规划的内容

人力资源规划分为两个层次：总体规划和具体规划。人力资源总体规划是指在总体规划期内人力资源管理的总目标、总方针、总政策、实施步骤和总体预算的安排。具体规划是总体规划的展开和具体化，包括人员补充、调配、提升、教育培训、工资薪酬、保险福利、劳动关系、退休等规划。人力资源具体规划内容如表 3-1 所示。

表 3-1 人力资源具体规划内容

名称	目标	相关政策	预算
人员补充	优化员工结构,满足企业对人力资源数量、质量和类型的现实需求	员工自然变动预测、规划及新员工补充和招聘规划,员工解聘规划	招聘费用
人员使用和调配	员工的合理流动和调整,员工类型、数量、层次与组织发展相匹配	岗位调整和轮换政策、职位任职标准	调整前后的工资福利预算
人员接替和提升	建立相应的人才库,制定提升标准,为企业发展提供人力支撑	全面竞争,能上能下,分层次培养	岗位变动引起的工资福利变动预算
教育培训	提升员工整体素质,培养新思想,强化归属感,提高员工的工作效率,增强组织凝聚力	普通员工、中层经理、专业人员及其他层次人员的培训规划	培训费用
工资薪酬	供给增加,提升员工工作主动性,绩效改进,建立具有长效激励作用的工资薪酬体系	现代工资薪酬管理制度及福利计划	增加工资薪酬福利的额度预算
员工关系	提高工作效率,员工关系良好,离职率低,增进员工满意度	员工参与管理制度、员工满意度调查制度及解决劳动争议制度	劳动争议解决和诉讼预算
评价激励	塑造企业文化,增强企业凝聚力,增强激励作用	目标管理、评价、奖惩等制度的管理办法	奖励预算
退休解聘	降低劳动成本,提高劳动生产率	员工退休政策及员工解聘制度	安置费用预算
员工职业生涯发展	员工的成长与组织的成长相一致,实现组织与员工双赢	制定员工个人层面的职业发展规划,制定企业层面的职业发展规划	

3.2.2 编制人力资源规划的基本要求

企业在编制人力资源规划的时候,需要符合以下 6 个方面的基本要求和原则。

1. 全局性

人力资源规划对企业的人力资源总体发展起到统筹规划的作用,所以首先应当关注企业的总体战略,从全局出发考虑人力资源规划。

2. 实效性

制定人力资源规划时必须考虑企业的动态变化,充分考虑各项因素,正确、客观地预测企业对人力资源的需求,以及当前和未来人力资源的需求状况,为人力资源管理的其他活动提供准确的信息。

3. 指导性

人力资源规划是对企业人力资源当前和未来一段时间内的发展方向、目标和实现这些目标的途径及对策做出计划,因而这项工作对企业整体的人力资源管理活动具有指导作用。

4. 可行性

可行性是指组织能否实施此项规划,组织是否具备足够的人力、财力、物力来实施这项规划。再完善的规划,如果不能实施,也就毫无意义。

5. 合法性

制定组织人力资源规划要关注国家和地方人力资源管理的相关政策、法规及其变化,人力资源规划的各种实践活动都不能违反国家和地方的政策和法规。

6. 发展性

人力资源规划应当致力于组织的发展和组织目标的实现,应当考虑组织获得可持续发展的生命力。从组织长远发展的大局出发,用发展的眼光看待问题,协调好各方面的关系,为组织的成长提供有利的人才支持。

3.2.3 人力资源规划的程序

人力资源规划是人力资源管理的几个基本流程之一,它分为以下4个阶段。

1. 准备阶段

准备阶段主要调查制定人力资源规划所需要的信息资料,内容包括以下两个方面。

(1) 外在因素调查

影响企业人力资源供需的各种外在因素的调查。例如劳动力市场结构、供给与需求状况、劳动力择业心理等因素,人口发展趋势中的性别比例、年龄构成、地区比例等因素,宏观经济发展趋势及当地经济发展前景、科技发展趋势及其对人力资源供需的影响,以及政府的政策、法规等因素。

(2) 企业内部人力资源状况的调查

就是对企业内部人力资源供给、需求和利用情况的调查,重点调查企业各类员工的规模、人员变动和流动状况、知识结构、工作能力、技术和经验专长等方面的特点。由于此项信息是人力资源规划的基础信息之一,因而被企业所重视,目前许多企业人力资源管理部门借用人力资源数据库来完成此项调查工作。

2. 预测阶段

这一阶段就是在充分掌握信息的基础上采用科学预测方法对企业未来人力资源供求进行预测,预测的准确程度直接决定了规划的效果。预测阶段是整个人力资源规划中最重要的工作。这个阶段主要包括人力资源供给和人力资源需求预测。人力资源规划过程如图3-1所示。

3. 制定和实施阶段

在供给和需求预测完成后,就要对两者之间的结果进行比较,制定总体规划、具体业务规划和相应的人事政策。在制订各项具体业务计划时要全面考虑,注意各项业务计划间的相互关联性,不能分散地做个别单一的计划。

4. 评估阶段

评估阶段是指将人力资源总体规划与各项业务计划付诸实施后,根据实施结果进行人力资源规划评估,并及时将评估结果反馈,以修正人力资源规划。

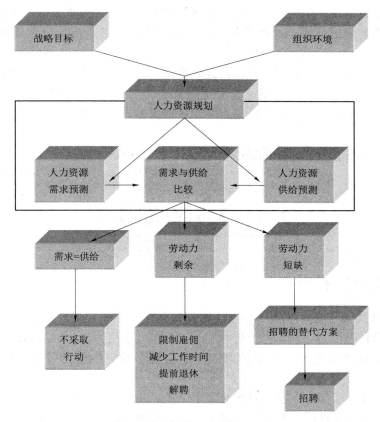

图 3-1　人力资源规划过程图

（资料来源：蒙迪，诺埃．人力资源管理．6 版．北京，经济科学出版社，1998．）

能力链接

中小企业人力资源规划的几个阶段

第一阶段：公司战略澄清。战略澄清简单地讲就是要求人力资源主管搞清楚公司未来的行业定位、经营策略、经营规模、产值目标等。怎样的行业定位决定了选择怎样的人才，经营策略决定了选择什么类型的人才，经营规模和产值目标决定了人才的成本。只有在公司战略清晰的前提下，人力资源规划才能有的放矢。

第二阶段：内部人力资源现状分析。在对公司的发展战略澄清后，接下来人力资源部应对公司目前的人员质量、数量做一个详细的分析。具体程序包括：详细分析目前在职人员的学历、能力特长、综合素质情况；对公司人员进行归类，分清哪些是绩优股、哪些是潜力股、哪些是大盘股、哪些是垃圾股等。

第三阶段：各部门岗位定编状况和需求分析。结合公司的人力资源状况，人力资源部配合各部门经理对各部门的岗位定编情况进行分析，以确定定岗情况和未来的需求，列出公司的岗位需求表，并和部门经理、公司高层管理者一起进行确认。

第四阶段：制定公司 1～3 年人力资源规划。根据以上 3 个阶段的综合信息整理，经公司上层领导反复论证后，形成完整的人力资源规划文档，对公司未来的人力资源需求进行质量、数量的明确规划，同时大致说明具体的培训方法、招聘渠道、费用计划等实施措施和步骤。

第五阶段：制定人力资源规划执行的战术措施。通过公司的人力资源规划体系后，接下来很重要的工作就是配合规划的要求，制定相关"选、育、用、留"的政策来满足人力资源规划的需要。人力资源规划是否能落到实处，还需要人力资源工作者更好地运用一些战术策略。

（资料来源：http://zhidao.baidu.com/question/85050660.html）

3.3 人力资源预测

3.3.1 人力资源需求预测

1. 人力资源需求预测的概念

预测，是指利用预测对象本身历史和现状的信息，采用科学的方法和手段，对预测对象的未来发展演变规律预先做出科学的判断。信息的不确定性注定了预测的困难及其不完美性。

企业人力资源需求预测，是指对企业未来一段时间内人力资源需求的总量，人力资源的年龄、专业、学历层次结构、专业技术职务与技能结构等进行事先估计。

人力资源需求预测要根据企业的战略目标、发展规划和工作任务来进行。由于企业的人力资源需求不仅受到企业内部经营状况和已有人力资源状况等诸多内部因素的影响，还受到政治、经济、文化、科技、教育等诸多不可控的企业外部因素的影响，使得企业进行人力资源规划难度较大，人力资源需求预测也更为复杂。在现代的人力资源管理中，要制定出合理的人力资源规划，进行正确的人力资源管理决策，就必须进行人力资源需求预测。

2. 影响人力资源需求预测的因素

影响人力资源需求预测的主要因素归纳为两类。

1）企业内部因素

（1）企业经营规模和经营方向的变化

企业经营规模的变化，会对人力资源的需求发生数量上的增加或减少，如增加或减少管理人员、生产人员、销售人员等；企业经营方向的调整也许不会引起经营规模的变化，但对人员的素质、能力、专业等方面的需求发生了变化。

（2）技术装备水平和管理水平的提高

通常，新技术装备的引进会减少基层工作岗位，引起人员和用工的减少；管理水平的提高会提高劳动生产率，产品质量进一步提高；产业结构的调整更会引起企业人力资源结构的变化。

（3）企业人员的状况对人力资源需求也有重要影响

如一定时间内，劳动合同期满后终止合同的人员数量，退休、辞职人员数量的多少等都会直接影响到人力资源的需求量。

2）企业外部因素

企业外部因素是指企业经营活动所处的经济、政治、法律等因素。

① 经济因素。如社会经济发展状况、社会整体购买力、企业的未来发展趋势等。

② 竞争因素。对手间的人才竞争会造成企业间的人才流动，人往高处走，水往低处流。

③ 其他因素。社会、政治和法律因素对企业也会产生影响。

3. 人力资源需求预测的方法

一般来说，人力资源需求预测的方法分为两大类：定性分析预测法和定量分析预测法。

1）定性分析预测法

定性分析预测法可分为以下两种。

（1）管理者决策法

就是组织的各级管理者，根据自己工作中的经验和对组织未来业务量增减情况，分别确定未来所需人员的方法。

① 先由各个部门的管理者根据工作经验和对本部门未来业务量的估计，提出本部门的各类人员需求量并报上一级管理者。

② 由上一级的管理者估算平衡，再向上报，直到最高层管理者做出决策。

③ 由人力资源管理部门制定出具体的执行方案。

目前这种方法应用比较广泛，可操作性强，通常适用于短期的需求预测，有时也适用于中长期的预测。管理者决策法能够针对不同企业的具体情况进行预测，并要求管理者有丰富的经验和较高的判断能力。

（2）德尔菲法

德尔菲法，是采用背对背的通信方式征询专家小组成员的预测意见，经过几轮征询，使专家小组的预测意见趋于集中，最后做出符合市场未来发展趋势的预测结论。德尔菲法又名专家意见法，是依据系统的程序，采用匿名发表意见的方式得出结论，即专家之间不得互相讨论，不发生横向联系，只能与调查人员发生关系。

德尔菲法是为了克服专家会议法的缺点而产生的一种专家预测方法。在预测过程中，专家彼此互不相识、互不往来，这就克服了在专家会议法中经常发生的专家们不能充分发表意见，权威人物的意见左右其他人的意见等弊端。各位专家能真正充分地发表自己的预测意见。

① 在组织中广泛地选择各个方面的专家。专家人数的多少，可根据预测内容的大小和涉及面的宽窄而定，一般不超过20人。专家可以是管理者，也可以是普通员工。

② 人力资源部门向专家说明预测对企业的重要性，向所有专家提出要预测的问题及有关要求，并附上有关这个问题的所有背景材料，同时请专家提出还需要什么材料，然后由专家做书面答复。

③ 人力资源部门向专家发放调查问卷。主持者列举出预测小组必须回答的一系列有关人力资源预测的具体问题，然后运用专家匿名填写问卷等方法来设计一个可使各位预测专家在预测过程中畅所欲言地表达自己观点的预测系统，比如通过网络等。各位专家根据自己所收到的材料，提出预测意见。

④ 人力资源部门将各位专家的第一次判断意见汇总，列成图表，进行对比，再分发给

各位专家，让专家比较自己同他人的不同意见，修改自己的意见和判断。也可以把各位专家的意见加以整理，或请身份更高的其他专家加以评论，然后把这些意见再分送给各位专家，以便他们参考后修改自己的意见。

⑤ 重复汇总，直到专家们的意见趋于一致。

德尔菲法的典型特征：

◆ 吸收专家参与预测，充分利用专家的经验和学识；

◆ 采用匿名或背靠背的方式，能使每一位专家独立自由地做出自己的判断；

◆ 预测过程几轮反馈，使专家的意见逐渐趋同。

德尔菲法的这些特点使它成为最为有效的判断预测法。

德尔菲法可以避免群体决策的一些可能缺点，声音最大或地位最高的人没有机会控制群体意志，因为每个人的观点都会被收集。另外，管理者可以保证在征集意见以便做出决策时，没有忽视重要观点。

2）定量预测法

定量预测法是在对过去信息掌握的基础上，通过建立数学函数关系式并对其求解来对未来变化趋势进行预测的一种方法。

（1）趋势分析法

趋势分析法就是通过分析企业在过去若干年中雇用员工数量的变化趋势，以及影响这些变化的主要因素，然后以此为依据预测企业未来的人力资源需求状况。首先要确定企业中哪一种因素与员工数量和结构的关系最密切，然后找出这一因素随员工人数变化的趋势，由此推断出未来人力资源的需求。选择与员工数量有关的企业因素是需求预测的关键一步。这个因素至少应满足两个条件：第一，企业因素应与企业的基本特性直接相关；第二，所选因素的变化必须与所需人员数量变化成比例。有了与聘用人数相关的企业因素和劳动生产率，就能够估计出员工的需求数量了。在运用趋势分析法做预测时，可以完全根据经验估计，也可以利用计算机进行回归分析。所谓回归分析，就是利用历史数据找出某一个或某几个组织因素与人力资源需求量的关系，并将这一关系用一个数学模型表示出来，借助这个数学模型，就可推测未来人力资源的需求情况。但此过程比较复杂，需要借助计算机来进行。

（2）工作负荷法

工作负荷法又称比率分析法，它是根据以往的经验对人力资源需求进行预测。它考虑的对象是企业目标和完成目标所需人力资源数量间的关系，考虑的是每个人的工作负荷和企业目标间的比率。企业的目标一般是指生产量或者销售量等容易量化的目标。每个人的工作负荷则是指某一特定的工作时间里每个人的工作量。预测未来一段时间里企业要达到的目标，如要完成的产量或销售量，再结合每个人的工作负荷就可以确定出企业未来所需的人员数量。

（3）计算机模拟法

随着计算机技术的飞速发展，人力资源管理的信息化趋势越来越明显，运用计算机技术模拟人力资源需求预测在很大程度上依靠计算机的强大的数据处理能力。一些企业已经在组织内部开发出完善的人力资源信息系统，应用IT技术管理人力资源，将人力资源管理所需的信息集中在一起，建立起综合的计算机预测系统。在这一系统中需要保存的信息包括生产产品的直接工时和当前产品的销售额计划。通过这两者可以初步确定直接生产人员的人数，从而确定企业内部人力资源需求。

总的来说，定性方法在中小企业中应用较多，而定量方法在大型企业中得到了广泛应用。定性方法较适合制订短期计划，而定量方法则在长期预测中应用较多。大多数企业是多种方法联合运用。

简言之，企业在进行人力资源需求预测时，选择适合本企业的需求预测方法是最为重要的。

3.3.2 人力资源供给预测

1. 人力资源供给预测的概念

人力资源供给预测是指对某一未来时期内，组织内部所能供应的及外部劳动力市场所能提供的一定数量、质量和结构的人员情况进行预测的过程。

人力资源需求预测只是人力资源规划的一个方面，除此之外，企业还需要进行人力资源供给预测，了解能够获得多少所需的人员，从何种渠道获得这些人员。人力资源供给预测就是测定组织可能从其内部和外部获得人力资源的数量。

人力资源供给预测分为内部人力资源的供给预测和外部人力资源的供给预测。

2. 内部人力资源供给预测

（1）人力资源数据库

人力资源数据库的模式多种多样，可以分为管理人员数据库和非管理人员数据库。

管理人员数据库主要包括工作经历、教育背景、优点和缺点评价、个人发展需要、晋升的潜力、目前工作业绩、专业领域、工作特长、事业目标和追求等。

非管理人员数据库是用来反映员工工作能力的文件，描述的是员工个人的技能特征。这些特征主要包括教育背景、培训背景、工作经历、持有的证书、特殊技能、工作业绩、职业兴趣、主管评价等。企业的人力资源规划不仅要保证为企业空缺的岗位提供相应数量的人员进行填补，而且还要保证填补人员的胜任能力。

因此，人力资源数据库可以帮助人力资源规划人员确定哪些员工可以弥补企业当前和将来一段时间某岗位的空缺。这就要求企业要及时更新人力资源数据库。技能目录如表 3-2 所示，该表是人力资源数据库的一部分。

表 3-2　技能目录

个人资料	技能培训资料	公司资料
出生年月	具体技能	到本公司工作日期
住址	参加研讨会的记录	定薪
身份证号	学位	晋升记录
联系方式	各种资格认定	现在的薪酬
婚姻状况	关心领域	最后晋升日期
学历	语言表达能力	以前的职位
个性特点	沟通交流能力	最后考核日期
兴趣、爱好	团队合作能力	出勤情况
地理偏好	专长	
工作经历	考核结果	
职业追求		

(2) 岗位接替计划图预测法

岗位接替计划图预测法,是在对企业人力资源彻底调查和对现有劳动力潜力评估的基础上,根据现有人员分布状况及绩效评估的资料,在未来理想人员分布和流失率已知的条件下,对各个职位尤其是管理阶层的接班人进行预测做出的安排,并且记录各职位的接班人预计可以晋升的时间,作为内部管理人员供给的参考。

岗位接替计划图可以让决策者一目了然地了解企业内部员工当前绩效及可提升程度的高低。

岗位接替计划图如图 3-2 所示。在图中,姓氏代表可能接替职位的人员,数字表示他的年龄,字母和数字是对其绩效和晋升的可能性的评估。其中,A 代表现在就可以提拔,B 表示还需要一定的培养,C 表示现职位不合适。对绩效评估分为 5 个等级:1 优秀,2 良好,3 中等,4 及格,5 不及格。

通过这样一个简洁的图,使得企业既对其内部的管理人员的情况非常明了,又体现了企业对管理人员职业生涯发展的设计。

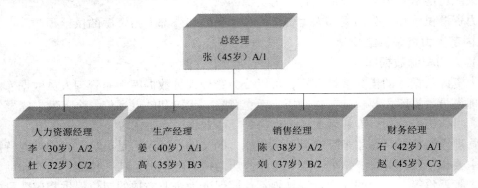

图 3-2　岗位接替计划图

(3) 马尔可夫分析法

马尔可夫分析法又称转换矩阵法,是进行组织内部员工流动分析常用的一种方法。该方法的基本思路是找出过去人事变动规律,以此推断未来人力资源变化的趋势。转换矩阵描述了组织中员工的流入、流出和内部流动的整体形式,为预测内部人力资源供给提供了依据。

这种分析法应用如下。

首先要做一个人员变动矩阵表,如表 3-3 所示,表中的数字表示一个时期到另一个时期在两种工作之间调动的员工数量的历史百分比,通常以 5~10 年为周期来估计年平均百分比。周期越长,根据过去人员变动所推测的未来人员变动就越准确。

表 3-3　某高校人力资源内部人员供给的马尔可夫分析表——人员流动率

职位层次	教授	副教授	讲师	助教	离职
教授	0.9				0.1
副教授	0.05	0.75			0.2
讲师		0.1	0.8		0.1
助教			0.3	0.5	0.2

如表3-3所示,在任何一年里,平均90%的教授仍在该校任教,10%的人离职;在任何一年里,大约有10%的讲师被聘为副教授,80%的讲师还处于讲师的位置,10%的讲师离职。用这些历年数据来代表人员变动的概率,就可以推测出未来的人员变动情况。将计划初期每一种工作的人员数量与每一种工作的人员变动概率相乘,然后纵向相加,即得到组织内部未来劳动力的净供给量。某高校人力资源净供给量的马尔可夫分析表如表3-4所示。

表3-4　某高校人力资源净供给量的马尔可夫分析

职位层次	初始人员	教授	副教授	讲师	助教	离职
教授	40	36				4
副教授	160	8	120			32
讲师	260		26	208		26
助教	150			45	75	30
预计的人员供给量		44	146	253	75	92

马尔可夫分析法已经被许多公司所采用,但是转换矩阵中的概率与实际情况可能会有差距。特别是现在,快速变化的环境和人才竞争的加剧,使员工流动速度加快。所以,应用转换矩阵法时需要考虑其他相关因素。

3. 外部人力资源供给预测

当组织内部无法满足或无法全部满足岗位空缺所产生的人力资源需求时,就必须通过外部供给渠道来解决。

组织的外部人力资源供给也就是社会供给,它受到许多因素制约,其中主要有以下3种因素。

(1) 劳动力市场或人才市场

具体包括:人力资源供给的数量,人力资源供给的质量,求职者对职业的选择,当地经济发展的现状与前景,招聘者提供的工作岗位数量与层次,招聘者提供的工作地点、工资、福利。

(2) 人口发展趋势

这也是影响人力资源供给预测的重要因素。从我国人口发展情况看,影响人力资源供给预测的因素主要有:人口绝对数增加较快、人口老龄化、沿海地区人口的比例增加、城市人口的比例增加。

(3) 科学技术发展

科学技术的发展对组织人力资源供给有以下影响:掌握高科技的白领员工需求量增大,办公室自动化普及,中层管理人员大规模削减,特殊人才相对短缺,人们用于生产的时间逐渐减少,闲暇时间逐渐增多,第三产业人力资源需求量逐渐增加,政府(包括地方政府)颁布新的政策法规,外部制约因素的制约力度加大。

3.3.3　人力资源供求的平衡

企业人力资源供给与需求预测的结果,一般会出现3种可能:人力资源供大于求;人力资源供小于求;人力资源供求总量平衡,结构不平衡。针对这3种可能出现的不同情况,企业可以采取以下 3 种措施。

1. 人力资源供大于求

当人力资源供大于求时企业的应对方式有：① 开拓新的企业业务方向，从而扩大对人力资源的需求。② 撤销、合并臃肿的机构，减少冗员，提高人力资源的利用率。③ 利用优惠措施，鼓励员工提前退休和内退。④ 减少人员补充，即当出现空闲岗位时不进行新人员补充。⑤ 加强培训工作，使员工掌握更多技能，增强其择业能力，为员工自谋职业提供便利。同时，通过培训，也可为企业的发展储备人力资本。

2. 人力资源供不应求

当人力资源供不应求时企业的应对方式有：① 企业内部调剂，进行企业内部人事调动。包括对现有员工进行技能培训，使他们适应更高层次的工作。② 外部招聘。③ 聘用非全日制临时工，如返聘已退休者或小时工。④ 最有效的方法是通过激励和培训来提高员工的业务技能，以及改进工艺设计来调动员工的积极性，提高劳动生产率，从而减少对人力资源的需求。

3. 人力资源供求总量平衡，结构不平衡

这种情况可通过企业内部的人员调动来调整，也可通过内部减员（不能胜任者）和外部招聘（高级人才）来调整。

3.4　人力资源规划的编制

不同的企业，人力资源规划也各不相同，但一项完整的人力资源规划通常都包括人力资源总体规划和具体的业务计划。

3.4.1　人力资源总体规划

人力资源总体规划是人力资源管理活动的基础，它以企业战略目标为基础，对规划期内人力资源管理的总目标、总政策、实施步骤和总预算进行总体安排。

人力资源总体规划的主要内容，有如下 4 个方面。

1. 概述

阐述在企业战略规划期内组织对各种人力资源的需求和各种人力资源配置的总框架。

2. 阐明重要方针、政策及原则

阐明与人力资源有关的重要方针、政策和原则，如人才的招聘、晋升、降职、培训与发展、奖惩和工资福利等方面的重大方针和政策。例如，人才引进政策。

3. 确定人力资源投资预算

预算包括招聘费用、员工培训费用、工资费用、劳保福利费用等。详细的费用预算可以让公司决策层知道本部门的每一笔钱花在什么地方，这样才能更容易得到相应的费用，实现人力资源调整计划。

4. 确定人力资源净需求

确定企业人力资源的净需求量。

总之，人力资源总体规划着重于人力资源方面的总的、概括性的谋略和有关重要方针、政策和原则。

3.4.2 人力资源具体业务计划

人力资源具体业务计划是指总体规划的具体实施和人力资源管理具体业务的部署。它是人力资源总体规划的展开和具体化，其执行结果应能保证人力资源总体规划目标的实现。人力资源具体业务计划的内容主要包括：人员配备计划、人员招聘计划、人员使用计划、人员培训计划、绩效考评计划、薪酬激励计划、劳动关系和员工参与及团队建设计划、退休解聘计划等。每一项业务计划也都由目标、政策或办法及预算等构成。应当注意人力资源业务规划内部的平衡，例如人员补充计划与培训计划之间，人员薪酬计划、使用计划与培训开发计划之间的衔接和协调。当企业需要补充某类员工时，如果信息能及早到达培训部门，并列入人员培训开发计划，则这类员工就不必从外部补充。

1. 人员配备计划

人员配备计划表示企业中长期内处于不同职位、部门或工作类型的人员的分布状况。企业中各个职位、部门所需要的人力资源都有一个合适的规模，而且这一规模又会随着环境的变化而发生变化。人员配备计划就是要确定这个合适的规模，以及与之对应的人员结构，这是确定企业人员需求的重要依据。

2. 人员招聘计划

该计划包括招聘人员的数量、类型，是内部招聘还是外部招聘，外部招聘的方式选择及外聘人员的来源，外部招聘时存在的问题，外部招聘何时到岗及薪酬水平等。

3. 人员使用计划

人员使用计划的主要内容是人员晋升计划和人员轮换计划。晋升计划是根据企业的人员分布状况、层级结构、未来发展制定人员的晋升政策。轮换计划是为了培养员工的多方面技能、丰富工作经历而制订的工作岗位定期流动的计划。晋升表现为员工岗位的垂直上升，轮换则是员工岗位的水平变动。某企业的人员晋升计划一览表如表3-5所示。从表3-5中可以看到，向上一级晋升的最低年资为3年，晋升率为20%。

表3-5 某企业人员晋升计划一览表

晋升职务	总经理	副总经理	部门经理	部门副经理	业务主管
晋升年资	7年	4~6年	3~6年	3~4年	3~5年
晋升率	70%	50%	30%	20%	20%

企业晋升率的高低和晋升年资的长短，在相当大的程度上决定了员工的晋升机会，对员工的积极性和创造性有直接影响。因此，企业应统筹各方面的影响因素，如工作业绩与晋升年资、企业当前状况与未来发展等，科学确定人员晋升计划，以调动绝大多数员工的积极性和创造性。

4. 人员培训计划

人员培训计划包括需要培训的人员组成、培训的内容、内部培训还是外包、培训的方式、培训的费用等。企业通过对员工进行培训，一方面可以使员工更好地适应工作，为企业的发展储备后备人才;另一方面,培训计划的好坏也逐渐成为影响企业吸引力大小的重要因素。培训包括企业高层管理者培训、中层主管培训、学历培训、员工素养培训、技术与技能培训、晋升和轮岗培训、新员工上岗培训、企业文化培训等。

5. 绩效考核计划

绩效考核是收集、分析、评价和传递员工在其工作岗位上的工作行为表现和工作结果等方面信息的过程。该计划包括绩效考核的标准、绩效考核的员工适用范围、绩效考核评价指标、绩效考核评价指标的权重等。

6. 薪酬激励计划

薪酬激励计划包括薪酬结构、工资总额、福利项目、激励政策、激励重点等。

企业人力资源规划范本如表3-6所示,组织编制企业人力资源规划时可以参考。

表3-6 企业人力资源规划范本

某公司人力资源规划
1. 规划的时间段
2. 规划要达到的目标
3. 目前情景分析
4. 未来情景预测
5. 具体内容、执行时间、负责人、检查日期、预算
(1)
(2)
(3)
⋮
6. 规划制定者
7. 规划制定时间

(资料来源:冯拾松. 人力资源管理与开发. 北京:高等教育出版社,2007:37.)

3.5 人力资源规划的实施与评价

人力资源规划编制完成后,就进入实施阶段,这就要求对人力资源规划在实施过程中进行有效控制,保证人力资源规划发挥应有的作用。人力资源规划实施阶段关键的问题是,必须确保有专门的人员负责执行,并且这些人员要有确保规划实现所必需的权力和相应的资源。

3.5.1 人力资源规划的实施

1. 建立和完善人力资源信息系统

人力资源信息系统(HRIS)是组织进行有关人及人的工作方面的信息收集、保存、分析和报告的过程。HRIS 是人力资源决策支持系统，可以随时提供人力资源决策所需的各项分析、统计资料。人力资源信息系统是计算机用于企业人力资源管理的产物，它是通过计算机建立的，是记录企业每个员工技能和表现的功能模拟信息库。

人力资源信息系统的内容包括：企业战略、经营目标及常规经营计划信息、企业外部的人力资源供求信息及对这些信息的影响因素、企业现有人力资源的信息。人力资源信息系统的基础信息如表3-7所示。

表3-7 人力资源信息系统的基础信息

人力资源信息系统的基础信息	
自然状况	性别、年龄、民族、籍贯、健康状况等
知识状况	文化程度、专业、学位、职称与证书等
能力状况	表达、操作、管理、人际关系能力、特长等
阅历及经验	做过的工作、担任的职务及任职时间、调动原因、总体评价等
心理状况	兴趣、偏好、积极性、心理承受能力等
工作状况	目前所属部门、岗位、职级、绩效及适应性
收入情况	工资、奖金、津贴及职务外收入
家庭背景及生活状况	爱人情况及偏好、家庭职业取向及未来职业生涯设计等
所在部门使用意图	提、留、调、降

人力资源信息系统在人力资源规划中有如下作用。

（1）为人力资源规划建立人事档案

人事档案既可以用来估计目前人力资源的知识、技术、能力、经验和职业抱负，又可用来对未来的人力资源需要进行预测。这两种信息必须互相补充，否则对人力资源规划是没有价值的。例如，我们只有对未来人员的水平、数量、技术及经验等有所了解，才能制定行动规划解决预计的问题。

（2）通过人事档案对一些概念加以说明

如晋升人选的确定、工作调动、培训；肯定性行动规划和报告、工资奖励计划、职业生涯计划和组织结构分析。这些工作的完成都必须依靠人力资源信息系统。

（3）可以为管理层决策提供各种报告

如用于日常管理的工作性报告，包括：岗位空缺情况、新职工招聘情况、辞职情况、退休情况、提升情况和工资情况等。还有向政府机构和一些指定单位提供规定性的报告和用于组织内部研究的分析性报告，以表明劳动力在各个部门或各管理层次上的性别、种族和年龄分布等。总之，人力资源信息系统是人力资源管理中的重要组成部分，它可为决策者提供许多必不可少的决策信息，使管理和决策更加科学化和更符合实际。

2. 进行人力资源供应控制

预测人力资源供应所面对的因素很多，如技术改进、消费模式及消费者行为、喜好的改变、国际国内市场的变化、经济环境和社会结构的转变、政府政策法规的调整和修订等。通过认真分析企业内部和外部的人力资源供应源，并利用管理者储存、管理者替代图及个人技能目录等鉴定企业内现在的人力资源，进而对人力资源供应状况进行控制。

3. 进行人力资源的合理利用分析

企业要对现有人力资源能否充分利用加以分析，主要通过年龄、出勤率、员工的职业发展和裁员等几项来分析。

（1）员工年龄分布

企业内部员工的年龄分布对员工的薪酬、升迁、士气等影响很大。例如，一个已经进入成熟期的企业，员工的年龄偏高，这时就要考虑未来退休福利和接班人的需求问题。又如，管理层的年龄偏低，会影响其他中低层人员的升迁，从而有可能造成有抱负的人员的流失。

（2）出勤率分析

出勤率通常包括各类假期的休假，如病假、事假及怠工、迟到、早退、离职等缺勤情况。另外，士气低落、生产率低、工作表现差等都可以反映缺勤情况。如果管理者能关注这些出勤率情况和其他有关数据，对未来的出勤率程度有预测，就会对未来的内部人力资源供给有较切合实际的分析结果。如果缺勤现象严重，就要分析原因并想办法改善。

（3）员工的职业发展

企业为员工提供充分发挥潜能的机会，指导员工做好个人职业生涯规划，为员工搭建成长的平台，使员工对未来充满期望，这是挽留和吸引人才的有效途径，更是人力资源规划中的重要一环。

（4）裁员

当出现人力过剩时，企业就要裁员。裁员对企业来说是一个很大的损失，无论对企业现在的员工还是对被解雇的员工都是很大的打击。好的人力资源规划对裁员应做出灵活性的安排，比如对年长员工鼓励其提前退休，青年员工提供其接受训练或其他学习的机会。

另外还要进行人力资源内部稳定性分析，任何一个组织都要保持内部人员的相对稳定性，如果流动性过高，对组织的发展很不利。流动性过高表明组织凝聚力低，人事政策不稳，员工心里不托底。当然一个健康发展的组织也要有一定的流动性，这样才能促进新陈代谢，激发员工的紧迫感，调动员工的积极性和上进心。

3.5.2 人力资源规划的评价

要对人力资源规划实施后的效果进行评价。最直接的评价方式是看企业是否有效避免了潜在的劳动力短缺或者劳动力过剩情况的出现。

人力资源规划评价有以下要求。

① 人力资源招聘的实际数量与预测人力资源净需求量的比较。
② 过去生产率的实际水平和预测水平的比较。
③ 实际的人员流动率和预测的人员流动率的比较。
④ 实施人力资源的实际结果与预测目标的比较。
⑤ 人力费用的实际成本与人力费用的预算的比较。
⑥ 行动方案的实际成本与行动方案的预算的比较。
⑦ 人力资源规划成本与收益的比较。

人力资源规划的评价要客观、公正和准确，同时要进行成本效益分析及审核规划的有效性；在评估时一定要征求部门经理和基层领导人的意见，因为他们是规划的直接受益者，最有发言权。

单元小结

人力资源规划就是科学地预测、分析一个组织在变化的社会环境中人力资源的供给和需求状况，制定符合本组织发展的人力资源政策和措施，以确保组织计划的实施和任务的完成。其实质是决定组织的发展方向，并在此基础上确定组织需要什么样的人力资源来实现组织决策层制定的目标。

人力资源规划分为两个层次：总体规划和具体规划。人力资源总体规划主要是指计划期内人力资源管理的总原则、总方针、总目标、总体实施步骤和总体预算安排。具体规划是总体规划的展开和时空具体化，每项具体规划都是由目标、任务、政策、步骤和预算等部分组成，从不同方面保证人力资源总体规划的实现。

人力资源预测包括人力资源需求预测和人力资源供给预测。

思考与实践

一、复习思考题

1. 如何理解人力资源规划的概念？
2. 人力资源规划有什么重要性？
3. 人力资源规划的主要内容是什么？有哪些基本要求？
4. 人力资源需求预测有哪些方法？请具体说明。
5. 什么是马尔可夫分析法？
6. 组织内部人力资源供给预测有哪些方法？
7. 影响组织人力资源供给的外部因素主要有哪些？
8. 如何实现企业人力资源供需平衡？

二、案例分析

案例1 人力资源部经理的烦恼

田峰是以生产中药制剂产品为主的绿枝集团人力资源部经理。他从基层工作人员干起，从事人力资源管理工作已经多年，但是最近接二连三发生的事情让他一筹莫展。

绿枝集团人力资源部近期工作如下。

4月15日结束了在全国各地的高校毕业生招聘工作。5月19日新产品开发部提交了引进8名中药制剂研发人员的申请报告，5月20日销售部提交了引进3名区域经理助理和12名业务员的申请，6月1日财务部要求人力资源部提前一个月对本部现在正在公司实习的8名应届大学毕业生进行非财务知识方面的培训，6月2日生产部因为3名主管离职，使得生产部急需新人接班。6月15日，田峰又获悉公司刚刚经过验证通过了2种极具市场潜力的新产品,并且已经签订了几份大订单,预计公司的销售额在两年内会增长50%。田峰决定让人力资源部员工尽快制定一份公司人力资源5年规划以应对公司各个部门的需要。

(资料来源:http://www.docin.com/p-173075116.html,有改动)

讨论与训练

1. 如果让你参与制定这份人力资源规划,你认为需要哪些信息来支持你的分析和决策?
2. 可以采取哪些方法来预测公司对人力资源的需求?
3. 请你替田峰制定一份绿枝集团留住中、高管人才的方案。

案例2 李宁公司的人力资源发展战略

李宁公司创建于1990年,由最初单一的运动服装发展到拥有运动服装、运动鞋、运动器材等多个产品系列的专业化体育用品公司。目前,"李宁"产品结构日趋完善,"李宁"在中国体育用品行业中已位居领先地位。公司创始人李宁先生一直梦想做一个中国的体育品牌,希望参加赛事的冠军们能穿着中国的运动服走上领奖台。在公司发展到第13年时,李宁公司提出了要做世界体育品牌的目标。基于这样的设想,公司整个高层团队达成一个共识,探索未来的愿景和使命。

2002年年底,李宁公司做出了战略选择,确立了公司走体育专业化的战略发展道路。要实现体育专业化的发展战略,首先需要的资源便是企业的人力资源。而体育用品行业是一个快速发展的新兴行业,缺少大量的专业管理人才。行业的人才大环境成为制约李宁公司人才引进的"瓶颈"。公司从长远出发,决定在企业内部快速培养人才,通过解决问题的根本来保障企业战略的长久实现。2004年1月,李宁公司成立了"学习与发展中心"(Learning & Development Center, LDC),通过组织保障,把"在企业内部快速培养人才"这一中心提到公司的重要位置,为企业战略目标的实现作后勤保障。

在李宁公司,LDC把自己作为一个组织来看待。LDC的使命是提高公司核心能力,培养体育用品行业的国际化专业团队,它将公司全体人员都作为LDC的客户,把为每位员工提供技能提升和发展的服务作为LDC的主要任务之一。LDC通过以下5个方面帮助员工学习:从公司的角度,持续提升公司核心能力,支持公司战略目标的实现;从团队的角度,选拔和培养核心人才、培育国际化的经营管理团队;从文化的角度,创建持续创新的组织文化氛围;从员工的角度,持续提升和发展员工能力,不断增值,拓宽职业发展空间;从行业的角度,成为中国体育用品行业管理的标杆,促进行业发展。其中,提拔和培养核心人才、培养国际化的经营团队是LDC工作的重中之重。

1. 两大胜任力模型

李宁公司对员工和对经理的要求都集中体现在胜任力模型上,此模型是基于以下4个维度推导产生的。① 公司3年的战略和未来远景的分析。② 公司的核心价值观,公司所倡导的文化。③ 根据公司内部优秀经理和关键岗位优秀人员的行为特质表现,通过与他们的访谈提炼出来的。④ 瞄准国际标杆公司,看员工行为和领导行为方面有什么样的特质。从这4个维度总结出了李宁公司的各项资质,也就是分别针对全体员工和领导层的要求,建立了李宁公司的胜任力模型。

(1) 核心资质模型

公司全体员工应该具备的个人素质和综合能力特征,李宁公司的每一位员工都必须具备。核心资源共享与体育精神密切联系，包括职业诚信、应变能力、追求卓越、团队合作与沟通的能力4个方面。

（2）领导力资质模型

公司领导必须具备的个人素质和综合能力特征，包括战略思考、商业意识、创新能力、结果导向、发展员工、决策能力和影响力7个方面。

2. 有效的人才测评体系

在核心能力确立后，要有效地发现和培养有潜力人员，还需要通过各种方法了解员工的能力状况。

（1）针对领导层

针对领导层，李宁公司采用了360度反馈和PDP人才测评方法。

① 根据领导力资质模型中的要求，集中采用了360度问卷的方式了解管理人员的能力和管理风格，作为制订改善计划、个人未来职业生涯及能力发展的参考。

② 运用人才评测的PDP工具。PDP工具最大的好处就是使被测评人一方面可以更好、更生动地了解自己具备什么样的行为风格、特质；另一方面可以快速地了解他的同事、伙伴、团队，整体上的特质是什么样的。PDP测评同时会有建议的参考数据，比如对高速发展的团队，哪个特质要占主导？人员配比要占百分之多少？李宁公司在2005年就开始大规模使用PDP工具，对公司所有的管理者都采用此工具进行测评，连续、长期地测评每个时间节点。这样，通过不同的数据，每个经理都会看到他在组织发展过程中自己风格特质的变化。

（2）针对全体员工

针对全体员工，李宁公司则采取了人才盘点的方法，每年的4—5月，人力资源部根据公司各部门员工与直接经理访谈之后的结果，将他们划分为3个区间：① 前20%的，根据二八原则，他们就是核心员工。对核心人才，公司有特殊的培养计划，他们是公司后备人才培养计划的对象，薪酬福利更多地向他们倾斜。② 针对最后5%~10%的员工，一方面公司会人性化地给他们一个观察期，针对具体员工，告知他并给他一个改善的缓冲期，在此期间如果他能够调整他的业绩、行为、技能、态度等，结果还符合这个岗位要求，公司会在下一个年度续签他的劳动合同。如果不能符合公司的要求就要离开公司。③ 对处于21%~90%这一区间的员工，就进入正常的劳动合同续签和薪酬调整。

3. 有针对性的人才培养计划

在胜任力模型和人才测评的基础上，李宁公司树立了人才梯队培养计划，为公司的长远发展做好人才储备。

李宁公司有这样几方面的角色：员工、专业经理、部门经理、总监，再往上就是CEO。他们分别承担着管理自己、管理他人、管理多功能的系统、管理国际化生意等不同的职责。

在经理人员培养上，李宁公司确立了领导力培养的3年构想：2006年更多地关注培养李宁公司出色的经理人；2007年是培养行业标杆的经理人；2008年更关注培养国际化的经理人。为达成2006年培养李宁公司出色的经理人的目标，培训的重点内容一方面是掌握全面的管理知识，另一方面就是管理人员行为层面的转变。2006年采集并在公司内实施的课程，绝大部分是由公司内部的高级管理者和内部的讲师来实施的。课程的特色是在课堂上有很多练习和模拟，研究真实案例，以此促动管理层的行为从课堂上就开始转变。2007年行业标杆经理人的培养主要有两方面：成为行业竞争性的人才；适应高挑战和变革。2008年的国际化经理人主要从管理国际化团队、管理国际化生意这两个方向来培养。

对于核心人才的培养，李宁公司提出"TOP2008"人才发展流程。"TOP2008"人才发展流程，是基于选择人、培养人、评估人、用人、留人，以及衡量等一系列的流程展开的。基于对人才资质的要求来规划课程体系，对不同的人才规划不同的课程体系。课程的实施方式是TOPDOWN的形式，也就是一线经理和中层经理，他们所学习的内容是高级管理人员同样需要掌握的，这就为李宁公司塑造管理团队统一的声音创造了一致性的语言条件。

对于范围更大的全体员工，则采用IDP即个人发展计划，它是从两个维度推导出来的：一个是员工的KPI绩效考核；另一个称为KDI考核，就是对于员工发展的考核。IDP计划在实施中，与360度反馈相结合，与资质相结合，经理与员工沟通的内容更加具体，更有操作性。

4. 人才培养计划的实施

在李宁公司，员工培训更多的是由内部管理者和内部讲师来进行的，并且尽量让更多管理者参与到人才培养的过程中，成为人才培养的主角。

为确保高层管理者更多地走向讲台，更多地参与到人才培养的过程中，人力资源部采取了以下7种措施。①为高层管理者安排TTT课程，让他们掌握专业的讲师培养技能。②早做规划，早确定时间。③给高层管理者安排内容时强调需要讲清楚目的、意义及前后逻辑。④提前帮助高层管理者准备好充分的素材，沟通课程的重点和脉络，获得反馈意见后尽快修改并回应。⑤课程中，注重调动其他管理者参与，让他们感觉到整个团队都在参与人才培养的工作。⑥年度的最佳Coach（培训师），可以运用年会的舞台来展示，运用内刊及内网来进行有效分享，并将他们的优秀案例及他们撰写的文章等通过企业平台进行展示。⑦要有专业的评估，并整理课程评估结果，分析后给予反馈。

总的来说，李宁公司领导层的培养和内部人才的培养大致可以分为5个步骤：①人才评估；②制订培养计划；③实施培养计划；④在培养过程中要有跟进，有分析调整；⑤要有专业的评估。下一个年度人才培养评估还要基于这个评估，所以这是一个循环往复的过程。

（资料来源：http://www.zjpx.org/html/msg/2098.html）

讨论与训练

1. 根据案例内容分析李宁公司人力资源管理的优劣，有哪些值得学习？哪些应该调整，如何调整？

2. 搜集李宁公司的资料，搜集途径：上网、杂志、报纸等。找到各种资料后，分析李宁公司人力资源管理的优劣，有哪些值得学习？哪些应该调整？

3. 学生分组，就本组同学感兴趣的领域设立一家公司，并为其制定一个5年的人力资源规划。要求：内容完备，文字流畅，能反映行业特点，制定的人力资源规划可操作性强。小组成员要分工明确，合作完成此项训练。

案例3　绿色化工公司的人力资源规划编制

李立国到绿色化工公司工作已经3年，刚调入人力资源部当助理。面对桌上那一大堆文件、报表，他有点晕头转向不知如何下手。原来副总经理李勤直接委派他在10天内拟出一份本公司5年内的人力资源计划。

其实李立国把这项任务仔细研究了好几遍。他觉得要编制好这个计划，必须考虑以下3项关键因素。

(1) 本公司现状

本公司共有生产与维修工人825人，行政和文秘等职员143人，基层与中层管理干部79人，工程技术人员38人，销售员23人。

(2) 职工近年来的平均离职率

据统计，近5年来职工的平均离职率为4%，无法预计会有什么改变。不过，不同职位的职工的离职率并不一样，生产工人的离职率高达8%，而技术和管理干部则只有3%。按照既定的扩产计划，行政、文秘等职员和销售员要新增10%～15%，工程技术人员要增5%～6%，中、基层干部不增也不减，而生产与维修工人要增加5%。

(3) 特殊情况

有一点特殊情况要考虑：最近本地政府颁布一项政策，要求当地企业在招收新职工时，优先照顾妇女和下岗职工。本公司一直未曾有意排斥妇女或下岗职工，只要他们申请，就会按同一种标准进行选拔，并无歧视，但也未给予特殊照顾。如今的事实却是：公司只有一位女销售员，其余的销售员都是男的；中、基层管理干部除两人是女性外，其余也都是男的；工程师中只有3个是女性；工人中约有11%是妇女或下岗职工，而且都集中在最底层的劳动岗位上。

李立国还有7天就得交出计划，其中还包括各类管理人员和员工的人数、要从外界招收的各类人员的人数，以及如何贯彻市政府关于照顾妇女与下岗人员的政策等。

此外，绿色化工公司刚开发出3种有吸引力的新产品，所以预计公司销售额5年内会翻一番，李立国还要完成一项应变计划以应付这种快速增长。

（资料来源：http://www.mhjy.net/dz55/viewthread.php?tid=17615）

讨论与训练

1. 李立国在编制这个计划时要考虑哪些因素？
2. 请你替李立国编制这个人力资源规划。

案例4 黄石职业技术学院2015年招聘教师计划

1. 学院简介

黄石职业技术学院是经湖北省人民政府批准设立、教育部备案的全日制普通高等学校。学院位于湖北省第二大城市黄石市，校园依山傍水、环境幽雅、交通便捷，是成才、治学的理想园地。

学院占地400亩，建筑面积13 km^2，设有机械制造与自动化、数控技术、模具设计与制造等11个专业，这些专业均为国家制造业紧缺型人才培养专业。学院教学设施优良，总投资2亿元的校园扩建项目一期工程已竣工。拥有总值超过1 509万元的教学实验实训设备，多个校内实习车间和百余个校外实习基地。可编程控制室、PLC实验室等26个专业实习、实验室能同时提供1 800个实习岗位，供学生在校内进行各类实训操作。其中由国家支持投资的国家级数控基地，设备总值600多万元，其规模和先进性位居全省前列。学校图书馆藏书12万册；在通信技术方面拥有先进的信息网络中心和完备的电视网、电话网。

2. 招聘原则

根据事业单位招聘人员要求，遵循公开、平等、竞争、择优的原则，采取考试与考核相结合的办法进行招聘，择优录用。

3. 招聘条件

① 遵纪守法，品行端正，事业心强，热爱高等职业教育。
② 学历要求：研究生以上学历，部分专业招聘全日制大学本科以上学历。
③ 基础理论知识和专业知识扎实，有较强的专业操作技能，综合素质好，具备履行教师岗位职责的能力。
④ 身体健康，无传染性疾病。

4. 工资及福利待遇

按国家事业单位有关规定执行（有编制）。

5. 专业及人员要求

专业及人员要求如表3-8所示。

表3-8 专业及人员要求

岗位类别	岗位名称或要求专业	招聘人数	应聘条件
专任教师	机械工程	1	硕士研究生，年龄30岁以下
	土木工程	1	
	模具	1	
管理人员	新闻	1	

6. 报名时间、个人资料及联系方式

① 报名时间：2015年7月18日至8月5日。
② 提供的个人资料：本人身份证及其他荣誉或资质证书原件的电子版；应届毕业生需毕业生就业推荐表，往届生需学历学位证书扫描件；本人2寸免冠近照电子版；本人的其他自荐材料电子版。
③ 联系人：黄石职业技术学院人事处 陈熙 李伟。
④ 联系电话：0714-6350739、6367160。
⑤ 报名专用电子邮箱：hsptzp@163.com。
⑥ 地址：湖北黄石市经济开发区广州路9号。
⑦ 网址：www.hspt.net.cn。

黄石职业技术学院人事处
2015年7月18日

（资料来源：http://www.gaoxiaojob.com/zhaopin/zhiyeyuanxiao/20110722/58275.html）

讨论与训练

1. 试分析该人才招聘计划的特点，有哪些不足？对你有什么启示？
2. 请你替黄石职业技术学院拟订一份人才招聘计划。

三、实践训练

某商业企业人力资源总体规划

1. 实训目的

通过对本地区某商业企业的调研，学会制定人力资源总体规划。

2. 实训内容

选择本地有代表性的商业企业，对其进行产业环境、企业战略、企业内部现状、竞争对手等方面的调查与分析，并对其企业人力资源需求、供给进行分析及预测。

① 建立该企业管理人员数据库（以表的形式体现）。
② 制定该商业企业人力资源规划。
③ 为该企业制定一项人才引进政策。

3. 实训步骤

① 班级学生自由组建团队，每个团队4~6人，选出队长。团队内部进行分工，不同的团队应选择不同的企业。

② 每个团队进行调查、搜集和整理所选企业的产业环境、发展战略、内部现状、竞争对手情况等各种内外部信息，并进行该企业人力资源需求分析及预测。

③ 对该企业现在的人力资源状况进行评价，并进行该企业内部人力资源供给预测。对该企业内部人力资源供给缺口进行分析，对企业外部人力资源供给进行预测。

④ 进行供需平衡分析。

⑤ 建立该企业管理人员数据库（以表的形式体现）；为该企业做一个岗位接替图；制定该企业人力资源规划；为该企业制定一项人才引进政策。

4. 实训考评

团队队长在全班汇报本次实训项目的实施和完成情况。实训考评评价表如表3-9所示。

表3-9 实训考评评价表

要求及评分标准	量分幅度				得分
	优秀	良好	中等	差	
选择企业恰当（5分）	5	4~3	2~1	0	
调查认真详细，资料搜集全面（5分）	5	4~3	2~1	0	
资料分析科学合理，能根据企业和行业实际分析（10分）	10~9	8~6	5~3	2~0	
能应用人力资源管理知识分析问题（10分）	10~9	8~6	5~3	2~0	
人力资源需求和供给预测科学合理、方法得当（10分）	10~9	8~6	5~3	2~0	
计划编制内容丰富、文字流畅、逻辑严谨、详略得当（15分）	15~13	12~10	9~6	5~0	
计划可操作性强（5分）	5	4~3	2~1	0	
管理人员数据库科学全面（5分）	5	4~3	2~1	0	

续表

要求及评分标准	量分幅度				得分
	优秀	良好	中等	差	
人才引进政策切实可行（5分）	5	4～3	2～1	0	
团队合作良好、凝聚力强（10分）	10～9	8～7	6～4	3～0	
实训过程严谨，内容安排合理（10分）	10～9	8～6	5～3	2～0	
汇报过程全面简洁、重点突出（10分）	10～9	8～6	5～3	2～0	
合计（100分）					

第 4 章

员工招聘与录用

> 【学习目标】
>
> 通过员工招聘与录用的学习,理解员工招聘的基本概念,系统了解员工甄选与录用的基本内容,掌握评估招聘与录用有效性的方法,并能够结合不同企业的特点,利用合适的招聘渠道发布招聘信息,为企业选择合适的方法和工具甄选优秀人才。

案例导读

某外资公司失败的招聘经历

位于北京东单东方广场的某外资公司,其主营业务是为电信运营商提供技术支持及手机移动增值、广告服务。该公司所处行业为高科技行业,薪水待遇高于其他传统行业。公司位于北京繁华商业区的著名写字楼,对白领女性具有很强的吸引力。总经理为外国人,在中国留过学,自认为对中国很了解。2005年10月底,因其业务发展需要,拟从外部招聘新员工。其间先后招聘了两名行政助理(女性),结果都失败了。具体情况如下。

A,入职的第2天就没来上班,没有来电话,上午公司打电话联系不到本人。经她弟弟解释,她不打算来公司上班了,具体原因没有说明。下午,她本人终于接电话,不肯来公司说明辞职原因。3天后,她本人又来公司上班,中间又反复两次,最终决定不上班了。她的工作职责是负责前台接待。入职当天晚上公司举行了聚餐,她和同事们谈得也挺愉快。她自述的辞职原因是:工作内容和自己预期的不一样,琐碎繁杂,觉得自己无法胜任前台工作。人力资源部对她的印象是:内向,有想法,不甘于做琐碎、接待人的工作,对批评(即使是善意的)非常敏感。

B,工作10天后辞职。B的工作职责是负责前台接待、出纳、办公用品采购、公司证照办理与变更手续等。自述辞职原因是：奶奶病故了，需要辞职在家照顾爷爷（但是当天身穿大红毛衣，化彩妆）。人力资源部对她的印象是：形象极好，思路清晰，沟通能力强，行政工作经验丰富。总经理的印象是：商务礼仪不好，经常是小孩姿态，撒娇的样子，需要进行商务礼仪的培训。

该公司的招聘流程如下。

① 公司在网上发布招聘信息。

② 总经理亲自筛选简历。标准为本科应届毕业生或者年轻的，最好有照片，看起来漂亮的，学校最好是名校。

③ 面试。如果总经理有时间就直接面试。如果总经理没时间就由人力资源部进行初步面试，总经理进行最终面试。新员工的工作岗位、职责、薪资、入职时间都由总经理决定。

④ 面试合格后录用，没有入职前培训，直接进入工作。

以上两名被招聘的员工背景：A，23岁，北京人。专科就读于北京工商大学，后专升本就读于中国人民大学。2004年1月到12月做过1年少儿剑桥英语的教师。B，21岁，北京人。学历大专，就读于中央广播电视大学电子商务专业。上学期间曾在两个企业工作：一个为拍卖公司，另一个为电信设备公司。职务分别为商务助理和行政助理。2004年曾参加瑞丽封面女孩华北赛区复赛。

（资料来源：根据互联网资料改写）

案例启示

从上面的案例不难看出，导致该公司两次招聘失败的主要因素为该公司的总经理、甄选方法和招聘流程。这个案例告诉我们，在选才、育才、用才、留才4个人力资源管理职能中，选才不但最为重要，而且是育、用、留的基础。如果选择的人不能适应工作与组织，人力资源将变成"人力负担"。

4.1 员工招聘概述

4.1.1 员工招聘的概念、原则

员工招聘是人力资源管理的基础性工作，在人力资源管理工作中具有重要的意义。招聘工作直接关系到企业人力资源的形成，有效的招聘工作不仅可以提高员工素质、改善人员结构，还可以为组织注入新的管理思想，为组织增添新的活力，甚至可能给企业带来技术、管理上的重大革新。招聘是企业整个人力资源管理活动的基础，有效的招聘工作能为以后的培训、考评、工资福利、劳动关系等管理活动打下好的基础。

1. 员工招聘的概念

员工招聘，就是通过各种途径和方式，采用各种技巧和方法，吸引应聘者，并从中选拔、录用与企业空缺岗位相匹配的，具有相应知识背景、技术能力及其他胜任特征的候选人的动态过程。

员工招聘作为一种科学管理活动出现得很早，在泰勒的科学管理时代，就已经有了招聘、甄选、工作分析等工作。这些工作一直是人力资源管理的具体业务活动，是人力资源管理的基础和主要职能。不管是新企业还是老企业都要进行员工招聘。因为对于企业的员工来说，随着组织环境和组织结构的变化，员工的素质也在不断变化，因此员工要不断更换，老的退休、不合格的解雇。

具体来说，员工招聘工作主要在以下4种情况下提出：
① 新组建一个企业；
② 原有企业由于业务发展，人手不够；
③ 员工队伍结构不合理，在裁减多余人员的同时，需要及时补充短缺的专业人才；
④ 企业内部由于原有员工的调任、离职、退休或死伤出现职位空缺。

总之，人力资源部门需要不断吸收新生力量，为组织不断适应市场和发展需要提供可靠的人力保障。

2. 员工招聘的原则

（1）公开招聘原则

企业进行员工招聘时应遵循公开招聘的原则，使招聘信息、招聘方法公之于众。这样做，一方面可将录用工作置于公开监督之下，以防止不正之风；另一方面，可吸引大批的应聘者，从而有利于找到一流的人才。

（2）平等竞争原则

企业招聘员工时应坚持平等竞争原则，对所有应聘者一视同仁，不得人为地制造各种不平等的限制。要通过考核、竞争选拔人才，"赛马不相马"。以严格的标准、科学的方法对候选人进行测评，根据测评的结果确定人选，创造一个公平竞争的环境。这样既可以选出真正优秀的人才，又可以激励其他员工积极向上，减少"相马"的主观片面性。

（3）效率性原则

效率性原则是指以尽可能少的招聘成本录用到合适的人员。选择最适合的招聘渠道、考核手段，在保证任职人员质量的基础上节约招聘费用，避免长期职位空缺造成的损失。

（4）因岗配人原则

因岗配人原则是指把合适的人才放在合适的岗位上，这是人事匹配的基本原则。这一原则要求招聘管理者以组织战略和人力资源规划的要求为依据，因岗择人，以工作岗位的空缺和实际工作的需要为出发点，以岗位对人员的实际要求为标准，达到因职选能、人岗匹配的目标。

（5）双向选择原则

双向选择原则是指企业根据职位说明书的要求自主地选择需要的员工，同时劳动者也可根据自己的条件自主地选择职业。在招聘过程中，招聘者不能以主观意志为转移，只一味地去选择而不考虑所需人员的需求。

4.1.2 员工招聘的流程

员工招聘流程是指从出现职位空缺到候选人正式进入公司工作的整个过程。这个过程通常包括识别职位空缺，确定招聘策略，招聘、甄选、试用、评估等一系列环节。招聘工作的开展有两个基本前提：一是人力资源规划，从人力资源规划中得到的人力资源净需求预测，决定了招聘的职位、数量、时限及类型等因素；二是工作描述与工作说明书，它们为录用提供了主要的参考依据，同时也为应聘者提供了关于该工作的详细信息。这两个前提是制订招聘计划的主要依据。员工招聘流程如图 4-1 所示。

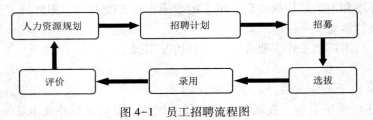

图 4-1　员工招聘流程图

1. 制订招聘计划

招聘计划是招聘的主要依据。招聘计划由用人部门根据业务发展的需要确定，然后由人力资源部门对它进行审核，签署意见后交上级主管领导审批。有效的招聘计划离不开对招聘信息的分析，包括对内部信息的分析，比如公司所处环境、福利、发展机遇等，也包括对外部信息的分析，比如对外部人才市场的研究、同行业人才的福利待遇等。一般来说，招聘计划包括如下几个方面的内容。

（1）招聘规模

招聘规模就是企业准备在招聘过程中吸引多少应聘者。一般来说，企业是通过招聘录用"金字塔"模型来确定招聘规模的，也就是说将整个录用过程分为若干个阶段，以每个阶段通过的人数和参加人数的比例来确定招聘的规模。招聘录用金字塔如图 4-2 所示。

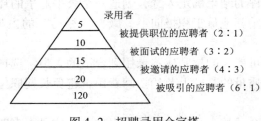

图 4-2　招聘录用金字塔

（2）招聘范围

招聘范围是指企业要在多大的地域范围内进行招聘活动。从招聘的效果考虑，范围越大，效果也就越好，但是招聘的范围大，招聘的成本也会增加，因此要适度选择招聘范围。一般来说，招聘层次高或性质特殊的职位，在较大的范围内招聘；招聘层次低或一般性的职位，在较小的范围内招聘。若当地的劳动力供给较为紧张，招聘范围就要扩大，反之亦然。

（3）招聘时间

招聘时间是指招聘到满足需要的员工的时间限制。由于招募本身需要一定的时间，再加上选拔和录用的时间，因此填补一个空缺的职位需要相当长的时间。为了避免出现人员短缺的状况，必须合理地确定招聘时间。

（4）招聘岗位及任职资格

任职资格是指根据工作分析和人力资源战略规划，确定空缺岗位（包括岗位名称、数量等），再根据空缺岗位的工作性质和岗位特征确定填补这一空缺员工应该具备的素质、知识和能力等要求。

（5）招聘渠道和方法

招聘渠道和方法是指吸引、获得应聘者的途径和手段。每一种渠道和方法都有其优缺点和适用条件，企业应根据所需人才的特点选择相应的招聘渠道和方法。

（6）机构和人员

招聘工作的顺利进行必须有相应的机构和人员作保障，即应成立专门的招聘小组，确定招聘成员人选，包括小组成员姓名、职务、职责等。

（7）费用预算

在招聘过程中要对招聘的费用做出预算。招聘费用通常包括：人工费用，比如招聘人员的薪水、福利、差旅费、生活补助和加班费等；业务费用，比如通信费、专业咨询费用和广告费用；一般费用，比如设备租用费、办公室用品费、水电及物业管理费等。

2. 招募

人员招募是招聘的一个重要环节，其目的在于吸引更多的人来应聘，使企业有更多的选择余地。有效的招募可以提高招聘质量，减少企业和应聘者的损失。

3. 选拔

选拔就是企业根据用人条件和用人标准，运用适当的方法和手段，对应聘者进行审核、比较和选择的过程。有效选拔可以保证企业所吸纳的员工具有优良的素质，有利于事得其人、人尽其才，有利于降低员工流失率、节约招聘成本和降低岗前培训费用。选拔一般包含3个环节：资格初审、笔试和面试。

4. 录用

录用是在选拔结果的基础上，最终挑选符合企业要求的能够填补岗位空缺的合适人选。人员录用包含3个环节：决策，发出录用通知、签订劳动合同，岗前培训。

5. 评价

招聘工作的评价是对招聘工作的总结，是招聘过程必不可少的一个环节。招聘评价包含两个方面。

（1）招聘收益和成本评价

如果实际费用少，录用人数多，意味着招聘单位成本低；反之则高。由此即可确定哪些费用是可以减少的，以此来降低今后的招聘成本。

（2）录用结果的评价

主要是对录用的员工数量和质量的评价，是检验招聘工作成果和方法是否有效的一个重要方面。通过数量和质量的评价，有利于找出招聘工作的不足之处。本章开篇案例中所提到的情形，就需要人力资源管理者对这两次不成功的录用进行评价，找出失败的症结，改进其招聘工作。

4.2 员工招聘的途径

4.2.1 内部招聘

企业出现招聘需求后，应根据需求人员类别及招聘成本来确定招聘渠道。由于企业内部员工比较了解本企业的实际情况，对企业的忠诚度较高，而外部招聘成本与风险都要比内部招聘高，所以出现招聘需求时应首先考虑内部招聘，在企业内部无合适人选时，再考虑外部招聘。

内部招聘可采取员工申请、部门推荐及员工之间推荐等形式，并通过内部竞聘上岗。内部招聘流程如图4-3所示。

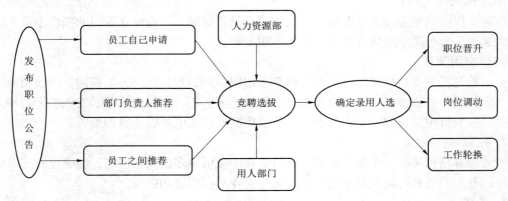

图4-3 内部招聘流程图

1. 发布职位公告

职位公告一般在企业的内刊、网站及公告栏公布，包括招聘时间、职位名称、职位说明及申请程序等内容。在内部招聘的竞聘选拔过程中，初试、复试两个阶段与外部招聘流程一样，只是在录用阶段有所不同。由于招聘对象是企业的内部员工，录用时只需调动工作岗位并办理相应的调动手续即可，而外部招聘在录用人员时则需要发出录用通知书并办理入职相关手续等。

2. 内部招聘的具体形式

内部招聘可以细分为内部提升、内部调用、岗位轮换、公开招聘及人员重聘5种形式。

（1）内部提升

内部提升能给员工提供晋升的机会，使员工感到有希望、有发展机会，对激励员工非常有利。另外，内部提拔的员工对本企业的业务比较熟悉，适应企业文化，能够较快适应新的工作。其主要缺点是自我封闭，不易吸收新鲜血液，有可能使企业失去活力。

（2）内部调用

内部调用是指当企业需要招聘的岗位与员工原来的岗位层次相同或略有下降时，把员工调到同层次或下一层次岗位上去工作的过程。这样做的目的是填补空缺，但实际上它还能起到其他作用。例如可以使内部员工了解企业内部其他部门的工作，与本企业更多的人员有深入的接触、交流。这样，一方面有利于员工今后的提拔，另一方面可以使上级对下级的能力有进一步的了解，也为今后的工作安排做好准备。

（3）岗位轮换

岗位轮换就是根据员工的个人经历，让他们在企业生产经营的不同岗位工作，以帮助他们取得各种工作的知识，熟悉企业的各种业务，解决工作单调乏味对他们的不良影响。通过岗位轮换，可以使企业内部的管理人员有机会了解企业内部的不同工作，为那些有潜力的人员提供可能晋升的条件，促进员工的学习和相互了解，使其综合发展尽早成为全才。

（4）公开招聘

公开招聘是面向企业全体人员，其做法通常是企业在内部公示空缺职位，吸引员工应聘。目前，美国有80%的公司在公司内部招聘"蓝领"工作，大约50%的公司在内部招聘专业性工作。在我国，大多数企业的营销岗位采用内部公开招聘的方式。这种方式使员工有一种公平合理、公开竞争的平等感觉，它会使员工更加努力奋斗，为自己的发展增加积极的因素。这无疑是人力资源开发与管理的目标之一。

（5）人员重聘

有些企业由于某些原因会有一批不在位的员工，如下岗人员、长期休假人员（如曾因病长期休假，现已康复但由于无位置还在休假）、已在其他地方工作但关系还在本企业的人员（如停薪留职）等。在这些人员中，有的恰好是内部空缺的人员，对这些人员的重聘会使他们有再为企业尽力的机会。另外，这些人员可以尽快上岗，减少了培训等方面的费用。

小资料　　　　　　　　　　某企业内部招聘工作公告

编号：×××××

公告日期：2015年8月12日

结束日期：2015年9月12日

人力资源部有一个全日制职位——人力资源助理可供申请。此职位对/不对外部申请者开放。

薪资支付水平	最低	中间点	最高
	3 000元	4 000元	5 000元

1. 职责

（1）一旦接到人力资源申请表，向每一位合适的基层主管起草一份通知书，说明现在的工作空缺。通知书应包括工作的名称、工作编号、报酬级别、工作范围、履行的基本职责和需要的资格（从工作说明/规范中获取资料）。

（2）确保这份通知书张贴在公司的所有布告栏里。

（3）确保每一位胜任该职位的员工能清楚地了解空缺的工作。

（4）所需要的技术和能力包括以下两个方面。

① 在现在/过去的岗位上表现出良好的工作绩效，其中包括：

- 有能力完整、准确地完成任务；
- 有能力及时完成工作并能够坚持到底；
- 有同其他人合作共事的良好能力；
- 能进行有效的沟通；
- 有可信、良好的出勤率；
- 有较强的组织能力；
- 有解决问题的态度与方法；
- 有积极的工作态度，如热心、自信、开放、乐于助人和献身精神。

② 可优先考虑的技术和能力（这些技术和能力使申请者更具有竞争力）：

- 具有人力资源管理教育背景或曾接受人力资源管理课程培训；
- 具有招聘经验或协助招聘经验。

2. 员工申请程序

（1）电话申请可拨打号码×××××××，每天下午5:30之前，节假日除外。

（2）确保同一天将已经填好的内部工作申请表连同最新履历表一同寄至人力资源部。

（3）对于所有的申请人将根据上面的资格要求进行初步审查。

（4）选拔工作由人力资源部经理×××负责。

（5）机会对每个人来说都是均等的。

4.2.2 内部招聘的优缺点

1. 内部招聘的优点

① 内部招聘的员工已在公司工作多年，企业对内部招聘员工相当了解，提拔内部员工比外聘新人更为保险。

② 内部招聘的员工对企业非常熟悉，对新岗位的磨合期短。特别是在公司是一个独特的行业的情况下，一般外来者难以适应，提拔内部员工的好处更为明显。

③ 内部招聘的员工已经拥有良好的客户关系，这是内部员工拥有的不可转移的人力资本。对公司而言，招聘内部员工，可以利用这些资源继续为公司服务。若外聘新人，可能需要重新建立关系的投资。

④ 对内部招聘岗位比原岗位高的员工而言，他当初可能认为自己有被提拔的可能，才加倍努力工作。此外，他被提拔，也为公司内其他员工树立了榜样，从而激励基层员工更加努力工作。

⑤ 员工的业绩越难被证实的岗位，内部提拔的优越性越大。

⑥ 内部提拔可以降低对权力有特殊偏好的员工的激励成本。因为内部提拔不仅是工资的提高，同时也意味着拥有更大的权力。对于那些对权力比金钱更敏感的人而言，内部提拔不仅可以起到货币无法达到的激励效果，而且可以相对降低激励的货币成本。

小资料　　　　　　　　　　索尼公司的"内部招聘"

日本索尼公司每周会发布一份内部小报，刊登各部门的"求人广告"，职员可以自由而且秘密地前去应征，他们的上司无权阻止。另外，公司原则上每隔两年便让职员调换一次工作，特别是对于精力旺盛、干劲十足的职员，不是让他们被动地等待工作变动，而是主动给他们施展才能的机会。这种发掘才智的新颖的人事管理制度为索尼公司年轻职员提供了宽广的发展空间。

索尼公司"内部招聘制"的产生，说来还有一个故事。一天晚上，董事长盛田昭夫按惯例走进职员餐厅与职员们一起吃饭、聊天，这是他多年来的习惯，以此培养职员的合作意识并与他们建立良好关系。这天，盛田昭夫发现一位年轻职员郁郁寡欢的样子，便与他攀谈，几杯酒下肚，年轻人终于开了口："进入公司前，我对索尼崇拜得发狂，认为这是我的最佳选择。但是，现在我才发现我并不是为索尼在工作，而是为我的科长在干活！坦率地说，管我的科长是个无能之辈，而可悲的是，我的所有行动和建议都必须经过他的批准。对于我来讲，这个平庸的科长就等于索尼！我感到非常泄气。"年轻职员借着酒兴越说越激动，这番话对盛田昭夫颇有启发。他想，有类似问题的职员在公司里恐怕为数不少，公司应该关心他们的苦恼，了解他们的处境，不要堵塞了他们的上进之路。于是他萌生了改革人事管理制度的想法。

索尼公司的"内部招聘制"取得了双重好处：凡是有能力的职员都能找到自己比较中意的岗位；人事部门可以发现"外流"职员的上司所存在的问题，并由此对他们采取适当的措施。

---

2. 内部招聘的缺点

① 内部招聘受工作性质的制约。例如，一个优秀的劳动模范未必是一个优秀的经理。所以，内部招聘只能在对员工能力要求类似的岗位之间进行。

② 内部招聘容易加剧企业内部的权力斗争。例如，如果企业的总裁都是由副总提升，就可能加剧副总之间的斗争，特别是在能力差别不大的副总之间，他们可能会把更多的时间和精力用在表现个人能力上，而不是用在互相合作上。如果从外部招聘，大家就死了这条心，反而有可能好好合作。

③ 某些能力容易被观测的岗位或者有较好的观测指标的岗位，外部招聘的效果更好。例如，大学教授、会计师、工程师等。

4.2.3 外部招聘

由于内部招聘人员的数量有限，选择的范围比较小，往往不能满足企业发展的需要，尤其是当企业处于创业初期或快速发展的时期，或是急需特殊人才时，仅有内部招聘是不够的，必须借助于企业外部的劳动力市场，采用外部招聘的方式来获取所需的人员。一般来说，外部招聘的主要来源有以下 6 种方式。

1. 广告

广告是通过广播电视、报纸、网络或行业出版物等向公众传送企业的就业需求信息。广告是能够最广泛地通知潜在求职者工作空缺的办法。借助不同的媒体做广告会带来非常不同的效果，企业所要招聘的职位类型决定了哪种媒体是最好的选择。

（1）广播电视

广播电视最不容易被人忽视，能够很好地让那些不是很积极的求职者了解到招聘信息。而且，广播电视较强的视听感觉比印刷广告更能有效地渲染雇佣气氛。如果选择在黄金时段则受众人数更多，容易给人留下深刻印象。但广播电视的成本较高，并且持续时间短，不能查阅。

（2）报纸

报纸的优点在于发行量大、大小可以灵活选择、发行范围集中在一个特定的区域。报纸将栏目分类编排，有专门的求职类型的报纸或版面，不容易被积极的求职者忽视。但是由于发行对象无特定性，会带来大量水平参差不齐的应聘者或应聘者资料，从而增加人力资源部门的工作负担。报纸保留的时间较短，很多报纸只能在某一天内被人看到，致使潜在的候选人可能会错过机会。如果企业所在行业或空缺职位流失率较高，地方报纸往往是最好的选择。

在进行报纸广告之前，应该了解当地有什么报纸、各家报纸的发行数量及它的受众群体情况。一个媒体的受众是哪些人远比它的受众人数有多少更为重要，这会关系到有多少潜在的职位候选人在看广告。另外，要考虑广告的版面大小。一般来说，大版面要比小版面更吸引人。但研究表明，小版面通常也能够吸引相当于大版面 70%～80%的读者，企业要根据自身的情况加以选择。

（3）杂志

杂志的优点在于接触目标群体的概率比较大，便于保存，能够在较长时间内被看到，并且纸质和印刷质量好，可以产生较强的视觉冲击力。杂志的缺点是：每期的发行时间间隔较长，地域范围较分散，广告的预约期较长。针对杂志的特点，企业可以在空缺职位非迫切、职位候选人集中在某专业领域时使用。

（4）其他印刷品

海报、招贴、传单、宣传旗帜、小册子、直接邮寄、随信附寄等都是在特殊场合使用的广告招聘方法。这些招聘方法与其他招聘方法结合使用能够产生更好的效果。值得注意的是，要充分考虑印刷品发放的场合，以免街头发放带来的环境污染及损害企业形象。

（5）网络

在网络技术高度发达的今天，网络招聘是一种有效的招聘手段。许多公司在自己的公司网站上长期设置招聘栏目吸引求职者浏览公司的网站，不仅为公司招聘人才服务，而且增加了公司的广告效应和公司的知名度。事实上，互联网已经是具有多种功能的招聘服务系统。

网络招聘具有较多的优点：招聘成本比较低；方便快捷；获得的简历量多、覆盖面广、互动性强、不受时间和空间因素的制约等。

网络招聘存在的不足：网络招聘人才层次受限；求职者良莠不齐，增加了招聘者的工作量和工作强度；部分求职者提供虚假信息，增加了人员甄选的难度。

| 能力链接 |

招聘广告的设计原则和内容

招聘广告设计的原则可以概括为注意、兴趣、愿望、行动4项原则，即AIDA（attention，interest，desire，action）原则。A代表广告要吸引人。在报纸的分类广告中，由于广告密度很大，印刷得很紧凑的广告常常被忽略。如何让广告与众不同是要特别关心的问题。I是要引起应聘者对职位的兴趣。这种兴趣既要来自广告语的生动，又要从职位本身挖掘，如工作的挑战性、收入、地理位置等。D是要激起求职者申请空缺职位的愿望。这需要与求职者的需求紧密联系在一起，如职位的满足感、发展的机会、合作的气氛等。由于广告发布之前已经对公司或职位要吸引的对象做了调查，撰写广告就是要针对这些对象的特点。A代表广告要有让人马上采取行动的力量。例如"想要了解最新职位空缺，欢迎点击WWW.XCOMPANY.COM"，这样的语言可以使对公司感兴趣的职位候选人看了后采取行动。

一般来说，招聘广告的内容包括：本企业的基本情况；招聘是否经过有关部门的批准；空缺职位的情况；申请者必须具备的条件；报名的时间、地点和联系方式；需要的证件及材料等。职位的情况可以参照职位说明书，但应该把职位情况转换成读者的角度加以介绍。

2. 人才招聘会

人才招聘会可以分为两大类：一类是专场招聘会，即只有一家公司举行的招聘会。专场招聘会在公司欲招聘大量人才时或面向特定群体（如校园招聘会）时举行。另一类是非专场招聘会，即由某些人才中介机构组织的有多家单位参加的招聘会，通常是成百上千家单位参加的大型招聘会。

| 能力链接 |

招聘会的准备工作

很多企业从招聘会中收获甚微，主要原因是没有做好充分的准备工作。他们没有应用营销策略，把公司很好地宣传出去。例如，用非常简易的纸板写着招聘职位的信息，没有任何宣传公司的迹象，招聘人员缺乏招聘知识等。如果决定了以招聘会方式招聘员工，那么就要做好以下 6 项准备工作。

（1）选择对自己有价值的招聘会

招聘会的形式各种各样，要想招聘到适合公司招聘职位的人才就要先选择恰当的招聘会。首先，要了解招聘会的档次。如果与其他参加的公司不属于同一个档次，来参加的应聘者就可能不会满足公司的需要或者公司无法满足应聘者的需要。其次，要看招聘会的组织者。组织者的组织能力、社会影响力、宣传力度等都将影响招聘会的声势及参加的人员数量和质量。

另外，应该注意的是，招聘会的时间是否与其他的招聘会冲突，是否有竞争对手来参加。如果有竞争对手参加，而且竞争对手提供的条件更胜一筹，就不要轻易同时参加招聘会，因为应聘者更容易选择竞争对手。

（2）准备一个有吸引力的展位

参加招聘会对公司来讲也是一件具有挑战性的工作。因为只有自己的公司出类拔萃才能在招聘会上竞争取胜。因此，如果有条件可以争取一个尽量好的位置，并且有一个比较大的空间。在制作展台方面最好请专业公司帮助设计，并留出富余时间，以便对设计不满意的地方进行修改。在展台上可以利用计算机投影等方式放映公司的宣传片。在展位的一角设置一个较安静的区域，公司的人员可以和潜在的应聘者谈话。

（3）准备好会上所用的资料

在招聘会上，通常可以发放一些宣传品和登记表格。这些宣传品和登记表格要事先准备好，并要量足。如果能准备一些小的纪念品，将会更受应聘者的喜欢。例如一些印有公司标志和网址的笔、鼠标垫、钥匙扣等，或者制作精美的纸袋，将宣传资料放在里面。

（4）准备好相关的设备

在招聘会上必要时可以使用计算机、投影仪、电视机、放像机、录像机、照相机等设备加强对公司招聘的宣传。这些设备要提前备好，并要注意现场是否有合适的电源。

（5）招聘人员应做的准备

参加招聘会的人员要提前做好充足的准备，对应聘者可能要提出的问题及公司方面、职位方面、待遇方面等情况要了解清楚，并对所有的招聘人员一致。招聘人员应该由人力资源部门和用人部门的人员共同组成，并设计好工作流程。

（6）与有关的协作方沟通联系

在招聘会开始之前，要与有关的协作方进行沟通。这些协作方包括招聘会的组织者、负责后勤事务的单位，还可能会有学校的负责部门等。在沟通中，一方面了解协作方的要求，另一方面提出需要协作方帮助的事项，以便早做准备。

在招聘会上，招聘人员代表着公司的整体形象，因而要时刻保持良好的精神风貌，不要在展台里交头接耳，要注视应聘者，微笑礼貌地回答问题。展台前面不要有障碍物影响视线，要把展台充分展示在求职人员面前。不要在展台内使用手机，以免错过求职者。也不要在求职者走后对他们进行评论，这样会令其他求职者也望而却步。招聘人员反应要迅速、果断，给求职者留下高效率的印象。

在招聘会后，要用最快的速度将收集到的简历整理出来，通过电话或电子邮件等方式与应聘者取得联系，防止由于反馈过慢而给求职者留下管理效率低下的印象或者使合适的应聘者被其他公司抢去。对公司满意的求职者，通知他们到公司来面试。对不合适的应聘者，也应该给他们一个答复。

3. 员工推荐

员工推荐是指员工从他们的朋友或相关人员中引荐求职者。这种方法在缺乏某种技术人员的企业中十分有效。推荐者通常会认为被推荐者的素质与他们自己有关,只有在保证其不会给自己带来坏的影响时才会主动推荐。罗宾斯认为,员工推荐是所有招聘来源中最好的一种。

4. 就业服务机构

社会上有各种各样的就业服务机构,如人事部门开办的人才交流中心、劳动部门开办的职业介绍机构,还有一些私营的职业介绍机构。这些中介机构都是用人单位和求职者之间的桥梁,为用人单位推荐人才,为求职者推荐工作,同时也举办各种形式的人才交流会、洽谈会等。

一般来看,企业在以下 3 种情况下愿意借助就业服务机构的力量来完成招聘工作。

① 企业没有自己的人力资源部门,不能较快地进行人员招聘活动。

② 某一特定职位需要立即有人填补。

③ 当企业发现自己去招聘有困难时,就可以通过就业服务机构来解决人员招聘问题。

企业借助就业服务机构招聘,首先要选择一家好的就业服务机构。目前市场上的就业服务机构良莠不齐,选择一家正规合法、声望好、有实力的就业服务机构非常重要。其次,必须向他们提供一份精确而完整的工作说明,这有利于就业服务机构找到合适的人员。最后,要参与、监督就业服务机构的工作。比如限定使用的甄选技术和方法,定期检查那些被就业服务机构接受或拒绝的候选人资料,及时发现他们工作不合意的地方。根据美国的经验,通过就业服务机构获得的求职者主要是蓝领工人或低层次的管理者,很难获得专业技术人员和高级人才。从我国现实来看,也明显存在这样的问题。

5. 校园招聘

由于社会上有经验的求职者数量有限,而且获取这些人才成本往往比较高,因此越来越多的企业瞄准了校园这个大市场。高校每年都有大量的毕业生走向社会,在他们当中有不少人会成为企业中最富有提升潜力的员工,无论是在技术岗位上还是在管理岗位上都是如此。

校园招聘的优点是:企业可以找到足够数量的高素质人才,而且新毕业学生的学习愿望和学习能力较强,可塑性很强;另外,与具有多年工作经验的人相比新毕业学生薪酬较低。但校园招聘也存在不足:学生没有工作经验,需要进行一定的培训;学生往往有过于理想化的期待,对于自身能力也有不现实的估计,容易对工作和企业产生不满;学生在毕业后的前几年一般有较高的更换工作率;在校园招聘需要经过系统的策划,在组织方面也需要付出较大的努力。

为了提高校园招聘的质量和效率,企业可以在以下几方面进行尝试。

① 根据企业空缺职位情况选择好学校及学生群体。

② 与学校就业部门建立长期联系;为宣传企业,可以组织学生到企业实习,尽早相互了解,使他们在毕业时把本企业看作首选目标。

③ 为优秀人才设立奖学金,设立的奖学金一般要针对企业所要获得的目标人才群体。

④ 让企业形象经常出现在校园里，让学生知道企业、了解企业，如赠送一些带有企业标志的纪念品和公共设施（如投资建设有企业标志的图书馆）。

⑤ 一旦决定录用就与学生签署协议，协议要明确双方的责任，尤其是违约的责任。并且要适当做好准备，留有备选名单，以便替换。

⑥ 对学生感兴趣的问题做好准备。

6. 猎头公司

猎头公司是指专门为企业招聘中级或高级管理人员或重要的专业人员的私人就业机构。猎头公司拥有自己的人才数据库，并主动去发现和寻找人才，还能够在整个搜寻和甄选过程中为企业保守秘密。所以，如果企业要招聘一些核心员工，猎头公司的帮助是必不可少的。猎头公司的服务费相对较高，一般是招聘职位年薪的 $1/4 \sim 1/3$。

企业在确定与猎头公司合作时，应该注意以下5个问题。

① 选择猎头公司时要对其资质进行考察，尽量与背景和声望较好的公司合作。

② 在与猎头公司合作时，要在开始时约定好双方的责任和义务，并就一些容易发生争议的问题达成共识，如费用、时限、保证期承诺、后续责任等。

③ 要让猎头公司充分了解企业对候选人的要求，确立对理想候选人的技能、经验和个性的理解。

④ 猎头公司所推荐的人与原来工作的公司应该已经解除聘用关系，特别是企业的技术开发人员。

⑤ 如果与一家信誉好、服务质量满意的猎头公司合作愉快，今后类似的招聘工作就可以继续与之合作，避免与过多的猎头公司合作。

4.2.4 外部招聘的优缺点

1. 外部招聘的优点

① 有利于企业的发展与创新，避免企业内部的近亲繁殖。新员工能带来不同的价值观和新观点、新思路、新方法，使企业在管理和技术方面都能够得到完善和改进，为企业的发展创造新的动力。

② 有利于了解外部信息，树立企业形象。外部招聘是一种有效的与外部市场进行信息交流的方式，通过与候选人的面试沟通，可以了解外部市场的行情、企业的动态、招聘岗位的市场薪资状况等；同时，外部招聘能起到广告的作用，可以树立企业的良好形象，从而形成良好的口碑。

③ 产生鲇鱼效应，激发内部员工的斗志和潜能。通过从外部招聘优秀的人员，无形中给组织原有员工施加压力，形成危机意识，激发他们的斗志和潜力，促使大家共同进步。

能力链接

鲇 鱼 效 应

挪威人爱吃沙丁鱼，尤其是活的沙丁鱼。挪威人在海上捕得沙丁鱼后，如果能让他活着抵港，卖价就会比死鱼高好几倍。但是，由于沙丁鱼生性懒惰，不爱运动，返航的路途又很长，因此捕捞到的沙丁鱼往往一回到码头就死了，即使有些活的，也是奄奄一息。只有一位渔民的沙丁鱼总是活的，而且很生猛，所以他赚的钱也比别人的多。该渔民严守成功秘密，直到他死后，人们才打开他的鱼槽，发现里面只不过是多了一条鲇鱼。原来鲇鱼以鱼为主要食物，装入鱼槽后，由于环境陌生，就会四处游动，而沙丁鱼发现这一异己分子后，也会紧张起来，加速游动，如此一来，沙丁鱼便活着回到港口。这就是所谓的"鲇鱼效应"。

运用这一效应，即通过个体的"中途介入"，对群体起到竞争作用，符合人才管理的运行机制。

④ 有利于平息和缓和内部竞争者之间的紧张关系。内部同事之间的互相竞争会产生矛盾，不利于企业的运作和管理。外部员工的引入能对此种情况产生平衡的作用，避免了组织成员间的不团结。

2. 外部招聘的缺点

① 甄选时间较长，决策难度大。从确定招聘岗位需求到最终录用新员工并入职，这中间要耗费较长的时间。而且通过若干次面试或者各种素质的测评判断候选人是否符合本组织空缺岗位的要求有一定的难度，会增加决策风险。

② 成本较高。外部招聘需要通过不同的渠道发布招聘信息或者通过中介机构、猎头公司招募，需要支付一定的费用，再加上后续的选拔过程，这就需要花费较多的人力、财力，而且还占用了大量的时间。

③ 新员工角色进入慢。外聘员工需要花费较长的时间来进行磨合和定位，学习和培训成本较高，很可能会出现"水土不服"的现象，从而影响工作的开展和创造力的发挥。

④ 影响内部员工的积极性。外部招聘可能会挫伤有上进心、有事业心的内部员工的积极性和自信心，或者引发内部人才之间的冲突和矛盾。

4.3 员工甄选

员工甄选就是从众多的应聘者中选出企业需要的合适人选的过程。员工甄选阶段是招聘过程中最关键的一个环节，因为这将直接决定企业所雇用的人是否适合岗位要求。员工甄选的技术与方法有很多种，常见的方法有资格审查、笔试、面试、心理测验、评价中心测试等。企业在选用这些方法时，必须考虑搜集信息的成功率、类型和数量，同时也要考虑甄选方法的有效性。

4.3.1 资格审查

资格审查是初选阶段的筛选工具，目的在于搜集关于求职者背景和现在情况的信息，以评价求职者是否能满足最起码的工作要求。其基本内容包括应聘者过去和现在的工作经历、受教育情况、能力特长、职业兴趣等。资格审查一般是人力资源部门通过审阅应聘者的个人简历或者求职申请表来完成的。

1. 简历筛选

简历是应聘者自带的个人介绍资料。对于简历的筛选大体要从分析简历结构、审查简历内容、判断是否符合岗位技术和经验要求、对简历的整体印象等几个方面来进行把握。

2. 申请表筛选

申请表是招聘单位设计的由应聘者填写的表格，目的在于有针对性地搜集关于应聘者背景和现在的信息，以评价求职者是否能满足最起码的职位要求。对申请表的筛选，可以根据应聘者对申请表的填写情况、应聘态度进行判断；要重点关注与职业相关的内容；对申请表中有疑问的地方或表述有出入的内容，以及感兴趣的描述进行标注，以便在面试时作为重点提问的内容之一加以询问。

需要注意的是，资格审查工作，在费用和时间允许的情况下，应坚持面广的原则，让更多的应聘者参加复试，以免因为简历或申请表的不够全面或者资格审查人员的主观盲目性而使合格人员漏选。

4.3.2 笔试

笔试是指通过文字测验的形式，对应聘者的知识和能力进行衡量的一种人员选拔方法。现在有些企业也通过笔试来测试应聘者的性格和兴趣等。对知识和能力的测验包括两个层次，即一般知识和能力与专业知识和能力。一般知识和能力包括一个人的社会文化知识、智商、语言理解能力、数字才能、推理能力、理解速度和记忆能力等。专业知识和能力即与应聘岗位相关的知识和能力。

由于笔试的考试题目可以设计得比较多，一张试卷可以涵盖几十道题乃至上百道题，从而增加了对知识、技能和能力的考查信度和效度。笔试可以对大规模的应聘者同时进行筛选，节省了时间，提高了效率。但是笔试不能全面考查应聘者的工作态度、价值取向、品德修养，以及企业管理能力、口头表达能力和操作能力等。一般来说，笔试的形式有以下两种。

1. 论文形式的笔试

该种笔试是让应聘者通过长篇文章表达对某一问题的看法，以展示其所具有的知识、才能和观念等。其优点在于易编制试题，能测验书面表达能力，易于观察应聘者的推理能力、创造力及材料概括力。缺点是评分缺乏客观标准，不能测出应聘者的实际操作能力。

2. 测验形式的笔试

该种笔试以是非法、选择法、填充法或对比法来考查应聘者的能力和观点。该方法的优点是出题较多，题目较为全面，对知识、技能和能力的考查信度和效度较高，可以多方面地进行测验；费时少，效率高；应试者的心理压力小，相对来说更容易发挥正常水平；成绩评定较为客观。缺点是不能全面地考查应试者的工作态度、品德修养及管理能力、口头表达能力和操作技能等。

4.3.3 面试

面试是通过面试者与应聘者面对面的沟通，直接考查应聘者是否具备与空缺职位相关的工作能力和个性品质的一种人员选拔方法。面试是用人单位最常用的，也是必不可少的测试手段。用人单位越来越注重员工的实际工作能力和工作潜力，这种能力用笔试进行测试有一定的难度，需要面试来把握。因此，面试在人员筛选环节中占有非常重要的地位。

1. 面试的特点

与传统的笔试相比，面试的特点主要表现在以下 4 个方面。

（1）真实性

俗话说："眼见为实，耳听为虚。"招聘人员与应聘者面对面地交谈，通过观察可以获得关于求职者的最真实信息。

（2）全面性

面试是一种综合性考试，在很短的时间内可以获得关于求职者的口头表达能力、为人处世能力、操作能力、独立处理问题的能力，能全面了解应聘者仪表、气质风度、兴趣爱好、脾气秉性、道德品质等全方位的信息。

（3）目标性

面试过程中可以通过对求职者操作技能的直接考察，克服笔试过程中出现的"高分低能"现象，并可以根据不同的求职对象有针对性地提出问题，对面试感兴趣的某方面内容做深入、灵活、详细的考察，从而提高人员选拔的有效性。

（4）主观性

面试的最大缺点在于主观性。由于对应聘者的考察主要依赖于面试者的主观判断，所以招聘人员本身的经验、爱好和价值观等内容都会影响面试的结果。如何克服面试中出现的偏差，使面试更为科学、客观和正确，成为招聘设计工作中的重要目标之一。

2. 面试的工作流程

（1）面试准备阶段

在面试之前招聘人员需要确定面试的目的，认真阅读应聘者的求职申请表，制定面试提纲。提纲应当围绕企业欲了解的主要内容、需要证实的疑点和问题而设计，而且针对不同的对象应当有所侧重。此外，还要制定面试评价表，确定面试的时间、地点、人员及组织形式。

（2）面试初始阶段

在开始阶段，面试者要努力创造一种和谐的面谈气氛，使面谈双方建立一种信任、亲密的关系，以解除应聘者的紧张和顾虑。常用的方法是寒暄、问候，或从介绍自己的情况开始，或提一些最基本、最一般的问题。然后需要解释本次面试的目的、流程、长度，让应聘者把握时间，对面试活动进行控制。

（3）面试深入阶段

该阶段主要是围绕考察目的，对应聘者的情况进行实质性探察。在这一阶段，发问与聆听是成功的关键。提问尽量采用开放性的题目，避免应聘者用"Yes"或"No"回答的问题。问题的内容尽量与应聘者的过去行为有关，尽量让应聘者充分表达自己的认识与想法，尽量让应聘者用言行实例来回答，避免引导性的提问或带有提问者本人倾向的问题。

（4）面试结束阶段

控制面试时间，及时结束面试。在面试结束之前，面试者确定问完所有预计的问题后应给予应聘者机会，询问其是否有问题要问，是否有要补充或者修正错误之处。不论应聘者是否会被录用，面试均应在友好的气氛中结束。

（5）面试评价阶段

评价即为评估，指面试结束后，根据面试记录表对应聘人员进行评估。评估可采用评语式评估和评分式评估两种方式。评语式评估的特点是可对应聘者的不同侧面进行深入的评价，能反映出每个应聘者的特征，但无法在应聘者之间作横向比较。评分式评估则恰好相反，可以对每个应聘者相同的方面进行比较。

3. 面试的种类

面试一般分为3种类型：结构性面试、半结构性面试和非结构式面试。

（1）结构性面试

结构性面试常常是指根据特定职位的素质要求，遵循固定的程序，用专门的题库、评价标准和评价方法，通过面试者与应聘者面对面的言语交流方式，对应聘者的胜任素质进行评价的方法。该方法的优点是可靠性和准确性比较高，主持人易于控制局面，面试通常从相同的问题开始；缺点是灵活性不够，如果面试人较多则面试内容很容易被后来的应聘者所掌握。这种方法一般适用于应聘者较多且来自不同单位及校园招聘中。

结构性面试中有两种比较有效的形式。

① 行为事件面谈法。这种面试形式依据的理念是未来绩效。最好的测试因子就是过去的绩效，通过搜集、评价候选人曾经做过的事情信息来预测其将来的行为。主要是请受访者回忆过去半年（或一年）工作上最具有成就感（或挫折感）的关键事例，其中包括：情境的描述、有哪些人参与、实际采取了哪些行为、个人有何感觉、结果如何。

在具体访谈过程中，需要被访谈者列出他们在管理工作中遇到的关键情境，包括正面结果和负面结果各3项。访谈约需3小时，需收集3~6个行为事件的完整且详细的信息。

小资料　　　　　　　　某公司副总候选人面试程序

第一部分：面谈目的介绍、公司基本情况介绍、岗位职责介绍（约10分钟）

第二部分：面谈（约1小时）

请回忆在自己经历过的3个单位中，感觉最有成就感或者最具挫折感的事件。其中包括以下3个方面。

（1）情景方面

① 当时面临什么情况？

② 需要解决什么问题？

③ 有什么人涉及其中？

④ 自己在事件发生的过程中感受如何？

（2）行为方面

① 自己当时做了什么？说了什么？

② 其他人当时做了什么？

（3）结果方面

事情的结果如何？产生了什么影响？

第三部分：问题分析、解决能力测试（共约30分钟）

① 某公司月薪核算逻辑关系整理（在计算机中表达）（约15分钟）。

② MTP企业管理案例分析（约15分钟）。

第四部分：基本知识测试（共约30分钟）

① 人力资源管理6个基本模块及其相互之间的关系阐述（约10分钟）。

② 如何有效提高生产效率（约10分钟）？

③ 以书面形式分析生产一线低技能操作员工管理心得与思路（150字）（15分钟）。

（资料来源：http://hrclub.51job.com/blog/64/62732/archives/2010/12408.html）

② 情景面试。是指对某职位的所有应聘者提出一致的事先确定好答案的一系列关联问题的工作。情景面试需要根据实际工作职责，制定与工作相关的面试问题，然后就这些问题的可接受或不可接受的答案达成一致意见。具体实施步骤如下。

第一，根据工作职责及所需知识、技巧和能力等条件撰写工作说明书。

第二，根据每一工作职责对工作成功的重要性及执行此工作所需要的时间进行评价，界定工作的主要职责。

第三，根据工作职责的内容及重要性制定实际面谈的问题，包括上岗前要掌握的基本工作知识类问题、工作的意愿和动机类问题，同时要为每一问题选择能表明绩效好坏的关键事件。

第四，制定面试问题的基准答案，即为每一个关键事件制定一个5分制答案的评定量表，并规定最佳答案和最低可接受答案，以及最差答案的具体回答是什么。

第五，确定面试小组并进行面试。一般面试小组由3～6人组成，包括参与工作分析并撰写面试问题和答案的人员、招聘职位的主管和同事、人力资源管理部门代表。在招聘同一职位的整个面试中，面试的成员必须是一样的。

小资料 　　　　　　　　　　　情景面试实例

某百货公司要聘请一名总经理，招聘方给3位候选者放了这样一段录像：上午9时30分，一家百货商场进来一位高个小伙子，他掏出100元买了一支3元钱的牙膏。上午10时整，又进来一位矮个小伙子买牙膏，他掏出10元钱递给售货员，找钱时，他却说自己给的是一张百元票，双方起了争执。商场总经理走过来询问，小伙子提高嗓门说："我想起来了，我的纸币上有2888几个数字。"售货员在收银柜中寻找，果真找到了这样一张百元票。

录像结束，问题是：明知对方在欺诈，假如您是总经理，该如何应对？

这场情景面试，旨在考察候选者的3层素质：洞察力——对事件本质的把握；全局观——对"顾客至上"理念的理解；道义感——对社会上反诚信现象的态度。

第一位候选者的答案是：首先向顾客道歉，然后当众批评女售货员，并如数找给小伙子97元。这位候选者的优点在于能够从公司大局出发，但其做法有向不法行为低头之嫌。

第二位候选者的答案是：在小伙子耳边说："哥儿们，我们有内部录像系统。"这位候选者犯了一个大忌，就是职业经理人应以诚信为本，因为商场内根本没有录像系统。

第三位候选者的答案是："既然您没有支付10元钱，那么收银柜内今天收到的所有10元纸币上就不会有您的指纹，您能保证吗？"这位候选者敏锐地抓住了诈骗者逻辑上的盲区，并当场予以揭穿。最后，他成功胜出。

（资料来源：http://www.mianshijiqiao.net/mianshijiqiao/62.html）

（2）半结构性面试

半结构性面试是指只对重要问题提前准备并记录在标准化的表格中。这种类型的面试要求面试人制订一些计划，但是允许在提出什么样的问题及如何提问等方面保持一定的灵活性。这类面试所获得的信息虽然可靠性不如结构性面试高，但所获得的信息会更丰富，而且有可能与工作的相关性更强。

（3）非结构化面试

非结构化面试则是漫谈式的，面试者会提出探索性的无限制的问题，鼓励求职者多谈，面试没有特别形式，谈话可向各个方向展开，可以根据求职者的最后陈述进行追踪提问。这种方法的缺点是：比较耗费时间，对面试人的技能要求高。这是一种高级面谈，需要主持人有丰富的知识和经验，对招聘的工作岗位非常熟悉，并具备高度的谈话技巧。这种方法适用于招聘中高级管理人员。

4. 面试中常见的偏差

（1）首因效应（也称为第一印象）

首因效应是指面试者在面试开始的几分钟之内就已经根据应聘者的简历、求职申请表和其外貌仪表等做出录用与否的判断，随后的面试只是为自己的判断寻找证据，一般不会改变结果。如果面试之前就已经得到应聘者的负面材料则更是如此。

（2）对比效应

对比效应是指应聘者的面试顺序会影响面试者的评价。比如一位中等条件的应聘者在连续几位不理想的应聘者面试之后进行面试，常常会得到较高的评价。相反，如果他在连续几位理想的应聘者面试之后进行面试，则可能会得到较低的评价。

（3）晕轮效应

晕轮效应首先将人分成"好的"和"不好的"，然后将一切优点都加到"好人"身上，将各种缺点都加到"不好的人"身上。"爱屋及乌""情人眼里出西施"都是晕轮效应的典型例子。

（4）负面效应

负面效应是指面试者受负面信息的影响往往要大于受正面信息的影响。它包括两个方面的含义：一是面试者对申请人的印象容易由好变坏，而不容易由坏变好；二是对于申请人同样程度的优点和缺点，面试者会强调缺点而忽视优点。造成这种局面的原因是企业对面试者招聘到合格的员工时通常没有奖励，而招聘到不合格的员工时却进行批评或表示不满。这种做法使面试者倾向于保守，不愿承担风险，从而使面试经常被用来搜寻对应聘者的不利信息。

（5）应聘者顺序错误

由于应聘者进入竞聘程序的排列顺序不同，面试者对他的判断可能会受到影响。一般而言，由于没有参照或参照较少，面试者对先进入面试程序的应聘者比较严格。

（6）面试者缺乏与工作相关的知识

指面试者不了解招聘岗位的工作内容，不清楚工作岗位任职者的资格条件，从而不能很好地鉴别。特别是当招聘岗位具有较高的技术性时，面试者这方面知识的缺乏更容易使其做出错误的决策。所以，明确工作内容及岗位的具体要求是保证面试有效性的前提。

（7）用人的压力

当企业需要招聘较多的员工而应聘者又相对不足时，面试者会不自觉地放宽面试标准。而如果职位的竞争者较多，则面试者对同一个职位的应聘者的评价会相对较低。

（8）非语言行为的影响

这是指面试者可能会受到应聘者的非语言行为的无意识的影响，如目光、点头、坐姿、微笑、专注的神情等，从而给出对应聘者过低或过高的评价。另外，应聘者的个人魅力及性别对面试者也会有影响。

4.3.4 心理测验

心理测验是由专业人士开发的，通过提供一组标准化的刺激，以所引起的反应作为个体的行为代表，从而对被测试者的人文特征进行评价的客观技术。近年来心理测验越来越受到招聘企业的重视，在人员选拔过程中得到了日益广泛的应用。心理测验通常有两种类型。

1. 能力测验

能力测验是人事领域中使用得最早的心理测验方法。目前比较完善的有智力测验、职业能力测验和特殊能力测验。

（1）智力测验

智力测验是对一般智慧能力的测验。测量的是记忆、词汇、数字和口头表达等能力。智力的高低不等于知识的多少，世界上有许多知识丰富而智力平庸的人，但智力是一个人适应新环境的能力，代表着个体成功所需要的一般性条件。个体的智力通常采用智商这一指标来衡量，是个体的智力年龄与实际年龄的比值。比较常用的测量个体智力的工具有斯坦福·比奈量表、韦克斯勒量表及测量群体智力的温德历克测试。值得指出的是，因为成年人的智商与年龄的关系已经很小，所以在企业的人员甄选中智商成绩只能是一种派生成绩，智力测验需要与其他的测验配合使用。

（2）职业能力测验

职业能力测验是针对某一职业类型的具体需求而设计，测量的不是一个人表现出来的能力，而是其从事某种职业能够取得成功的潜在能力，即对于某种职业的发展前景或可能具有的能量。

（3）特殊能力测验

特殊能力测验是针对个体所在岗位要求的特殊才能而设计的，如对管理能力、运动能力、机械能力、艺术能力等的测定。该类测验有利于发现特殊才能，因材施教，并充分发挥潜力。在为具体岗位配备人员时，这一类测验的意义非常大。

2. 人格测验

人格是指一个人比较稳定的心理活动特点的总和，它是一个人能否施展才能、有效完成工作的基础。人格可以包括性格、兴趣、爱好、气质、价值观等。人格对工作成就的影响极为重要，不同人格特点的人适合于不同种类的工作。个体在工作中的失败往往是由于人格的不成熟造成的，人格是预测个体工作成绩的有效因素。主要的人格测验方法有以下两种。

（1）问卷法

问卷法又称自陈量表法，是一种自我评定问卷，即对拟测验的人格特征编制若干测试题（问句），让被试者逐项回答，从其答案来衡量、评价某人的人格特征。问卷法不仅可以测量外显行为（如态度倾向、职业兴趣、同情心等），同时也可以测量自我对环境的感受（如欲望的压抑、内心冲突、工作动机等）。问卷法的人格测验往往存在一个难题，即被试者是否坦率而真实地回答测试题。

由于个人的行为随时间而有所改变，所以人格测验所测量的行为比能力测验的稳定性差。由于这些问题的存在，人格测验只能作为参考工具加以使用。尽管人格测验有如上的缺点或限制，但它的计分比较客观，解释比较容易，可操作性强，因而在国内外人事选拔，尤其中级以上管理人才的选拔中应用较多。

（2）投射法

投射法（projection）是指个人把自己的思想、态度、愿望、情绪或特征等，不自觉地反应于外界的事物或他人的一种心理作用。此种内心深层的反应，实为人类行为的基本动力，而这种基本动力的探测，有赖于投射技术的应用。

投射法可以避免人员选拔过程中的社会称许性问题，主要测试的是成就动机等深层次的个体特质。例如，呈现一张农民正在耕种的图片，太阳从山后露出半个脸，问被测者：此时这位农民心里想些什么？如果应聘者回答说农民想到太阳终于落山了，可以回家休息了，那么可以推断这位应聘者的成就愿望不是很强烈；如果应聘者回答农民想的是太阳就要落山了，还有很多工作没有完成，必须抓紧时间工作，或者农民认为太阳刚刚升起，正好可以开始新的工作，那么可以推断应聘者有很强的成就愿望。投射法在探查应聘者的深层次特质方面具有独特魅力，但该方法的实施难度较大，一般需要由专业人士对测验结果进行解释。

4.3.5 评价中心技术测试

评价中心是把受评人置于一系列模拟的工作情境中，由企业内部的高级管理人员和外部的心理学家组成评价小组，采用多种评价手段，观察和评价受评人在这些模拟工作活动中的心理和行为，以考查受评人的各项能力和预测其潜能，了解受评者是否具备胜任某项拟委任工作及其工作成就的前景，同时也可以了解其欠缺之处。该方法是在第二次世界大战中最早用来挑选军官时使用的，战争结束后被引用到企业人员的筛选中。与其他筛选方法相比，评价中心借助多种筛选手段的组合，依靠应聘者的互动性和在团队中的人际关系进行评价，所获得的评价信息客观、真实，是目前测试准确性最高的一种方法。但因为该方法耗时长，需要涉及多名应聘者和评估者，且测试材料组织难度大，需要多种方法组合，过程的进行要求深入而细致，所以花费比较大，因此该方法多在评价复杂的属性和能力时使用。评价中心一般包含以下 4 种形式。

1. 无领导小组讨论

无领导小组讨论是评价中心技术中经常使用的一种测评技术，它采用情景模拟的方式对考生进行集体面试。无领导小组讨论将一定数目的考生组成一组（5~9 人），进行 1 小时左右的与工作有关问题的讨论，讨论过程中不指定谁是领导，也不指定受测者应坐的位置，让受测者自行安排组织；评价者观测考生的组织协调能力、口头表达能力、辩论的说服能力等各方面的能力和素质是否达到拟任岗位的要求，以及自信程度、进取心、情绪稳定性、反应灵活性等个性特点是否符合拟任岗位的团体气氛，由此来综合评价考生之间的差别。

2. 角色扮演

角色扮演是测评应聘者人际关系处理能力的情景模拟活动。所谓情景模拟，就是指根据被试者可能担任的职务，编制一套与该职务实际相似的测试项目，将被试者安排在模拟的工作环境中，要求被试者处理可能出现的各种问题，用多种方法来测评其心理素质、潜在能力的一系列方法。情景模拟假设解决问题的方法往往有一种以上，其中角色扮演法是情景模拟中应用比较广泛的一种方法。

总的来说，角色扮演法既是要求被试者扮演一个特定的管理角色来观察被试者的多种表现，了解其心理素质和潜在能力的一种测评方法，又是通过情景模拟，要求其扮演指定行为角色，并对行为表现进行评定和反馈，以此来帮助其发展和提高行为技能的一种培训方法。

3. 文件筐作业

文件筐作业考查的是在指定时间内对各种文书问题的处理和反应能力，包括备忘录、信件、电话记录等。处理完之后,应聘者需要填写行为理由问卷,说明自己为什么这样处理。评估者分别评估其所做的决策与工作环境的关系,如上下级关系是否清楚、事情的轻重缓急是否分明;是否掌握专业技术,对相关问题的处理是否符合技术和专业要领。文件筐作业是评价中心运用最广泛、最有效的一种评估形式。

4. 管理游戏

管理游戏是指由应聘者共同完成一件具体的管理事务或企业经营活动的测评方法。根据测评目的,设置要解决的生产、销售、计划、协调等企业管理问题,以游戏的形式要求应聘者参加活动。面试者根据每个人在游戏中的角色行为进行评估。这一测评方法的优点是:能够突破实际工作情景的时间与空间限制,让在实际工作中很难遇到的情况出现在游戏中,考查的针对性和目的性比较强;趣味性比较强,能够引发应聘者的参与意识。

4.4　员工录用与招聘评估

4.4.1　员工录用

应聘者在经过甄选之后,就进入了录用阶段。人员录用过程是指对企业甄选的应聘者进行进一步的评估与测试,对合格者最终做出录用决定的过程。具体包括以下 6 个环节。

1. 员工背景调查

在确定录用人选之后,用人单位与应聘者均有建立劳动关系的意向,用人单位则需要对应聘者进行背景调查,一般会通过应聘者原来的上司、同事及人力资源部工作人员等了解该应聘者的情况,以核实应聘者所提供信息的真实性和准确性。尤其是对于企业经理级以上的职位或比较重要的岗位(如财务、采购、技术等职位),背景调查尤为必要。

2. 确定薪酬水平

薪酬谈判是企业录用环节必不可少的工作。在企业做出初步的录用决策后,应与拟录用人员商讨薪酬待遇问题。薪酬待遇一般包括薪酬和福利两个方面。在应聘者进入企业正式入职之前,企业有义务告知其详细的薪酬信息。在确定拟录用人员的薪酬水平时,应考虑以下 4 个因素:应聘者以前的薪酬状况及期望薪酬水平;对应聘者的面试评估;企业的薪酬体系或机制;市场上同等或类似职位的薪酬水平。

在双方就薪酬待遇问题达成一致后,可签订一份聘用协议书。聘用协议书主要包括聘用岗位、所属部门、工作时间和地点、薪酬待遇及其他附加条件。

3. 发出录用通知

录用通知书是用人单位向拟录用人员发出的通知,告知其已被录用的情况,是用人单位与拟录用人员签订正式劳动合同的"要约"。所以,用人单位在发出录用通知书时应谨慎行事。录用通知书通过信函、电子邮件等方式送达,并记载录用人员的职务、工作职责、薪资待遇等内容。

4. 办理入职手续

新员工到企业后,要求如实填写职员登记表,提供身份证、毕业证、资格证等应聘时申请说明的证书原件，由人力资源部审查备案。通知财务部门建立工资档案，开始计算该员工的工资。由人力资源部与新员工签订劳动合同，办理各种所需的入职手续。

5. 新晋人员岗前培训

在试用期间，由人力资源部组织相关人员对新员工进行岗前培训，使新员工熟悉周围的环境、工作要求及各项规章制度。在此期间，人力资源部和应聘者的上级主管要对应聘者的工作学习情况进行考核和记录。根据约定的试用期限，试用期满后用人部门根据考核结果对应聘者提出去留意见，并通知人力资源部。

6. 转正与任用

新晋人员试用期满后，由人力资源部组织相关人员进行考核，如确认其符合企业要求则正式录用，并办理正式员工的各种保险及福利项目；如认为尚需延长试用期，则应在法律允许的范围内延长试用期；如确属不能胜任者，则给予辞退。

4.4.2 招聘评估

招聘评估是招聘过程中必不可少的一个环节。招聘评估通过成本与效益核算，使招聘人员清楚地知道费用的支出情况，以区分哪些是应支出项目、哪些是不应支出项目，从而有利于降低今后招聘的费用。招聘评估主要是通过对录用员工绩效、实际能力、工作潜力的评估，检验招聘工作成果与方法的有效性，从而使企业招聘方法得到改进。

1. 成本效益评估

在招聘活动结束后，需要对整个招聘工作进行评估。通过成本效益分析，有助于企业分析人才招聘与录用的具体情况，以便于从人力资源规划角度进行人力成本核算。同时，招聘评估也对企业招聘工作质量的改进和提高有重要作用。

在对招聘成本进行核算时，可将其具体细分为招募成本、选拔成本、录用成本、安置成本、离职成本和重置成本6个项目。招聘成本项目细分如表4-1所示。

表4-1 招聘成本项目细分

成本项目	项目说明
招募	企业为吸引应聘者而产生的成本，是随着招聘开始必然要发生的费用
选拔	在笔试、面试阶段对应聘者进行甄选、鉴别，以确定录用人选所发生的费用
录用	经招聘选拔后，把合适的人员录用到企业所发生的费用
安置	安置被录用员工到具体的工作岗位所发生的费用
离职	被录用员工在试用期内离职而给企业带来的各种损失
重置	因招聘无法满足企业招聘需求而需重新招聘所发生的费用

（1）招聘成本效益评估

成本效益评估是对招聘成本所产生的效果进行的分析。主要包括：招聘总成本效用分析、招募成本效用分析、人员选拔成本效用分析和人员录用成本效用分析等。计算方法如式（4-1）～式（4-4）所示。

$$成本效用 = \frac{录用人数}{招聘总成本} \tag{4-1}$$

$$招募成本效用 = \frac{应聘人数}{招募期间费用} \qquad (4-2)$$

$$选拔成本效用 = \frac{被选中人数}{选拔期间费用} \qquad (4-3)$$

$$录用成本效用 = \frac{正式录用人数}{录用期间费用} \qquad (4-4)$$

招聘成本是招聘活动期间所发生的各项费用的总和。经过核算，如果招聘成本超出了招聘预算的合理范围，企业应进一步分析超出预算的具体原因，给出相应对策，并在以后的招聘活动中对成本进行严格控制，有效降低招聘的成本费用。

（2）招聘收益成本比分析

招聘收益成本比的计算方法如式（4-5）所示。

$$招聘收益成本比 = \frac{所有新员工为企业创造的总价值}{招聘总成本} \qquad (4-5)$$

招聘收益成本比既是一项经济评价指标，也是对招聘工作的有效性进行考核的一项指标。招聘收益成本比越高，则说明招聘工作越有效。

2. 录用人员评估

对录用人员进行评估主要是指根据企业招聘计划和招聘岗位的工作分析，对所录用人员的质量、数量和结构进行评价的过程。在招聘结束后，对录用人员进行评估是一项十分重要的工作。在招聘成本较低、同时录用人员数量充足且质量较好时，说明招聘工作效率高。对录用人员的数量和质量进行评估，可通过录用度、招聘完成度、应聘度等指标来完成。录用人员评估指标如表 4-2 所示。

表 4-2　录用人员评估指标

指　　标	计算方法
招聘完成度	$\dfrac{录用人数}{计划招聘人数} \times 100\%$
应聘度	$\dfrac{应聘人数}{计划招聘人数} \times 100\%$
录用度	$\dfrac{录用人数}{应聘人数} \times 100\%$
录用合格度	$\dfrac{胜任人数}{录用人数} \times 100\%$

3. 招聘工作评估

对招聘工作的评估，除了对招聘成本效益和录用人员进行评估外，还可以从以下 4 个方面进行评估。

（1）平均职位空缺时间

平均职位空缺时间反映平均每个职位空缺多长时间能够有新员工补充到岗。时间的长短可以反映出招聘工作的效率。该指标越小，说明企业的招聘工作越有效率。计算方法如式（4-6）所示。

$$平均职位空缺时间 = \frac{职位空缺总时间}{补充职位数} \tag{4-6}$$

(2) 招聘合格率

招聘合格率反映了企业招聘工作的质量。该指标越大，说明企业招聘到的合格员工越多，招聘工作的质量越高。需要说明的是，合格招聘人数是指顺利通过岗位适应性培训、试用期考核合格，最终成为正式员工的人数。

(3) 新员工对招聘人员工作满意度

该指标在一定程度上反映了企业招聘人员的工作情况。若新员工对企业招聘人员的工作态度、工作方法等评价较高，则说明新员工对招聘人员工作的认可度较高；反之，则认可度较低。

(4) 新员工对企业满意度

该指标反映了新员工对企业的认可程度。新员工对企业满意度如何，直接关系到新员工的流失率。对企业的满意度高，则流失率就低；反之，则高。然而影响新员工满意度的因素多种多样，这就要求人力资源部门要加强与新员工之间的交流和沟通，真实了解其工作中存在的问题和想法，做好满意度调查，切实帮助新员工解决遇到的问题，从而为新员工创造良好的工作条件和氛围，增强新员工对企业的满意度。

单元小结

> 企业的生存和发展需要充足的人员供给。为了满足企业对人力资源的需求，需要利用各种招聘渠道发布招聘信息，并选择合适的方法和工具甄选人才。
>
> 本章主要阐述了员工招聘的原则、员工招聘工作的一般程序、招聘评估工作的内容和指标、内部招聘和外部招聘的利弊、各种招聘渠道和方法的优缺点、各种招聘渠道的适用范围、各种甄选工具和方法的使用、员工录用的一般程序，以及如何评估企业招聘工作。

思考与实践

一、复习思考题

1. 人员招聘的基本流程是什么？不同环节中所解决的重点问题是什么？
2. 招聘的途径有哪些？各有哪些优缺点？企业如何根据实际情况选择招聘渠道？
3. 在人员甄选的方法中，你认为哪种方法最好？
4. 面试中可能出现的偏差有哪些？如何避免？
5. 什么是评价中心技术？评价中心技术的各种形式分别适用于招聘哪些人员？
6. 如何对企业的招聘进行评估？

二、案例分析

案例1　摩托罗拉的双向互动式招聘管理

对摩托罗拉公司来说，每一位求职者的简历都是一份宝贵的资源，公司会为每一位求职者保密。摩托罗拉公司的面试程序是由人力资源部门进行初步筛选，再由主管业务部门进行相关业务的考查及测试，最后由高层经理和人事招聘专员确定，摩托罗拉的双向互动式招聘图如图4-4所示。

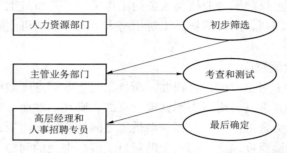

图4-4　摩托罗拉的双向互动式招聘图

在面试中，摩托罗拉公司力争用适当的方法来评判求职者的综合素质，如给他们一些小题目，让他们做小组讨论，从中观察每个人的性格，对待问题的态度，反应能力等各方面的素质。

公司认为任何面试和测评都不可能是十全十美的。通常情况下，招聘者确实能够凭借丰富的经验帮助公司选拔出适用的人才。比如，有人没有申请上，并不是他的素质、能力不合格，而是他和公司之间没有一个结合点。摩托罗拉公司不会对辞职的员工有成见，用制度欢迎离开后又回来的员工。在公司重组期间，有些自愿离开公司的人走时按政策拿到一笔补偿金，后来他们希望回到公司，宁可把补偿金还给公司。

（资料来源：http://www.chinahrd.net）

讨论与训练

1. 摩托罗拉公司的面试是一种互动式双向交流过程，在这个过程中面试者和应聘者应具有哪些面试目标？
2. 如果你从事人力资源管理工作，会有什么启发？

案例2　H公司的烦恼

H公司是一家生产型企业，由私人投资兴办，成立于2000年。其公司负责人刘总正在为公司的人才引进问题烦恼。H公司成立十几年来，业务量日益增长，市场逐渐扩大，逐步站稳了脚跟。前一段时间，公司添加了新产品的制造业务，同时也增设了相应的新岗位。因此，人力资源部门的李经理向刘总提出了招聘的要求。这一建议得到了刘总的支持。

公司发展到现在，业务得到了新的拓展，要增加一些新的岗位，如新产品的制造部经理、技术主管等岗位。现有的在职员工的知识、技能似乎还差一截。因此，李经理想利用此次机会招聘优秀的外部人才为公司新产品的生产制造注入新的活力。人力资源部抽取了一些工作人员，再加上一些重要部门的主管，组成招聘小组，开始了招聘工作。此次招聘与以往不同的是，李经理认为公司要获取持久的竞争优势，必须招聘知识层次较高、工作经验丰富、能力素质都很强的优秀人才。

招聘后，新员工试用的效果并不尽如人意，许多刚刚应聘的人员提出了换岗或者干脆主动放弃该工作机会。李经理对此困惑不已。新招进来的员工共6个，基本上都有2年以上制造业的工作经验。从学历看，其中有3个博士，2个硕士，1个本科生。他们都被安排在新产品制造的岗位上，公司提供的薪水并不低，工作环境也比较理想。因此，对于新员工提出的主动辞职，李经理陷入了沉思。他找来部门主管，询问了新产品的制造情况，发现岗位设置不大合理，特别是岗位对任职者的需求与实际任职者的能力之间存在较大差异。新招的员工具有良好的专业背景，并且拥有相关工作经验，他们的能力超过了这些岗位对员工的技能要求。因此，许多人认为工作没有挑战性，工作成就感很难获得，因此提出了辞职。

（资料来源：http：//zhidao.baidu.com/question/196226969.html）

讨论与训练

1. H公司新员工试用屡屡不尽如人意的原因是什么？
2. 如何解决这一问题？

案例3　失败的招聘

强盛公司是一家跨国公司在中国的子公司，以研制、生产、销售药品为主。随着生产业务的扩大及对生产部门的人力资源进行更有效的管理，公司决定在生产部设立一个新职位，主要负责生产部与人力资源部之间的协调工作。生产部许经理提出在外部招聘合适的人员。人力资源部决定马上发布招聘信息，在发布招聘广告的渠道上有两种选择：一是在本行业的专业杂志上，费用为3 000元；二是在本地区发行量最大的报纸上，费用是9 000元。人力资源部把两个方案向公司主管领导做了汇报，反馈的意见是选择第二种方案，因为公司在中国处于发展初期，知名度不高，应抓住发行量最大的报纸发布招聘广告的机会扩大公司的影响。

在接下来的7天里，人力资源部共收到800多份简历，他们先从中挑出70份候选简历，然后再次筛选，最后确定了5名应聘者。人力资源部宋经理把候选人名单交给了生产部，生产部许经理从中挑选了两人：宋强和李平，并决定和人力资源部经理一起对他们进行面试，根据面试结果决定最终人选。在面试过程中，发现两人基本条件相当，两位经理对两位候选人都比较满意，尽管李平曾在两个单位工作过，但没有最近工作过的单位主管的评价材料。面试结束后，强盛公司告知两人在一周后等待通知。在此期间，宋强在静候通知。而李平打过两次电话给人力资源部经理，第一次表示感谢，第二次表示渴望得到这份工作。

面试后，生产部经理和人力资源部经理商量何人可录用。生产部许经理说："两位候选人看来都不错，你认为哪一位更合适呢？"人力资源部经理说："两位候选人都合格，只是李平给的材料太少，但是这也不能说明他有什么不好的背景，你的意见呢？"许经理回答说："很好，显然你我对李平都有很好的印象，他尽管有点圆滑，但我相信是可以管理好的。""既然他与你共事，当然由你做出决定，明天就通知他来工作。"人力资源部经理说。

李平进入公司工作6个月后，公司发现，他的工作没有预期的那么好，指定的工作经常不能按时完成，有时甚至表现出不胜任工作的行为，这引起了管理层的不满。而李平也觉得委屈，因为他认为公司环境、薪酬福利、工作性质和招聘时描述的有出入。

（资料来源：http：//zhidao.baidu.com/question/196226969.html）

讨论与训练

1. 造成强盛公司选拔人员失误的原因是什么？
2. 如果让你重新进行招聘，你认为在选拔中应重点考察应聘者的哪些特征？

三、实践训练

某商业企业人力资源招聘方案

1. 实训目的

初步学会运用招聘方法与知识设计校园招聘方案。

2. 实训内容

选择本地有代表性的不同的商业企业，对其进行调查和分析，了解该企业人力资源需求，为其设计2016年度高校招聘方案。

3. 实训步骤

① 班级学生自由组建团队，每个团队4~6人，选出团队队长。团队内部进行分工，不同的团队应选择不同的企业。

② 要求学生根据对某企业的了解，制作一份校园招聘用的广告宣传稿。

③ 让学生自由发挥，拟定某企业待招聘的岗位，在高校中选择专业、学生素质等与公司岗位较匹配的大学进行校园招聘。

④ 以3~5人为一组，让学生模拟高管在高校召开宣讲会，说明企业文化、制度、薪酬、产品及服务等。

⑤ 让学生模拟人力资源部员工，收取学生简历，并对简历进行初步筛选，然后组织笔试、面试、录取等。

4. 实训考评

团队队长在全班汇报本次实训项目的实施和完成情况。实训考评评价表如表4-3所示。

表4-3 实训考评评价表

要求及评分标准	量分幅度				得分
	优秀	良好	中等	差	
选择企业恰当（5分）	5	4~3	2~1	0	
调查认真详细，资料搜集全面（5分）	5	4~3	2~1	0	
资料分析科学合理，能根据企业和行业实际分析（10分）	10~9	8~6	5~3	2~0	
能应用人力资源管理知识分析问题（10分）	10~9	8~6	5~3	2~0	
广告宣传稿设计新颖、文字流畅、逻辑严谨、详略得当（10分）	10~9	8~6	5~3	2~0	
招聘过程设计得当、可操作性强（30分）	30~22	21~14	13~6	5~0	
团队合作良好、凝聚力强（10分）	10~9	8~7	6~4	3~0	
实训过程严谨，内容安排合理（10分）	10~9	8~6	5~3	2~0	
汇报过程全面简洁、重点突出（10分）	10~9	8~6	5~3	2~0	
合计（100分）					

第 5 章 员工培训与开发

【学习目标】

通过员工培训与开发的学习，在理解员工培训和开发基本概念的基础上，系统掌握员工培训的内容及培训的主要方法，能够结合不同企业特点，进行员工的培训与开发，并了解员工职业生涯开发与管理的重要性。

案例导读

宝洁公司的人才培养方法

1. 把人才视为公司最宝贵的财富

"注重人才，以人为本"，宝洁公司把人才视为公司最宝贵的财富。宝洁公司的前任董事长 Richard 曾说："如果你把我们的资金、厂房及品牌留下，把我们的人带走，我们的公司会垮掉；相反，如果你拿走我们的资金、厂房及品牌，而留下我们的人，10 年内我们将重建一切。"

宝洁公司在营销上无疑是成功的典范，开创了很多独特的营销方法。但在这背后，是宝洁公司对一个强大团队的支持。在人才培养方面，宝洁公司也有不少创举成为人力资源管理的经典案例。在国际上，宝洁公司被喻为管理的大学、商业精英的摇篮。

作为一家国际性的大公司，宝洁公司是当今为数不多的采用内部提升制的企业之一。记录显示，在过去的 50 年中，宝洁公司所有总监以上的职位都是内部提拔的。员工进入公司后，宝洁公司就非常重视员工的发展和培训。通过正规培训及工作中直接经理一对一的指导，宝洁公司员工得以迅速成长。培养一个人才不难，但宝洁公司 50 年培养几十万人才，没有科学量化的管理方法是不可能的。

在上百年的经营历史中，宝洁公司开发出一套完整而系统的人才培养办法。在宝洁公司，培养人才不仅仅是一项工作，它已经变成一种文化、一种习惯。

2. 清晰人才的标准与培养路径

只有定义了人才的标准才能有目的、有计划地培养人才。经过长期的研究与实践，宝洁公司定义了培训的目的为"称职"。公司根据员工的能力强弱和工作需要提供不同的培训。从技术工人到公司的高层管理人员，公司针对不同的工作岗位设计培训的课程和内容。

怎样才能称职呢？关键是对企业岗位的分析。研究发现，为了使员工具备公司各种不同的岗位所需的技能，公司从基础素养、专业素养、管理素养3个方面进行培训，3种素养的内容与培训方法是完全不同的。

（1）基础素养

基础素养培训是员工职业化与正规化的重要步骤，是进一步学习成长的基础。培训目的是使员工养成良好的商业习惯，了解基本的商业知识。培训时机是从新入职开始，培训方法为扫盲式课堂培训，培训对象是全体员工。

（2）专业素养

从新员工加入公司开始，公司便派一些经验丰富的经理对其日常工作加以指导和培训。公司为每一位新员工制订了个人的培训和工作发展计划，由其上级经理定期与员工进行总结回顾。这一做法将在职培训与日常工作实践结合在一起，最终使他们成为本部门和本领域的专家能手。培训目的是使员工掌握完成岗位相关任务的专业技能。培训采取自学项目任务标准化手册、直接经理一对一辅导等方法。培训内容因岗位而异，以项目任务为单位。培训时机为上岗前。

（3）管理素养

公司每年从全国一流大学招聘优秀的大学毕业生，并通过独具特色的培训把他们培养成一流的管理人才。宝洁公司特设的"P&G学院"为员工提供系统的入职、管理和商业技能、海外委任、语言、专业技术的培训。培训目的是使员工掌握与岗位相关的管理技能。培训采取集中大学式培训。培训内容共分5段，即1年级到5年级。培训时机为升职前。

通过多年的努力，以上的各项培训做到了完全的标准化。无论员工的岗位与职位如何变化，都有相应的标准培训模块与之对应。每项培训不是简单的上课，绝大多数都要经过标准化的考核。

3. 把培训融入管理

各层管理者在培训中扮演重要角色，但是当工作压力袭来，培训很可能被忽视或减少。为了解决这个问题，宝洁公司不仅建立了标准化的培训方法，同时也建立了有利于培养人才的管理环境。

在每一位经理的年度总结中，有一项特定的内容必须要填写："请列出在过去一年中你对公司的贡献。"在这一项里主要填写在过去一年中，对自己管辖员工职业素养提升所做的贡献。这项工作占年度绩效评价的50%。如果是空的，升职基本是不可能的。

在每一年年底的晋升评比中，每一位经理必须提出本部门建议晋升的员工，并且要向其他部门经理介绍这位员工的业绩，如果获得成功，那将是十分光荣的事情。这种管理制度使得每一位经理都把培养下属当作年度的核心工作之一。

4. 建立职业素养记录

宝洁公司为每一位员工建立了职业素养记录，员工每一次职业素养的提高都被记录在案，员工的职业素养有数字化的成绩，升职、加薪都与之有关。

在宝洁公司，每一位员工在加入公司之初就被清晰地告知未来在公司的发展道路与成长的办法，这就是著名的"Y"形职业生涯规划，其中提高职业素养是晋升与成长的主要方法。

这种量化的管理办法有力地激励员工主动争取职业素养的提高，清晰的路径和学习内容使得员工对未来的发展明确而又易于把握。

5. 建立内部师资队伍

为了保证长期、大量的培训工作有效实施，宝洁公司建立了庞大的内部师资体系。公司经常邀请"P&G学院"其他分部的高级经理讲学，以使公司员工能够及时了解国际先进的管理技术和信息。

同时公司鼓励每位员工成为老师，只要是在某一领域有所心得，经过辅导与准备，每个人都有机会成为这个领域的专家导师。

"任何时候，任何地点，世界从来不缺乏人才"——这就是宝洁公司的观点。科学量化的人才培养系统，持之以恒地追求，不仅为宝洁公司带来了160年的持续增长，更重要的是形成了一种独特的精英文化。

（资料来源：根据互联网资料改写）

案例启示

从上面的案例可以看出，宝洁公司的成功在很大程度上得益于其独特的员工培训体系。任何企业的成功，都不能离开团队的支持。如何育才就成为制约企业组建一支优秀团队的关键。宝洁公司在人才培养方面的创举可以说是人力资源管理的经典，值得借鉴。

5.1 员工培训与开发概述

5.1.1 员工培训与开发的含义

1. 员工培训

员工培训是指企业为了使员工获得改进或提高与工作相关的知识、技能、态度和行为，以提高员工的认知水平和工作绩效，最大限度地发挥其内在潜力，所进行的一系列有计划、有组织的活动。

2. 员工开发

员工开发是指贯穿于个人、家庭、组织及社会系统的，围绕社会成员的劳动技能、生理、心智水平、道德修养等素质，为实现个人理想、组织目标和社会进步所采取的，包括学习、教育、规划和配置等手段在内的所有措施。

3. 员工培训与开发的目的

员工培训与开发的目的在于：促进员工的道德尤其是职业道德的提高，改进员工的工作态度；增加员工的知识含量，改进工作质量，提高工作效率；促进员工人力资本和企业人力资源的增值，达到双增值双受益；使员工理解并遵守规章制度、岗位职责与工作规范，以便于规章制度的贯彻执行；让员工理解和认同企业文化，促进员工个人和组织的不断发展；有助于企业在培训中挑选、发现和培养优秀人才。

5.1.2 员工培训的分类

1. 按培训与工作的关系分类

按培训与工作的关系，可以将培训分为在职培训、脱产培训和半脱产培训。

① 在职培训。指受训人员不需脱离工作岗位，利用现有的人力、物力实施的培训。

② 脱产培训。指受训者脱离工作岗位，集中时间和精力，专门接受的培训。

③ 半脱产培训。半脱产培训是介于在职培训和脱产培训之间的、较好地兼顾了培训费用和培训质量的一种培训形式。

2. 按培训所处的阶段分类

按培训所处的阶段，可以将培训分为岗前培训和岗中培训。

① 岗前培训。指向新员工介绍企业的规章制度、文化及企业的业务。就其本质来讲，岗前培训只是培训的开始，一个有效的岗前培训应能帮助新员工了解企业体制，建立员工归属感，理解企业的历史和经营哲学，明确企业的目的和目标，使员工熟悉自己的岗位职责等。

② 岗中培训。指为了解决员工在工作过程中所出现的知识缺陷、技术欠缺及工作态度等问题而进行的培训。

3. 按培训目的分类

按培训目的，可以将培训分为企业文化培训、基础知识培训、学历培训和技能培训。

① 企业文化培训。指对企业历史、价值观及规章制度的培训。

② 基础知识培训。指对员工进行的与其工作相关的文化知识的培训。

③ 学历培训。指对员工进行的系统的、规范的、具有较高层次的专业素质培训。

④ 技能培训。指从工作实际出发，有针对性地对企业员工所从事的岗位所进行的专业知识培训。

4. 按培训的层次分类

按培训的层次，可以将培训分为员工培训、监督指导层培训、管理层培训和经营层培训。

① 员工培训。包括在职员工培训和新员工培训。在职员工培训是对已在岗的员工进行的培训；新员工培训是针对刚刚进入企业的员工进行的培训。

② 监督指导层培训。指针对企业生产一线，直接对生产工人进行指导监督的基层管理人员或从工人中新提拔上来的新基层管理人员所进行的培训。

③ 管理层培训。指针对从事企业一般决策性工作的人员所进行的培训。

④ 经营层培训。指针对企业最高领导层或即将晋升为领导层的人员所进行的培训。

> 海尔的培训形式
> ① 岗前培训。对所有的新人进行业务知识、企业文化、经营哲学、组织目标及价值观的培训。对不确定岗位的员工先轮流工作一段时间后再定岗。建立员工组织归属感、集体主义及合作精神,为以后的高效管理奠定基础。此项工作由集团中心做。
> ② 岗位培训。入职半年到一年之后,主要是业务能力培训,即对工作中容易出现的问题、解决方法及应尽的责任进行培训。此项工作由事业部做。
> ③ 个人职业生涯规划培训。海尔所有的管理人员都有责任为下一级管理人员及员工设计个性化的培训计划。所有人员需要根据自己的情况每人拟定一个升迁、发展的个人规划。
> ④ 转岗培训。为培养复合型人才,海尔采用转岗培训的方法使员工尽快适应新的工作需要。
> ⑤ 半脱产培训。对于骨干员工和管理人员,有计划地安排半脱产培训。
> ⑥ 出国考察培训。为了掌握国际发展的新动向,派出有关人员到国外参加各种专业研讨会、学术会、科技博览会甚至出国进修。
> (资料来源:http://hi.baidu.com/aley11111/blog/item/28846a1943d8117ddbb4bdfa.html)

5.2 员工培训

5.2.1 员工培训的内容

员工是企业的根本,是企业实现目标利润的保证。企业的成功归根结底来自于员工的努力,以及通过他们的努力所创造出来的一切。所以,员工培训的内容包括许多方面。一名职业化的员工,需要具备专业化工作所需的基本素质和能力。一般地,任何培训都是为了帮助员工在知识、技能和态度3方面取得进步。

1. 知识的学习

知识学习是员工培训的主要方面,包括基础知识学习和业务知识学习。员工应通过培训掌握完成本职工作所需的基本知识,企业应根据经营发展战略要求和技术变化的预测,以及将来对人力资源的数量、质量、结构的要求与需要,有计划、有组织地培训员工,使员工了解企业的发展战略、经营方针、经营状况、规章制度、文化基础、市场及竞争等。依据培训对象的不同,知识学习还应结合岗位目标来进行。例如对管理人员要培训计划、组织、领导和控制等管理知识,要求他们掌握心理学、激励理论等有关知识,以及经营环境(如社会、政治、文化、伦理)等方面的知识。

2. 技能的提高

首先要对不同层次的员工进行岗位所需的技术能力培训,即认知能力与阅读能力的培训。认知能力包括语言理解能力、定量分析能力和推理能力3个方面。有研究表明,员工的认知能力与其工作的成功有相关关系。随着工作变得越来越复杂,认知能力对完成工作越来越重要。阅读能力不够会阻碍员工良好业绩的取得。随着信息技术的发展,不仅要开发员工的书面文字阅读能力,而且要培养员工的电子阅读能力。此外,企业还应该培养员工的人际交往能力。尤其是管理者,更应注重判断与决策能力、改革创新能力、灵活应变能力、人际交往能力等的培训。

3. 态度的转变

态度是影响能力与工作绩效的重要因素。员工的态度与工作表现是直接相关的。管理者重视员工态度的转变将会使培训成功的可能性增加。受训员工的工作态度怎样、如何形成、怎样受影响，既是一个复杂的理论问题，又是一个实践技巧问题。通过培训可以改变员工的工作态度，但不是绝对的，关键要看管理者。管理者要在员工中保持积极的态度，同时善于利用员工态度好的时间来达到所要求的工作标准。管理者根据不同的特点找到适合每个人的最有效的影响与控制方式，规范员工的行为，促进员工态度的转变。

5.2.2 员工培训的方法

1. 讲授法

讲授法是人们最熟悉的培训方法，因为它是学校最基础、最主要且最重要的教学手段。讲授法是由培训师向受训者直接讲授知识，是最传统的培训方式。讲授法的最大优点是可以系统地将知识传授给受训者，只要教材选得恰当，讲授主次分明，就可以清晰地传授知识，尤其是可以将大量的知识在短时间内传授给受训者，也可以将深奥难懂的理论知识讲解清楚。培训师还可采取提问和讨论等方式活跃气氛，引导受训者主动思考。

但是，讲授法常常被指责为冗长而无实践的讲授，认为仅是系统地讲授知识，而没有提供实践的机会，导致知识只停留在理论层面。过于依赖讲授法，确实会让知识流于形式而难以转化到实际工作中。同时，培训的效果在很大程度上受培训师的影响。如果培训师的讲授索然无味，或是毫无重点地胡侃一通，必将收效甚微。

无论如何，讲授法是一种重要的培训方法，并且是其他方法不可取代的。但由于它的局限性，所以应与其他方法配合，这样才能进一步强化培训成果。

2. 案例法

在案例法中，培训师向受训者提供关于某个问题的书面描述，这个问题可以是真实的，也可以是虚构的，受训者根据提供的资料，分析整个问题，并且提出解决方案。受训者可以通过讨论得出方案，也可以自己独立思考。案例法并不是要教给受训者一个"正确"的解决方案，而是培养受训者分析问题和解决问题的能力，并且提供一些有益的思路。

无论案例是真实的还是虚构的，都要贴近于现实情况，所以案例法也就是在模拟解决一个实际问题。这种培训的好处在于可以大胆地尝试解决某个问题，而不需承担风险。因此，受训者可以多次分析案例，在不同角度的案例分析中培养分析问题和解决问题的能力。而在现实工作中，不可能有这样丰富的场景，而且通过相互交流，可以激发灵感、打开思路，从而完善思维模式。

由于案例不存在唯一的正确答案，也没有评价解决方案优劣的标准，并且也看不到解决方案真实的效果，所以培训效果很大程度上依赖于培训者和受训者自身的素质。

3. 在职培训

在职培训是让受训者对熟练员工进行观察和提问，在模仿他们的行为中学习。在职培训的基本假设是：受训者可以通过观察和提问进行学习。一个成功的在职培训方案应该设定学习目标，列出要学习的知识和技能，设计在职培训过程；熟练员工应向受训者讲解和给予受训者实践的机会并反馈信息，不然很容易流于形式，而让受训者错失学习机会。

在职培训是一种有效的培训方法，几乎所有的新员工都要接受不同形式的在职培训。由于绝大多数工作都很难通过书面进行系统描述,并且很多工作细节也不可能在其他培训方法中讲解清楚,所以通过在职培训可以观察到最真实的工作情景,随时发现学习点,同时可以迅速地让受训者掌握新的技巧和熟悉工作环境。这种方法非常省钱,因为培训者边干边教,而受训者边干边学,较少耽误正常工作。同时,还能及时反馈受训者的学习情况。

由于熟练员工本身不是专业的培训师,没有什么培训技巧,不容易抓住关键点讲授,所以很大程度上要靠受训者自己观察和提问。对于陌生的工作,受训者很难发现一些重要的操作行为,往往只看到了表面现象,而不知其中奥妙。一些受训者由于心理因素或性格原因,不喜欢提问,即使是喜欢提问的受训者也不一定能问到点子上。所以,对于陌生的工作在职培训可能收效较慢。

4. 讲座法

讲座法是针对员工需要培训的内容,聘请相关的专家、学者或内部的员工作专题讲座。比如,聘请管理学专家作有关"领导技巧"或"谈判技艺"方面的讲座,能让员工在短时间内对这方面的知识与能力有一个快速的提升。

讲座法具有成本低、操作灵活、时间短、信息量大、前沿性强等特点,很适合企业高管层获取最新信息以保持思维的活力。

5. 视听法

视听法是利用幻灯、电影、录像、录音等视听教材进行培训。这种方法凭借人体感觉(视觉、听觉、嗅觉等)去体会,比单纯讲授给人的印象更深刻。看录像是最常用的培训方法之一,被广泛运用在提高员工沟通技能、面谈技能、客户服务技能等方面,但很少单独使用。视听法有以下4个方面的优点。

① 视听教材可反复使用,从而能更好地适应员工的个别差异和不同水平的要求。
② 教材内容与现实情况比较接近,易于使培训者借助感觉去理解。
③ 视听使受训者受到前后连贯一致的指导,从而使项目内容不会受到培训者兴趣和目标的影响。
④ 视听法可以将受训者的反应记录下来,能使他们在无须培训者解释的情况下观看自己的现场表现。

视听法也存在视听设备和教材的购置需花费较多费用和时间的问题,且合适的视听教材也不易选择,员工易受视听教材和视听场所的限制。因此,该方法很少单独使用,通常与讲座法一起配合使用。

6. 专题研讨会

专题研讨会是指邀请专家、学者就某个主题展开研讨。比如,针对企业品牌建设的问题,邀请各方面的专家、学者(同行的职业经理人、企业家、有关政府官员、咨询专家、名教授、广告专家等)就如何建设品牌开展务实和深入的研讨。

7. 实地培训

(1) 工作轮换法

工作轮换法是指让员工轮流从事各种不同工作岗位而接受训练。这种方法既适合普通员工,也适用于管理人员。采用这种方法进行培训,员工有机会熟悉各种工作岗位的特点及其相互关系,能够加快对工作任务的适应性。

(2) 辅导与实习

该方法类似师傅带徒弟,受训者直接与"师傅"一起工作,"师傅"负责对"徒弟"

进行辅导。一般来说，受训者不具有经营管理的责任和权力，企业只是为受训者提供学习的机会。这种方法是为了保证员工因退休、提升、辞职等原因而出现职位空缺时，企业有适合的人接替，也有助于对核心管理人员的培养。

(3) 初级董事会

这种方法是让受训的中级管理人员组成一个"初级董事会"，要求他们对整个公司的发展和政策进行分析并提出建议，目的是为有发展前途的中层管理人员提供分析整个公司问题的机会，培养他们分析和解决高层次问题的能力。初级董事会可由 5~11 位受训者组成，成员来自各个部门，他们就高层次管理问题，如企业发展战略、组织结构、经营管理人员的报酬，以及部门之间的冲突协调等提出建议，并提交给正式的董事会。

8. 自我指导培训法

自我指导培训法是指受训者不需要指导者，只需按自己的进度学习预定的培训内容。培训者不控制或指导学习过程，只负责评价受训者的学习情况及解答其所提出的问题。有效的自我指导培训计划一般包括以下 5 项内容。

① 进行工作分析以确认工作任务。
② 列出与完成任务直接相关的培训目标。
③ 制订以完成培训目的为核心的详细计划。
④ 列出完成培训计划的具体学习内容。
⑤ 制订评价受训者及自我指导培训内容的详细计划。

自我指导培训法使员工可以较为灵活地安排接受培训的时间，鼓励员工积极参与学习，是一个十分有效的方法。它只需少量的培训工作人员，减少了与交通、培训教室安排等有关的成本。该方法使受训者能在多个地方接受或进行培训，能让受训者自行制定学习进度，接受有关的学习效果反馈。但是，自我指导培训法也存在不足：它要求受训者要有学习的主动性，而且也会导致较高的员工开发成本，时间也比其他的培训方法长。

9. 商业游戏

商业游戏是指受训者在仿照商业竞争规则的情景下，收集信息并进行分析、做出决策的过程。它主要用于管理技能的培训。参与者在商业游戏中做出决策的类型涉及各个方面的管理活动，包括劳资关系（集体谈判合同的达成）、市场营销（新产品的定价）、财务预算（购买新技术所需的资金筹集）等。商业游戏能够激发参与者的学习动力，能够帮助团队队员迅速构建信息框架，培养参与者的团队合作精神。商业游戏采用的团队方式，有利于打造有凝聚力的团队。

10. 虚拟化培训

随着计算机及网络技术的普及，出现了许多新型的培训方法，比如多媒体培训、网络远程培训、电视教学等。这些虚拟培训方法具有方便、快速及双向互动等优点。

11. 企业外培训

企业外培训是指通过企业外的组织对受训者进行培训。企业外的组织可以是学校，也可以是培训机构。与学校相关的培训计划，可以是脱产学习、半脱产学习或在职学习，根据学习要求而定。脱产学习可以让员工专心学习，在一段时间内集中而快速地掌握知识和技能，但会耽误工作，组织将为此付出较高的代价，员工回来时岗位也有被别人顶替的危险。在职学习不需要脱离岗位，可以边工作边学习，虽然不会过多地影响工作，但人的精力和时间有限，工作和学习的冲突会不断出现，解决不好反而会两头耽误。半脱产学习介于两者之间，其利弊也各占一半。与培训机构相关的企业外培训，可以送员工到培训机构参加培训，也可以请培训机构来企业进行培训。前者费用较少，受益人少，而且培训不是专门针对本企业；后者费用较高，但受益人多，并且可以根据企业情况提出相应的要求。

企业外培训借助外部力量，可以汲取外界新的知识、技能和信息，向企业输送新鲜的氧气。如果是送员工出去培训，其过程也是与外界学习交流的过程，如果加以利用，还可为企业引入新项目、新业务，甚至是新的人才。企业外培训也存在不足：由于不是企业自己设计的培训，针对性不一定强，受训者学到的东西很少能在企业中运用，甚至毫无作用，还有可能造成受训者将其作为增强个人素质的机会，增加受训者跳槽的砝码。

培训的方法还有很多，主要是针对普通员工。学术界和实践界又相继开发出了许多新的培训方法，如程序化教学法、价值观培训法、多样化培训法、读写能力培训法等。

5.2.3 员工培训的对象

培训的对象不能仅仅限于企业的个别人或个别人群，而应包含所有的员工。由于组织资源的有限性，企业不可能提供足够的资金、人力、物力在同一时间对所有人进行培训，这就需要企业根据组织目标和工作岗位的需要选择合适的培训对象，以确保急需人才的培养。

一般而言，企业内有以下4种人员需要培训。

1. 新入职员工

新入职员工需要参加岗前培训，通过培训了解企业的基本情况，明确所从事工作的基本内容与方法，以及自己工作的职责、程序、标准，并向他们初步灌输企业及其部门所期望的态度、规范、价值观和行为模式等，从而帮助他们顺利地适应企业环境和新的工作岗位，尽快地进入角色。

2. 需要改进目前工作的人

对于一些工作绩效较差的员工，需要对其进行相关培训，以提升他们的知识、技能与素质，提高工作绩效。

3. 新晋升人员或岗位轮换人员

新的岗位或职务要求新的知识和技能。对于新晋升的员工或岗位轮换的员工，为了使其尽快适应新的岗位或职务，需要对其进行相关的培训，以提升他们的知识、技能与素质，满足新岗位及新职务所需的各项要求。

4. 有潜力的人员

对于有能力也有潜力的人员，企业希望他们能够掌握不同的管理知识、技能或更复杂的专业技术，以安排他们到更重要、更复杂或更高层的位置上去工作，为企业承担更大的责任。对于这部分人员，企业也更愿意花费更多的资源对其进行相关培训。

能力链接

企业培训的6个误区

对培训怎么认识，是一个培训理念的问题，它是指导培训工作的思想基础。很多企业在实施企业培训的过程中都或多或少地存在一些模糊认识甚至错误认识，从而制约了企业培训工作的开展，影响了培训效益的发挥。

1. 企业培训就是新技术培训

不少企业以为，是由于新技术的出现或者是新的经营管理思想或方法的出现，才使得企业需要进行这些知识和技术方面的培训。因此，企业培训就是新技术或者新知识的培训。这种认识有些片面。不错，对企业员工进行新技术的培训非常必要，但是新技术、新知识仅仅是企业运营和市场竞争过程中遇到的诸多问题的一个方面。当新知识、新技术出现时，为胜任工作，企业员工的确需要了解和掌握相关方法和技能。但研究表明，在许多企业，导致生产效率不高的主要原因是员工缺乏早已发展成熟的基本素质和技能，这类员工即使接受了最新技术技能的培训，也很可能是无效的，至少是事倍功半。

2. 企业培训可以一次性完成

有的企业感受到了技术发展和市场竞争的压力，体会到了人力资源的重要性，希望通过企业培训来提高核心竞争力，但却没有很好地认识企业培训的长远意义，认为它只是一时之需，把企业培训仅仅当成了"治病"，而不是"强身"。至于培训方法就更不讲究了：无非是把人派出去，或者把老师请进来，听课、研讨、做练习，仅此而已。显然，寄希望于一次或几次培训来达成企业培训的目的，这是不现实也是不科学的，因为企业培训实际上只是企业学习的诸多形式和手段之一。既然学习是一个贯穿企业发展始终的过程，培训当然也应该与其相伴相随。企业培训应该是一种机制，是一个长期的、不间断的过程。当听到某企业的老总说他的员工已经培训过了的时候，就应该能猜到，他肯定是把培训当作一次性的过程了。

3. 企业培训只是技术岗位的事

有些企业的领导认为企业培训就是技术培训，因此只为技术岗位的员工提供培训机会。这种想法是把企业竞争单纯地看成了技术的竞争，把企业中部分员工的竞争力当成了企业的整体竞争力。更有甚者，认为只要取得相关技术培训认证的人数达到一定程度，就可以不进行企业培训了。实际上决定企业整体竞争力的并不仅仅是技术，因此不能把培训局限在技术研发部门。

其实企业的每一个岗位都需要学习，都需要根据技术和市场的变化来了解和掌握新知识、新技能。当然，针对不同的岗位，选择不同的培训内容是正确的。有些技术密集型的高科技企业，往往要求所有岗位的员工都要对新技术、新知识有一定的了解，但不同岗位的了解程度应该有所不同。

4. 企业培训就是资格认证

很多企业热衷于通过认证，因为认证能给企业带来很多"好处"，尤其是在一个信用缺失的市场框架之中。虽然参加认证可能会花掉很多钱，但企业家不怕，因为那是企业在创造品牌，当品质和服务不能证明自己的时候，可以用"牌子"证明自己。参加企业认证必然要涉及培训，在认证评审规则里明确规定：如果企业没有进行某种形式的员工和岗位培训，就不能通过认证。于是，有的企业就认为既然已经通过了认证，比如ISO 9000或CMM，就不必再进行培训了。其实各种企业认证资格的获得都是在某一方面的阶段性评价，为此而设立的培训往往只具有针对性，而不具备普遍性和长期性，就像是应对一次考试或考核。而真正意义上的企业培训却不是为了一次考核，而是以不断地学习来提高企业效率和竞争力的一种长期策略,这是一个需要不断加强和提高的过程。因此认证可以完成,但培训永远不能完成。

5. 全程外包是企业培训的好办法

企业培训是一种专业性强的工作,到底应该由专业人士来做还是由企业来做?专业的培训人士或公司一般不太熟悉企业的专业领域和具体情况,而企业自身一般又不具备专业的培训技能和师资。这就要求发展一批成熟的专业化培训企业,它们必须具有为各种企业提供培训服务的丰富经验。我国的培训市场,虽然已经发展了一段时间,也出现了一些专门从事培训服务的公司,但它们比较成熟的培训服务主要还是针对个人的培训,比如专门提供 IT 认证培训服务的机构。提供面向企业的培训服务才刚刚开始,尚处于摸索阶段,有的甚至还没有开始。不少培训公司还把企业培训当成个人培训的"批处理"或"批发业务"来办。这显然只是一个权宜之计,不能很好地满足企业的真正需要。还有一些企业培训实际上是 IT 设备厂商、软件开发商或是咨询商的延伸业务,往往与其产品和其他服务相互配套,与企业培训的真正目标存在很大的偏差。目前能为企业提供整体培训服务(需求调研、诊断分析、培训设计、培训实施、效果评估等)的专业培训机构还很少,因此企业培训的全面外包还不太现实。进一步讲,企业的员工教育培训,实际上就是在"塑造企业的未来",企业自身必须参与且主导培训方案的设计,并建立长期的企业培训体系。

6. 企业培训不要求企业领导参加

一般而言都有一个假设的前提:企业领导在素质和技能上要高于企业员工。其实现实并不总是这样的,尤其是在高度专业化分工的社会里,这种认识就更不一定正确了。"只有落后的干部,没有落后的群众",这句话的另一层含义是说:学习是一种全员性的活动,而企业培训就是有组织有计划的企业全员的学习,不论管理者或者员工,都需要不断学习。当然,培训和学习的内容一定会各有侧重。

(资料来源:http://www.hq88.com/html/public/index/detail/newsDetail_12422.shtml)

5.3 员工的职业开发

员工的职业开发也称职业生涯,即一个人从参加工作开始,所有的工作活动与工作经历按时间顺序组成的整个过程。一方面,由于科学技术的发展与市场竞争日益激烈,企业对员工及其主动性与创造性越来越依赖;另一方面,科技发展又促使员工素质提高与自我发展意识增强。因此,企业管理者应掌握员工职业开发的理论与技能。

5.3.1 员工职业开发的内容

员工职业开发活动的主体包括个人和组织两个方面。

1. 个人职业开发活动

个人职业开发活动称为员工职业生涯规划,即确立职业目标并采取行动实现职业目标的过程。企业的员工都有从现在到未来在工作中成长、发展和获得成就的强烈愿望和要求。为了实现自己的愿望，首先要有一个途径，这就需要制订自己成长、发展和满意的职业计划。其次是目标设定，以自我定位、个人价值观为基础，确定长期与近期的职业目标。再次是通过各种积极的、具体的行为去争取目标的实现。职业目标实现主要依靠个人在工作中的表现及业绩，但也要有适应未来变化的技能、知识等前瞻性准备，以及为实现职业目标和家庭目标而做出的努力。最后是反馈与修正，即在实现职业目标过程中要不断总结经验教训，不断反馈、修正最终的职业目标。

> **能力链接**
>
> **员工的职业生涯规划**
>
> 员工的职业生涯规划是指为了实现愿望、寻求理想的职业发展途径，有意识地列出自己所期望从事职业的目标，并在此基础上进一步设计，不断丰富和发展自我的职业知识、能力和技术结构的一系列活动和步骤，以努力开发自身潜质的行为和过程。
>
> 职业生涯规划首先要对个人特点进行分析，再对所在组织环境和社会环境进行分析，然后根据分析结果制定个人的事业奋斗目标，选择实现这一事业目标的职业，编制相应的工作、教育和培训计划，并对每一步骤的时间、顺序和方向做出合理的安排。
>
> 员工职业生涯规划包括：认识和提出自己的职业发展目标，规划自己与职业有关的活动；自我洞察和判断，认识自身的兴趣、能力和性格，寻找适合自己的职业种类；认清来自各方面的职业限制性因素，发现目前状况与职业发展或职业理想之间的差距；设计若干发展方案，探求其可行性和成功概率，做出相应选择；根据职业发展的要求，拟订自身的教育培养计划和工作计划，不断完善自我。

2. 企业职业开发活动

企业职业开发活动又称为职业管理，即企业提供帮助员工成长、发展的计划并使之与企业需求、发展相结合的行为过程。主要目的是把员工与企业的需要统一起来，最大限度地调动员工的积极性，提高员工归属感。职业管理是企业为员工设计的职业开发与援助计划，具有一定的引导性和功利性。承担职业管理工作的主要是人力资源部门及各职能部门主管。具体包括以下内容：对员工个人能力和潜力的正确评价，即通过对员工选聘、绩效评价资料的收集及心理测试，对员工进行测评；向员工提供职业发展的信息，给予公平竞争的机会；为员工制订培训与发展计划，确定职业生涯路径；为员工制定知识更新方案；建立员工工作-家庭平衡计划；为员工提供职业指导；制订员工的退休计划。

3. 员工职业计划与管理系统

不同的企业，其员工职业管理系统的复杂程度及职业管理的各个组成部分的侧重点不同。有效的职业计划与管理系统必须是员工职业计划与企业职业管理两者的结合，也是员工个人与企业相互选择的过程，双方应承担各自的责任。职业管理步骤及企业和员工的责任如表 5-1 所示。

表 5-1 职业管理步骤及企业和员工的责任

职业管理步骤	第 1 步 自我评价	第 2 步 现实审查	第 3 步 目标设定	第 4 步 行动规划
员工的责任	确定改善的机会和需求	确定哪些需求具有开发的现实性及方法	确定目标及判断目标的进展状况	制定达成目标的步骤和时间表
企业的责任	提供评价信息，判断员工的优势与不足	就绩效考评结果、员工与企业的长期发展规划的匹配与员工沟通	确保目标是具体的、可实现的，并承诺帮助员工达到目标	确定员工为达到目标所需的资源

从表中可以看出，在员工职业计划活动中，企业是员工职业生涯的重要场所。员工在制订个人职业计划时，需要外界的帮助。企业通过选聘、培训、考核、晋升等人力资源政策来影响员工职业计划。企业有责任帮助员工，使其个人计划与企业的整体发展相结合，并为员工提供有利条件来实现职业计划。

5.3.2 员工职业开发的方式

1. 正规教育

正规教育包括员工脱产和在职培训的专项计划，由大学提供的短期课程、在职工商管理硕士（MBA）课程及住校学习的大学课程计划。这些开发计划一般通过专家讲座、商业游戏、仿真模拟、冒险学习与客户会谈等培训方法来实施。例如摩托罗拉、IBM 和通用电气等跨国公司都设有自己的培训与开发中心，可为其学员提供 1~2 天的研讨会及长达 1 周的培训。根据不同的开发对象，企业可为基层管理者、中层管理者、高层管理者制订不同的开发计划，并为工程技术人员设置专门的计划。

2. 人员测评

人员测评是在收集关于员工行为、沟通方式及技能等方面信息的基础上，为其提供反馈的过程。人员测评通常用来衡量员工管理潜能及评价现任管理人员的优缺点，也可用于确认向高级管理者晋升的管理者潜质，还可与团队方式结合来衡量团队成员的优势与不足，以及团队效率和交流方式。

企业人员测评的方式与信息来源多种多样。很多企业向员工提供绩效评价的信息；有些拥有现代开发系统的企业，采用心理测试来评价员工的人际交往风格和行为。当前比较流行的人员测评工具主要有迈尔斯-布里格斯人格类型测验（MBTI）、评价中心、基准评价法等。

（1）迈尔斯-布里格斯人格类型测验

迈尔斯-布里格斯人格类型测验是最流行的心理测试方法，它是在心理学家卡尔·尤恩（Carl Jung）的研究基础上发展起来的。尤恩认为个人行为的差异是由决策能力、人际交往和信息收集偏好所决定的。MBTI 是一个相当可靠的个性分类目录，它衡量个人在生活中 4 个领域的 8 个倾向性：个人性格（外向型或内向型）、信息收集（感觉型或直觉型）、决策方式（思考型或感情型）、人际交往环境（判断型或观察型）。

① 内向型与外向型是对生活的两种相辅相成的态度。对外向型的人来讲，基本刺激来自外部环境——外部的人或其他事物；对内向型的人来讲，基本刺激来自内因——自身的思

索与反省。

② 感觉型与直觉型是获取信息的不同方式。凭感觉的人倾向于通过视觉、听觉、触觉和嗅觉等方式获取信息；凭直觉的人倾向于通过"第6感"或预感获取信息。

③ 思考型与感情型是制定决策的两种不同方式。善于思考的人通过逻辑分析和客观考虑做出决策；重感情的人倾向于根据个人、主观评价做出决策。

④ 判断型与观察型是两种互补的生活方式。判断型的人更喜欢决定性的、有计划有组织的生活方式；观察型的人喜欢灵活、能适应的、自发的生活方式。

MBTI的用途十分广泛，它可用于理解诸如沟通、激励、团队合作、工作作风及领导能力等不同类型的表现。例如通过了解自己的个性类型和他人对自己的感觉，销售人员或行政人员才能有效进行人际沟通。利用MBTI可以把工作任务和团队成员的个人兴趣相匹配，帮助队员理解彼此间共同的兴趣，从而使问题得到有效解决，以此促进团队的发展。例如可以把性质易变的工作分配给直觉型的人，把评价的责任让感觉型的人承担。MBTI对于了解个人沟通和人际交往方式也是很有价值的。但是，MBTI并不能用于员工工作绩效和员工晋升潜力的测评。

（2）评价中心

评价中心是由多位评价人员通过一系列的练习和测试来评价员工的表现。评价中心通常设在会议中心等非工作场所，每次由6～12名员工参与。它主要用来考查某一位员工是否具有管理工作所需的个性特征、管理能力和人际沟通技能。它也可以用来鉴别员工的团队工作能力。通常评价者由经理担任，通过对经理人员培训，让其从员工身上寻找与被评价技能相关的行为。一般地，每位评价者在每一次练习中都会被安排去观察并记录1～2名员工的行为，通过分析来评价员工的能力水平。当所有的员工完成练习后，评委们要进行会面，讨论对每个员工的观察结果，并对各自的评价进行比较，力求对每个员工的各项技能形成一致的评价。

评价中心常用的方式有无领导小组讨论、面试、文件处理和角色扮演。研究表明，评价中心的测评结果与员工的工作绩效、薪酬水平和职业生涯发展有密切的关系。

（3）基准评价法

基准评价法是专门设计用来衡量成功管理者所需具备的要素的工具。这些要素包括衡量管理者同下属相处的能力、获取资源的能力和创造高效工作环境的能力。为了获得关于管理者技能的全面信息，管理者的上级、同事及其本人共同评价这一过程。最后，管理者可获得一份自我评价和他人评价的简要报告，并获得一份人员开发指南，可以提供一些有助于强化每种技能的经验及成功管理者是如何运用这些技能的事例。

3. 工作实践

在实际工作中，许多员工开发是通过工作实践来实现的。工作实践是指员工在工作中所遇到的各种关系、问题、需要、任务等。该方法的前提假设是当员工过去的经验和技能与目前工作不相匹配时，就需要进行人员开发。为了有效开展工作，员工必须拓展自己的技能，以新的方式来应用其技能和知识，并积累新的经验。利用工作实践进行员工开发有多种方式，如工作扩大化，工作轮换，工作调动、晋升、降级等。

（1）工作扩大化

工作扩大化即扩大现有工作内容，指对员工现有的工作提出挑战并赋予其新的责任。它包括执行某些特殊任务、在团队中角色轮换或寻找为顾客服务的新方法等。例如，一位工程师被安排到员工职业生涯设计任务小组工作，该工程师可以承担职业生涯设计的有关领导工作（督导公司职业生涯开发过程），他不仅有机会了解企业的职业开发系统，还能发挥组织和领导才能来帮助企业达到目标。

（2）工作轮换

工作轮换是指在企业的几种不同职能领域中为员工做出一系列的工作任务安排，或者在某个职能领域或部门中为员工提供在各种不同工作岗位之间流动的机会。该方法有助于员工综合理解或把握企业的目标，了解企业不同的职能部门，同时也有助于提高员工解决问题的能力。但是工作轮换也存在不足：首先，处于轮换中的员工容易出现对各种问题的短期性看法，以及采取解决问题的短期行为；其次，员工的满意度和工作积极性会受到不良影响，这是因为轮换工作的员工工作时间短，难以形成专业特长，也无法接受挑战性的工作；最后，无论是接收轮换员工的部门还是失去轮换员工的部门都会受到损失，接受员工轮换的部门需对其进行培训，失去该员工的部门会因为资源的损失而导致生产效率下降和工作负担加重。

（3）工作调动、晋升和降级

① 工作调动。即让员工在企业的不同部门工作，不涉及工作责任或报酬的增加。这更多的是一种水平流动，即流向一个责任类似的其他工作岗位。调动可能会使员工产生较大的压力。如果员工已成家，由于工作角色的变化，一方面，员工不仅要解决家庭迁居及配偶的工作问题，而且要承担日常生活、人际关系和工作习惯被破坏的压力，以及远离亲朋好友的精神伤害；另一方面，员工需要处理好与新同事和新上级的关系，而且还要学习一系列的工作规范和程序。

② 晋升。指员工向比前一个工作岗位挑战性更高、所需承担责任更大、享有职权更大的工作岗位流动的过程。晋升常常涉及薪资水平的上升。

③ 降级。指员工责任和权力的削减。它包括平行流动到另一职位但责任和权力有所减少（平等降级）和临时性跨部门流动。一般来说，员工乐于接受晋升，而不愿接受平级调动或降级。而且很多员工难以把调动和降级与员工开发联系起来，他们并不把降级视为有利于其未来获得成功的机会，而把降级看成是一种惩罚。

单元小结

员工培训是企业通过各种方式，为改变本企业员工的价值观、工作态度、知识、技能和工作行为等诸方面所做的努力。其意义在于：提高员工的职业能力与转换职业能力；培养高素质人才，获得竞争优势；满足员工自我成长与实现自我价值的需要，增强员工的职业稳定性。

员工培训的主体是企业的所有员工。员工培训的内容必须与企业的发展、战略目标相联系且符合员工的职位特点，主要包括知识、技能和态度等。

员工培训的方法很多，具体包括讲授法、案例法、在职培训、讲座法、视听法、专题研讨会、实地培训、自我指导培训法、商业游戏、虚拟化培训及企业外培训等。

> 员工职业开发也称职业生涯，即一个人从参加工作开始，所有的工作活动与工作经历按时间顺序组成的整个过程。员工职业开发的方式有：正规教育、人员测评和工作实践等。
>
> 员工职业开发对企业发展和员工个人都具有重大的意义。员工职业发展活动包括个人与组织两个方面，即员工职业生涯计划和职业管理。为保证员工开发的有效性，员工与企业都需要承担责任。

思考与实践

一、复习思考题

1. 如何正确理解员工培训与开发的意义？
2. 简述员工培训的分类。
3. 员工培训的方法有哪些？简述各种方法的选择和使用。
4. 除了本章中所提到的培训方法，你还知道或应用过哪些培训方法？
5. 什么是职业开发？员工职业开发的方法有哪些？

二、案例分析

案例1　VK公司为什么留不住人

VK公司原是一家校办企业，主要生产一种机电部件，产品有较大的市场空间。从2011年到2014年，公司的经营业绩一直不理想。2014年，企业实施改制，变成了一家民营企业。此后，公司凭借技术实力和灵活的机制，取得了良好的效益，产品不仅与多家国内大型电器公司配套，而且还有相当数量的出口。

但是，伴随市场成功而来的却是公司内部管理上的一系列麻烦。尽管员工的工作条件和报酬和其他企业相比已经相当不错，但管理人员、技术人员乃至熟练工人都在不断流失；在岗的员工也大都缺乏工作热情。这给公司的发展和生存带来了极大的威胁。

为什么会出现这样的问题呢？从以下3个具体事例也许能窥见公司在人力资源管理和员工激励方面存在的问题。

1．"红包事件"

公司改制时，保留了"员工编制"这一提法（尽管这个"编制"是公司自己定的，而非原来的国家事业单位编制），这就使公司有了3种不同"身份"的员工，即"工人""在编职工"和"特聘员工"。其中，"工人"是通过正规渠道雇用的外来务工人员；"在编职工"是与公司正式签订劳动合同的员工，是公司的技术骨干和管理人员，他们中的一部分是改制前的职工，一部分是改制后聘用的；"特聘员工"则是向社会聘用的高级人才，有专职的，也有兼职的。一次，公司在发放奖金时，"工人"和"在编职工"的奖金是正式造表公开发放的，而"特聘员工"是以红包形式"背靠背"发放的，并且"特聘员工"所得是"在编职工"的2～3倍。这件事的实际效果却是大大挫伤了员工的工作积极性，特别是

"特聘员工"的工作积极性。他们中的一部分人感到公司没有把他们当作"自己人",而更多的人则误认为"在编职工"肯定也得到了红包,作为公司的"自己人",所得数额一定比"特聘员工"更多,自己的辛苦付出没有得到公司的认可。公司多花的钱不但没有换来员工的凝聚力,反而"买"来了"离心力"。

2. "人尽其用法则"

公司高层领导的"爱才"是出了名的,公司在"招才"上舍得花钱,但在如何"用才"上,却不尽如人意。公司的职能机构设置得很简单,厂长室下设了生产科、技术科和综合科。生产科长兼任主要生产车间主任,还兼管供应;财务、统计、文秘等均压缩在综合科;市场则由副总经理直管。因此,职能科室成员往往是"一位多职",如会计师同时还可能是文秘等。这本来体现了用人机制的灵活和高效,但是这种"一位多职"不稳定,一项任务交给谁完成,十分随意。由于职责与分工不明确,最终也就无从考核。于是多数科员为减轻自己的工作强度,纷纷降低了工作效率,避免显得过于"空闲"而被额外"加码"。

3. "评比出矛盾"

公司定期对员工进行考评,整个考评工作由各部门分别做出,但公司规定不论工作如何,必须分出 A、B、C 3 个等级,并将考评结果与待遇挂钩。这使得员工之间产生不少矛盾。

VK 公司出现的问题在中小型民营企业中具有典型性,其直接后果是组织效率的下降和人员的流失。

(资料来源:http://www.foodmate.net/hrinfo/yuangong/32940.html)

讨论与训练

1. VK 公司存在哪些问题?
2. 造成 VK 公司人员流失的原因是什么?
3. 假如你是这个公司的老板,这些问题应该如何解决?

案例 2 索尼爱立信的培训精招

据一项调查表明:一般跨国公司的培训费用是其营业收入的 2%～5%。而索尼爱立信的培训投资在这些跨国公司中位居前列。在索尼爱立信接受培训的员工不是以"新老"来划分的,而是以岗位职务划分为管理人员和专业人员。专业人员又分为两类:技术人员和职能部门的职员。技术人员一般为售前、售后工程师及研发工程师。职能部门的职员一般为财务会计、行政文秘、人事等职员。索尼爱立信也把这部分员工划分在专业职员的队伍中。当然,这些员工中有"新手"也有"老手",但培训不以这个标准来划分。在培训面前只有"通信兵"和"坦克兵"的区别,而没有"新兵老兵"之分。

1. 了解别人的工作

索尼爱立信的培训更多地关注管理技能方面而不仅仅是专业技术方面。其培训分为 3～4 个层次,最低一个层次是基本技能培训。基本技能培训并非技术培训,而是部分工种的统一培训。这类培训主要培养员工的学习能力。基本技能培训的内容包括沟通能力、创造性和解决问题的能力、基本知识等方面。基本知识不仅仅限于工作范畴,而且还包括商业经营的基础内容。例如,有些公司,技术人员无须了解财务和企业运作方面的知识,而在索尼爱立信,每个接受基本技能培训的员工都有这门课程的学习。在索尼爱立信看来,技术人员也得知道"公司的钱从哪里来";当然,财务人员也有必要知道"GSM 和 WAP"。索尼爱立信要求员工知识的全面性,目的在于对工作流程的了解和对他人工作的支持。

2. 了解别人眼中的"我"

索尼爱立信的基本技能培训适用于全体员工。在此基础上是提高专业能力的专业培训,在专业培训上是领导能力的培训。领导能力的培训目的通常有两个:一是通过他们来加强公司的企业文化并使公司的战略决策能够有效传达;二是让他们更多地了解自己的个性并形成与之"匹配"的领导风格和领导艺术,从而扬长避短,提高领导能力。

大多时候这种领导能力的培训甚至会细分到针对个别经理人而采用不同的培养方式。索尼爱立信有一个课程叫"自我了解",就是为这个培训思想而设立的。每个学员在参加之前都要做一个 360 度的调查,目的是要发现"别人怎么看他"而不是"他真正怎么样"。他的素质可能是 A,但别人看他可能是 B,他就需要了解这个情况。接受培训的学员仅仅对自己了解是不够的,更重要的是了解别人眼中自己究竟是怎么样的。两者之间常常会有误差,这种误差对某些学员来说甚至很大。如何避免这种误差造成的工作障碍,则是这类评估的最终目的。

(资料来源:http://www.chinahrd.net/case/info/49486)

讨论与训练

1. 结合案例分析索尼爱立信是如何结合自身情况运用培训方法的。
2. 索尼爱立信的培训效果如何?对你的启发是什么?

案例 3 最快的职场晋升神话——英泰克国际集团执行总裁夏志

1 年零 7 个月,在一家大型 IT 公司里连升 3 级!不到 3 年时间,夏志完成了从普通职员到美国纳斯达克上市公司总裁的跨越。

夏志的职业生涯很复杂,在秦皇岛做外贸销售的那 4 年里,见识了不同的人,了解了跟这些人打交道的方法。后来又去了一家民营房地产公司做了 4 年,这期间,进一步了解了市场规律及如何与政府打交道。接下来,在一家做管理咨询的外企里又系统地学习了管理学和英语方面的知识。

以前,读 MBA 要两万多元,夏志当时还拿不起这个钱,但他一直都没有放弃。在 29 岁的时候,当周围的人都认为已经没有必要再去读书的时候,他仍然坚持自己的理想,考上了中国人民大学的 MBA。

2003 年的春天,"非典"肆虐,他也 MBA 毕业了。当时大家都把自己的简历投放在网上。北大青鸟看到夏志的简历后就招他去做市场专员,这是一份很普通的工作,而且月薪只有 4 000 元左右。很多人都觉得堂堂 MBA 毕业生怎么能做这种工作呢?但他很珍惜这个机会。

很快,由于"非典"的缘故,所有的人都只能待在家里,很多同事都在网上聊天、打游戏什么的,因为工资是照发的。但夏志并没有停下来,相反,他给自己规定了工作量,每天查阅大量的资料,做大量的整理工作。后来的工作证明,夏志就是利用这段时间为将来的工作业绩打下了基础。

由于夏志业绩突出,在做了 10 个月的市场专员之后,也就是 2004 年,他被升任为北大青鸟培训中心的校长。当时,培训中心之间是有竞争的,但夏志并没有把自己仅仅定位在一个培训中心的校长上。他想，如果我是培训中心的总裁，那我肯定希望所有培训学校的业绩都好，所以他毫不保留地将自己的成功经验拿出来，介绍给其他与他有竞争关系的培训中心。

在夏志的帮助下，他的上司，也就是培训中心的副总裁得到了提升，因此这个位置就空了出来。就这样，2005年7月，他被升任为培训中心的副总裁，又一次实现了职场上的飞跃。在升任北大青鸟培训中心副总裁之后，夏志仍然和以前一样努力。由于他是从最基础的市场专员做起的，所以比较了解下面的情况，再加上自己对公司培训特点的把握，夏志第一、二季度的业绩都翻了一番。

就在这个时候，夏志人生的又一个机会来临了：英泰克国际集团看中了他在中国IT培训领域的经验，挖他过去做总裁。就这样，夏志成了英泰克国际集团的执行总裁、英泰移动通信学院的CEO，完成了从一个普通职员到美国纳斯达克上市公司总裁的跨越，时间不到3年。

（资料来源：http://www.bioon.com/master/dialogue/347876.shtml）

讨论与训练

夏志在职场上成功的秘诀是什么？对你有哪些启示？

案例4　王欣的职业生涯规划

王欣，2001年毕业于南京航空航天大学，专业是航空电器，之后先后转战了两家企业，一直从事电子工程师方面的工作。

航空电器与拓展培训师本是两个风马牛不相及的职位，都说跳槽时两个行业不能离得太远，不然会摔得很惨。但王欣却完成了一次成功跳跃，也终于把职业与兴趣统一，找到了最合适的切合点，找到了自己的风向标。

王欣大学毕业后当了好几年的电子工程师，由于对工作没兴趣，所以工作中常常走神。又因为技术工作需要绝对的耐心和踏实，整天看着机器，经常一周都说不上几句话，这与王欣外向、希望与人交往的性格大相径庭，有时到了休息日感觉自己的语言能力都退化了，话都说不利落了。一次在工作中，由于走神，把电容的正负两极接错了，使得电容内部爆炸，不仅吓了一跳而且把脸都炸黑了。

王欣终于明白理想与现实之间原来存在这么大的差距，于是他萌生了换行业的想法。一次在招聘网站上发送简历的时候，看到人众人公司正在招聘拓展培训师，其开放式的工作环境、需要与多人接触的工作性质使王欣一见钟情。

王欣幸运地通过了两轮面试，到了最后决胜阶段，而此时他也需要进行一次最重要的选择。王欣当时刚在一家法国公司站住脚，刚过了实习期，并得到了领导的认可，而到北京参加最后一轮的竞争至少需要半个月时间，公司绝对不可能给他这么长的假期，也就意味着想要竞争这个职位就要放弃现在待遇不菲的工作。是安于现状选择使生活有所保障的职业？还是铤而走险辞职到北京一搏？选择只在一念之间，犹豫了几天之后还是拓展帮了王欣，他的想法是自己连单杠飞抓都一跃而过了，还怕这点难题吗？

最后，在中央电视台《绝对挑战》节目中，王欣将人众人拓展培训师的职位和一万元的奖金全部收入囊中。

（资料来源：http://edu.sina.com.cn/l/2004-05-17/68842.html）

讨论与训练

1. 试分析王欣根据自己的兴趣设计的职业生涯规划是否合理。
2. 他还应注意哪些方面的问题?

三、实践训练

大学生职业生涯规划设计

1. 实训目的

明确大学生职业生涯规划的作用与重要性,运用所学知识与方法设计职业生涯规划方案。

2. 实训内容

要求每位同学对自己的兴趣、能力、知识及将来要从事的职业进行详细分析,并写出分析报告,在此基础上根据自己所掌握的知识撰写一份职业生涯规划书。

3. 实训考评

教师根据学生完成情况给予指导与建议,并给出成绩。

第 6 章

绩效管理与绩效评价

【学习目标】

通过绩效管理与绩效评价的学习，明确绩效管理与绩效评价在企业经营管理中的重要性；学习在不同类型的企业和不同的工作岗位上绩效评价的基本方法；掌握绩效评价制度的要点及框架，建立绩效评价体系的程序；能够根据具体情况进行方案的制定和相关文件及表格的编制。在此基础上，能够独立科学地调研企业，以企业为模板，根据绩效管理的具体情况进行方案的制订和相关文件的编制。

案例导读

销售业绩与绩效评价

N公司是一家以销售为主的公司，绩效评价完全以销售业绩为依据，奖金也是直接与销售业绩挂钩。因此年终的评价相对来说比较简单，就是对销售额完成情况的统计与回顾，没有复杂的综合数据统计。业务三部负责的是华东地区的业务，由于夏天华东地区遭受了史无前例的洪水灾害，销售额受到严重影响。尽管部门上下齐心协力、千辛万苦，但还是没能完成销售任务，这样大家今年的奖金算是泡汤了。

令部门主管头疼的年终绩效

F公司又到了年终绩效评价的时候，从主管到员工每个人都惴惴不安。由于F公司采用的是强迫分布法，即每个部门中A、B、C、D、E 5个等级各自所占比例是一定的，因此主管人员就需要按照给定的比例将部门内部的员工分配到各个等级上去。这是令主管人员非常头疼的事情，特别是把谁评为E级确实很难办，结果往往还要向员工解释一番："其实今年我们部门所有的员工表现得都很不错，只是上面规定每个部门必须要有15%的人员被评为E

级,上一次开全体大会时只有你迟到,所以这一次只好委屈你了,我也是没有办法。"员工们更是在内心猜测自己会被评为几级,甚至对主管人员察言观色。如果看到这段时间主管对自己总是笑容可掬,心里就会猜想自己的评价结果应该不会差;如果看到主管人员总是对自己板着脸,那说不定自己就成了 E 级的牺牲品。

(资料来源:武欣:绩效管理实务手册. 北京:机械工业出版社,2008.)

案例启示

从以上两个案例可以看出,不同的企业不同的工作岗位,对于员工的工作绩效评价标准是不同的,而且采用不同的绩效评价方法也会产生不同的效果。

这两个案例说明绩效管理是现代企业不可或缺的管理工具,是人力资源管理的中心环节,是一个完整的系统,具备完善的工作流程。绩效管理是企业文化的重要组成部分,是联系的、发展的、全面的、主动的管理过程,它渗透到企业的日常工作中,是管理者与员工之间持续双向的沟通过程,只有对员工绩效进行公平、公正的鉴定和评价,才能准确反映员工的业绩贡献,激发员工的创新精神,改善员工的工作方法,开发员工的潜在能力,最终实现企业的整体目标。

6.1 绩效管理概述

6.1.1 绩效的含义和性质

1. 绩效的含义

绩效是指必须经过客观评价的工作行为、工作方式及工作结果。对一个组织而言,绩效是对组织承担的工作任务在数量、质量及效率等方面的具体完成情况。而对员工个人而言,绩效则是对员工具体的工作行为、工作方式与方法、工作结果进行多维度的评价(上级和同事乃至下级对自己工作状况的客观评价)。由此可见,绩效是个体或群体工作表现、直接成绩、最终效益的统一体。

2. 绩效的性质

(1) 多因素性

绩效受多种因素影响,是员工个人素质和所处工作环境共同作用导致的结果。这些影响因素包括技能、激励、环境和机会,如图 6-1 所示。

图 6-1 影响绩效的主要因素

影响绩效的主要因素还可以用函数关系式表示。

$$P=f(S,O,M,E) \tag{6-1}$$

式（6-1）中 P（performance）表示绩效，f 为函数，S（skill）表示技能，O（opportunity）表示机会，M（motivation）表示激励，E（environment）表示环境。

技能是指员工本身的工作能力，是员工的基本素质。从式（6-1）中可以看出，在其他因素不变的情况下，员工的技能水平越高绩效就会越显著，技能与绩效成正比关系。激励是指员工的工作态度，包括员工工作中的积极性和世界观与价值观等。以上两个方面是主观方面的原因，是创造绩效的主动因素。机会则指的是可能性的机遇，是一种偶然性，主要是由于环境的变化提供的。环境是指员工进行工作的客观条件、制度条例、组织气氛与人际关系、领导管理水平及管理方式、方法等方面的因素。这两个方面是影响绩效的客观因素，是绩效状况的外部制约因素。在实际工作中，了解绩效的相关因素对企业进行科学有效的绩效管理、调动员工的积极性有着十分重要的作用。

（2）多维度性

绩效的多维度性是指需要从多个维度或多个方面去分析与评价员工个人或组织的工作行为、工作方式及工作结果。例如，一名生产一线的员工的绩效，除了产量指标外，质量、原材料耗损率、能耗、团队精神、出勤、服从组织纪律等方面的表现都需要科学综合地分析与评价，从而得出最终的评价结果。通常，在进行绩效评价时应综合考虑员工的工作能力、工作态度和工作业绩3个方面的情况。

（3）动态性

动态性是指随着时间的推移，员工的绩效会随着生产工具、个人素质、组织管理制度等因素的变化而不断调整，不能以僵化的眼光看待员工的绩效。在确定绩效考评指标、标准和绩效考评周期时要采取动态发展的态度进行。

6.1.2 绩效管理

1. 绩效管理的含义

绩效管理是人力资源管理体系中的核心内容，是一个有序的、复杂的管理活动。绩效管理首先要明确组织与员工个人的工作目标，并在达成共识的基础上，采用行之有效的管理方法，不但要保证按期、按质、按量地实现目标，还要考虑提升目标的可能性。绩效管理活动过程，不仅要着眼于员工个体绩效的提高，而且还要注重员工绩效与组织绩效的有机结合，最终实现企业总体效率和效能的提升。

绩效管理是指为了实现组织的战略目标，采用科学方法，通过对员工个人或群体的工作行为、工作态度、工作业绩，以及综合素质的全面检测、考核、分析和评价，充分调动员工的积极性、主动性和创造性，不断改善员工和组织的行为，挖掘其潜力的活动过程。其目标是不断改善组织气氛，优化工作环境，持续激励员工，提高组织效率。

可以从以下3个方面来理解绩效管理的内涵。

① 绩效管理是防止员工绩效不佳和提高工作绩效的一个综合完整的系统管理过程。

② 绩效管理特别强调组织与员工个人之间的有效沟通，以及员工个人能力的提高。

③ 绩效管理不仅注重组织与员工的工作结果，更注重组织与员工的目标的实现过程。

2. 绩效管理的意义

绩效管理是企业战略目标落实的载体,是构建和强化企业文化的工具,是提升管理者水平的有效手段。

(1) 绩效管理能促进组织和个人绩效的提升

绩效管理通过设定科学合理的组织目标、部门目标和个人目标,为企业员工指明了努力方向。管理者通过绩效沟通及时发现员工工作中存在的问题,给员工提供必要的工作指导和资源支持,员工通过工作态度及工作方法的改进,保证绩效目标的实现。在绩效考核评价环节,对个人和部门的阶段工作进行客观公正的评价,明确个人和部门对组织的贡献,通过多种方式激励高绩效部门和员工继续努力提升绩效,督促低绩效部门和员工找出差距、改善绩效。在绩效反馈面谈过程中,通过考核者与被考核者面对面的交流沟通,帮助被考核者分析工作中的长处和不足,鼓励员工扬长避短。对绩效水平较差的组织和个人,考核者应帮助被考核者制订详细的绩效改善计划和实施措施。在绩效反馈阶段,考核者应和被考核者就下一阶段工作提出新的绩效目标并达成共识。在企业正常运营情况下,部门和个人的新目标应超出前一阶段目标,从而激励组织和个人进一步提升绩效。经过这样的绩效管理循环,组织和个人的绩效就会得到全面提升。

(2) 绩效管理能有效促进管理流程和业务流程优化

绩效管理为管理者与被管理者搭建了一个规范、简洁、有效的沟通平台。企业管理涉及对人和对事的管理,对人的管理主要是激励约束问题,对事的管理就是流程问题。所谓流程,就是一件事情或者一个业务如何运作,涉及因何而做、由谁来做、如何去做、做完了传递给谁等方面的问题。以上 4 个环节的不同安排会对产出结果有很大的影响。在绩效管理过程中,各级管理者都应从公司整体利益及工作效率出发,尽量提高业务处理的效率。绩效管理改变了以往纯粹的自上而下发布命令和检查成果的做法,要求管理者与被管理者双方定期就其工作行为与结果进行沟通、评价、反馈、辅导,管理者要对被管理者的职业能力进行培训、开发,对其职业发展进行辅导与激励。

(3) 绩效管理能保证组织战略目标的实现

企业一般有比较清晰的发展思路和战略,有远期发展目标及近期发展目标,同时根据外部经营环境的预期变化及企业内部条件制订出年度经营及投资计划,在此基础上制定企业年度经营目标。企业管理者将公司的年度经营目标向各个部门分解就成为部门的年度业绩目标,各个部门向每个岗位分解核心指标就成为每个岗位的关键业绩指标。

(4) 绩效管理为人力资源管理提供必要的依据

通过绩效管理,实施绩效考评,为组织内部员工的晋升、转岗、降职、辞退等工作提供了必要的依据,同时也解决了员工培训、薪酬管理、职业规划等问题,使各项职能工作行之有据。绩效管理工作流程与其他职能性工作的关系如图 6-2 所示。

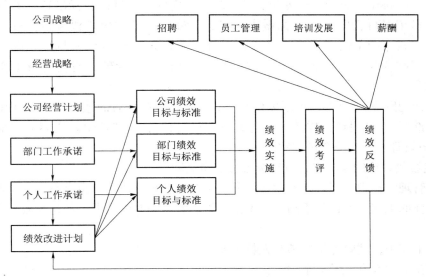

图 6-2 绩效管理工作流程与其他职能性工作的关系

资料来源：勒娟. 人力资源管理概论. 北京：机械工业出版社，2007（稍作修改）.

6.2 绩效管理的内容

绩效管理是一个完整的系统性工作，是一个持续不间断的工作流程和管理过程。绩效管理的过程通常被看作是一个循环的过程，这个循环分为 4 个部分，即绩效计划、绩效评价、绩效实施与辅导、绩效反馈与绩效结果应用。绩效管理系统流程图如图 6-3 所示。

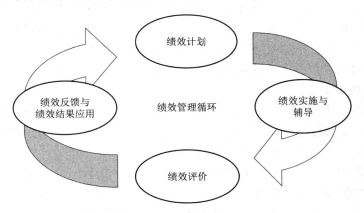

图 6-3 绩效管理系统流程图

6.2.1 绩效计划

绩效计划是绩效管理流程中的第一个环节，也被称为绩效管理的准备阶段。成功的绩效管理是从绩效计划开始的，管理者和员工就绩效期内的工作目标和标准达成共识，在共识的基础上，员工对自己的工作目标做出承诺，明确在绩效评价阶段应该做什么事情。绩效计划是一个自下而上的目标确定过程，通过这个过程将员工个人目标、部门或团队目标与组织目标结合起来。计划的制订是一个员工全面参与管理、明确自身工作职责和任务的工作过程。

在绩效计划阶段，组织要明确以下 4 个基本问题：在今后的绩效管理工作中"由谁来评价？评价谁？""采用什么样的方式与方法来进行评价？""评价的内容应当如何设计？""如何组织绩效管理工作的全过程？"

1. 确定绩效评价的参与者，进行绩效管理全员动员

在绩效管理工作中，绩效评价的参与者是组织中的全体成员，也就是说组织内部成员不论从事什么样的工作，不论等级高低，不论是管理者还是被管理者，都是绩效管理中绩效评价的参与者。

在实际工作中，绩效评价的参与人员主要涉及以下 3 种。

（1）绩效评价工作的执行者

组织内部各层级的管理人员（部门主管）、人力资源管理部门专职人员、外界考评专家或顾问。

（2）被评价者本人

涉及组织中的全部人员。

（3）被评价者的同事

涉及组织中的全部人员。

绩效管理要想真正成为企业战略的保障，就必须让每个员工都理解并接受绩效管理。实际上，绩效管理是每个员工都应该参与的管理活动。很多企业管理者或者员工有抵触情绪甚至对抗绩效管理，是因为没有正确地认识绩效管理。

在绩效计划的制订阶段，应当通过员工座谈、全员绩效管理基础培训等形式使员工充分理解绩效管理的真谛不在于考核，而在于改善行为，从而最终实现绩效提升。参与绩效管理是每个员工的权利也是每个员工的基本义务。通过对绩效的正确理解，员工会积极主动地参与到绩效管理活动中来，这样就为绩效计划的有效制订奠定了基础。

2. 绩效目标的制定与原则

绩效目标是指给评价者和被评价者提供所需要的评价标准，以便客观地讨论、监督、衡量绩效。员工的绩效目标是有效绩效管理的基础。在制定绩效目标的过程中，能够量化的指标尽量量化，不能量化的指标要细化，不能细化的指标要流程化。

绩效目标不是凭空想出来的，不是虚构出来的，而是企业上下一心缔造出来的。目标设立后，企业一定要想办法把它变成全体员工的梦想，要让每一个员工都去认同它。只有当员工和企业存在共同信念时，员工才能与企业共同成长。制定绩效目标时应遵循以下原则。

（1）明确性

明确性，即具体明确，具有战略性，与组织战略相适应。绩效目标首先来源于组织战略，同时也必须服从于组织战略。这条原则要求企业在制定绩效目标时，应对组织战略有清晰明确的界定，同时在分解、衍生过程中要避免制定出看似漂亮，但于组织战略无益甚至适得其反的绩效目标。

(2) 衡量性

衡量性，即可衡量、可测定。绩效目标是否达成、达成程度如何、必须有可行的准确判定，有不易产生争议的尺度标准和衡量办法。

(3) 挑战性

挑战性，即具有挑战性和激励意义的行为导向特征。绩效目标的设置，应该是积极进取的，有成长、有突破，体现出超越对手、超越自我的竞争意识。

(4) 现实性

现实性，即具备现实性、可实现。这与挑战性原则互为补充、互相制约。脱离市场环境和自身基础、不切合实际的绩效目标，非但不能起到引导和激励作用，反而可能打击士气、迷失方向。

(5) 时效性

时效性，即受时间和资源限制。绩效目标应具有时限要求和资源限制。这种时间和资源限制是对绩效目标实现的一种引导。

3. 选择绩效评价的方法

在确定绩效管理的参与者后，应当根据组织与员工的实际情况科学地选择绩效评价的方法。可从3个方面进行绩效评价方法的选择，即工作的结构化程度、工作目标的可量化程度、工作环境的稳定性。

(1) 工作的结构化程度

结构化程度高的工作是指工作内容、程序、完成方式都是确定的，员工只需按照程序化的要求行动就可以达到预期的效果；反之，结构化程度低的工作，其工作方式和内容自主空间大，有很强的不确定性。程序化程度高的部门如安装车间、财务部等；程序化程度高的岗位如流水线上的操作工、超市收银员等。

(2) 工作目标的可量化程度

由于工作性质各异，各项工作目标的可量化程度是不同的。可量化程度高的部门如业务部、研发部、营销部等；可量化程度高的岗位如销售部主管、研发人员、促销员等。

(3) 工作环境的稳定性

工作环境不稳定是指工作环境变动较大，管理者难以直接监控。工作环境变化大的部门如采购部、销售部等；工作环境变化大的岗位如推销人员、采购人员等。

通常情况下，工作结构化程度高适合采用工作标准设计详尽的评价方法；工作目标可量化程度高适合采用定量方法，如果工作目标可量化程度低，则采用行为导向性的定性方法；工作环境越稳定，越适合采用侧重行为评价的方法，反之，则适合采用侧重评价结果的定量方法。

选择合适的评价方法除了考虑评价方法本身的特点外，在实践中设计者还要考虑其他一些重要的因素，比如企业文化、企业的管理基础等。企业特有的文化决定了员工对评价方法的接受程度，企业的管理基础决定了评价方法能否顺利推行，这些因素对于选择合适的评价方法有重要影响。

6.2.2 绩效实施与辅导

在制订绩效计划之后，就应按照计划开展绩效管理工作，管理者要支持被评价人员的工作并进行指导和监督，对发现的问题及时解决，并对绩效计划在实施过程中出现的问题进行调整。因此，在整个绩效管理期间，管理者要根据实际情况不断地对员工进行绩效辅导与沟通，以便提升员工的绩效。

6.2.3 绩效评价

绩效评价是绩效管理工作中的一个重要环节，一般是在绩效期结束的时候，依据预先制订好的绩效计划，主管人员按照预先确定的标准和一定的评价程序，运用科学的评价方法和标准对评价对象的工作能力、工作业绩进行定期和不定期的考核和评价。绩效评价过程和结果的客观、科学、公正直接决定绩效管理工作的效果，并对人力资源管理其他职能性工作产生极大影响。

6.2.4 绩效反馈与绩效结果应用

绩效反馈是绩效管理过程中的一个重要环节。它主要通过考核者与被考核者之间的沟通，就被考核者在考核周期内的绩效情况进行面谈，在肯定成绩的同时找出工作中的不足并加以改进。绩效反馈的目的是让员工了解自己在绩效周期内的业绩是否达到所定的目标，行为、态度是否合格，让管理者和员工就评估结果达成一致的看法。同时，管理者要向员工传达组织的期望，双方对绩效周期的目标进行探讨，最终形成一个绩效合约。由于绩效反馈在绩效考核结束后实施，而且是考核者和被考核者之间的直接对话，因此有效的绩效反馈对绩效管理起着至关重要的作用。

经过上面4个环节，就完成了一个绩效管理的循环。在这个绩效管理循环中得到的绩效评价结果具有以下3个用途。

① 绩效评价的结果能够运用到员工工作绩效和工作技能的提高上，通过绩效数据能够发现员工在完成工作过程中遇到的困难和工作能力上的差距，这为组织今后制订客观、科学、具有针对性的员工培训计划奠定了基础。

② 绩效评价的结果能够比较公平地显示出员工对组织做出贡献的大小，可根据此绩效数据确定员工的薪酬和奖励并进行适当调整。

③ 可以根据绩效评价的结果科学地进行人事变动，使组织中的人力资源与需求岗位配置合理，从而发挥人力资源的最大潜能。

能力链接

绩效管理中存在的问题及解决对策

绩效管理把人力资源管理实务的各项工作连接在一起，在人力资源管理实务中居于核心地位：成功的绩效管理体系是现代人力资源管理不可或缺的一个组成部分。然而在实际的工作中，绩效管理工作却存在很多现实问题。

1. 绩效管理中存在的问题

（1）对绩效管理的目的与作用存在理解误区

目前，有不少员工认为"绩效评价的作用在于提供奖金分配的依据"，这些员工中包括公司的中、高层管理人员。这种认识直接导致"绩效评价成了薪酬制度的补充"，企业为了

"薪酬"而不是"绩效"进行绩效管理,从而使绩效管理误入歧途。绩效管理的核心目标是通过了解和检验员工绩效及组织绩效,及时进行结果反馈,最终实现员工绩效和企业整体绩效的共同提升。

(2) 缺乏绩效管理体系构建的整体思路,绩效评价监督机制缺失

一方面,由于绩效管理体系本身监督机制的缺失,缺乏专业素养的绩效评价者难免会将非绩效因素掺杂在绩效评价之中,损害绩效评价的权威与公正,影响员工的满意度。另一方面,绩效评价结果关系到每位员工的切身利益,员工必然对绩效评价结果形成的各个环节都格外关注,但监督机制的缺失使绩效评价操作过程无法公开化、透明化,员工难免会捕风捉影,产生无端猜疑,从而使绩效评价者在承担繁重工作的同时还承担了巨大的精神压力。

(3) 绩效评价对象局限于个人,忽视团队绩效与个人绩效的共同提升

企业整体绩效的提升依赖于各部门的密切配合。但由于部门间差别较大、可比性差,在构建绩效评价体系时,往往将考评的重点局限于个人,而忽视了针对部门或作业小组的考评活动。长此以往,势必使员工养成"个人英雄主义"思想。

(4) 绩效评价内容与企业战略脱节,绩效评价指标设计缺乏科学性

企业传统的绩效评价大多是"德、能、勤、绩"4个方面,由评价人员按照评分标准对员工进行打分并综合排序,从而最终确定员工的绩效等级。在这样的绩效评价方式下,绩效评价指标与企业发展战略完全脱节,绩效评价指标的设计难以体现企业发展要求。为此,绩效评价指标的设计必须以战略为导向,充分体现企业的战略发展目标。

(5) 员工对绩效管理的认识缺乏统一性

通常被绩效评价者是最容易感到焦虑的群体,因此员工对绩效评价首先采取自我保护的态度,以至于自评分普遍接近满分的水平,基本上失去相互比较的意义。在员工互评上,抱着一团和气的态度,以求自保,评优时出现"轮流坐庄"的现象;在对管理者的评议上,那些坚持原则、敢抓敢管的管理者,员工评议的平均分数明显低于那些工作四平八稳的管理者。因此,必须建立一套有效的绩效管理体系,坚持全面、系统与辩证的观念,把绩效管理落到实处。

(6) 绩效管理仅仅被视为一种专业技术

在一些企业中,经常可以发现企业员工对绩效评价的态度很不认真。人力资源部门费尽力气制定的绩效评价制度,希望通过绩效评价工作能够区分出员工业绩的优劣,引导员工改进工作作风和工作方法。但往往事与愿违,绩效评价的结果大家都差不多,而且绩效评价结果的好与坏对于员工个人没有任何影响。

(7) 轻视绩效管理的过程,流于形式

有的企业绩效管理部门或企业领导只重视企业绩效管理的结果,轻视绩效管理的过程;或者虽然考察了企业绩效管理的过程,但没有结果反馈,绩效评价结束了就将结果放在一边,并没有用于改善企业管理。这样,绩效管理实际上流于形式,失去了其存在的意义。

(8) 管理者的责任心不强

管理者的责任心是决定绩效管理执行的重要因素。

2. 解决的对策

为了有效避免、防止和解决在绩效管理中出现的各种各样的不利情况和问题,应采取以下4项对策。

（1）树立科学的绩效管理观念，指导科学的绩效管理

绩效管理不是管理者对员工挥舞的"大棒"，也不应成为无原则的"和稀泥"。绩效评价的目的不是制造员工之间的差距，而是实事求是地发现员工工作的长处和短处，便于全体员工及时改进、提高。

（2）明确绩效管理的目的

企业全体员工应该对绩效管理目的有一个全面的认识。绩效评价的目的不仅是要考核人、监督人、控制人，而且还要激励人、发展人。通过绩效评价激励员工、确定员工的发展方向是企业绩效评价的关键。只有这样才能让员工感到企业有安全感、成就感、成长感，有发展的希望，从而增强员工对企业的认同，最终促进员工为企业做贡献。

（3）建立有效的、全过程的绩效管理沟通机制

如果说绩效管理的战略导向性和绩效管理体系的建立，分别解决的是绩效管理的方向性问题和基础性问题，那么绩效管理全过程的有效沟通则是绩效管理的核心和关键所在。要建立有效的绩效管理沟通机制，通过宣传来渗透绩效管理的理念、消除抵触情绪至关重要。要引导考核双方认识到：首先，实施绩效管理是通过绩效计划、绩效目标监控和绩效结果的评价来完成组织目标的，其目的是帮助员工、部门及企业提高绩效。其次，绩效管理虽然表面上关注绩效低的问题，但其目的在于加强管理者对绩效计划实施情况的监控，使员工在学习与工作中进步，并受到组织和他人的认可与尊重。

（4）加强对各级人员的培训，以人为本，确保绩效管理的有效实施

企业的绩效管理体系为什么会出现各种各样的问题，一个主要原因就是用人的观念、技能与技巧跟不上。企业必须加大绩效管理方面的培训力度，对各层次员工进行绩效管理方面的培训，从而保证绩效管理体系的顺利实施。

总的来说，绩效管理作为一个有效的管理工具，它提供的绝不仅仅是奖惩手段。它更重要的意义在于为企业和员工提供一个信号，一个促进工作改进和业绩提高的信号，并激励员工持续改进，最终实现个人、组织乃至企业的整体战略目标。

（资料来源：http://club.topsage.com/thread-1534125-1-1.html）

6.3 绩效评价概述

6.3.1 绩效评价的含义和类型

1. 绩效评价的含义

绩效评价是指组织依照预先确定的标准和一定的评价程序，运用科学的评价方法，按照评价的内容和标准对员工的工作任务完成情况、员工的工作职责履行程度和员工的发展情况等做出客观、公正和准确的综合评判，并将上述结果反馈给员工的过程。

绩效评价与绩效管理，既有明显的区别又存在十分密切的联系。

绩效评价是组织依照预先确定的标准和一定的评价程序，运用科学的评价方法，按照评价的内容和标准对员工的工作能力、工作态度及个人品德、工作业绩（工作的数量、质量

和社会效益等）进行定期或不定期的考核和评价，并以此判断员工与工作岗位的要求是否相称。

而绩效管理是将公司目标与部门目标、员工个人目标紧密地联系在一起，运用科学的考核方法，从目标、程序导向、意愿、行为和效果的事前策划、过程检测，到事后考核、绩效改进的动态过程。绩效管理过程的每一次循环都将使企业、部门或员工迈上一个新的台阶，达到企业、部门和个人的共同提高、共同进步、共同发展。

由此可见，绩效评价是绩效管理的一个重要环节，是进行绩效管理的一种手段。绩效评价实质上反映的是过去的业绩，而绩效管理注重的是对未来绩效的提升。

绩效管理与绩效评价的区别如表 6-1 所示。

表 6-1　绩效管理与绩效评价的区别

绩 效 管 理	绩 效 评 价
有计划的、完整的管理过程	管理过程中的局部环节和手段
侧重于信息沟通与绩效提高	侧重于判断和评价
伴随管理活动的全过程	只出现在特定的时期（阶段总结）
事先沟通与承诺	事后评价
关注未来绩效（前瞻性）	评估过去
解决问题	事后算账
关注结果或过程	关注结果
双赢	成功或失败

2. 绩效评价的类型

一般来说，绩效评价可以分为三大类，即业绩评价、行为评价和发展型绩效评价。

（1）业绩评价

业绩评价通常也称为业绩考核、业绩考评或"考绩"，是针对组织中每个员工所承担的工作，应用各种科学的定性方法和定量方法，对员工行为的实际效果及其对组织的贡献或价值进行考核和评价。它是企业人力资源管理的重要内容，更是企业管理强有力的手段之一。业绩评价的目的是通过考核提高每个个体的效率，最终实现企业的目标。

（2）行为评价

行为评价指的是在绩效评价过程中以考评员工的工作行为为主，着眼于"如何干""干什么"，重在工作过程，且考评的标准容易确定，操作性强，适合于管理型、事务型工作的考评。

（3）发展型绩效评价

发展型绩效评价主要是以提高员工将来的工作绩效为目的，着眼于员工未来的绩效，重点放在员工未来的发展上。在发展型绩效评价过程中，管理者与员工应当是一种伙伴的关系，管理者应以提供开放性和建设性的反馈沟通来创造激励性的环境，以实现企业长期目标。

6.3.2　绩效评价的原则

绩效评价是一项很复杂的工作，是员工在整个职业生涯中都会遇到的问题。绩效评价应坚持以下5项原则。

1. 与企业文化和管理理念相一致原则

考评内容就是对员工工作行为、态度、业绩等方面的要求和目标，它是员工行为的导向。考评内容是企业文化和管理理念的具体化和形象化，在考评内容中必须明确企业鼓励什么、反对什么，从而给员工以正确的指引。

2. 信息明确化、结果公开化原则

企业绩效评价的标准、工作实施的程序、参与人员的责任等都应当有明确的规定并向全体员工公开，而且在评价工作中应当严格遵守这些规定。绩效评价结束后评价的结论应对员工本人公开，这是保证绩效评价工作民主的重要手段。

3. 客观评价原则

绩效评价应科学地进行，使之具有可靠性、客观性、公平性；应根据明确的考评标准、针对客观考评资料进行评价，尽量减少主观性和感情色彩。在设计评价指标的过程中，要避免个人的主观因素，尽量采用客观尺度，使评价指标不仅准确、具体，而且能够量化。评价指标有定性指标和定量指标之分，对定性指标也要尽可能量化，以避免较大程度上的主观随意性，从而增强评估的客观性和准确性。

4. 及时、有效反馈的原则

绩效评价的结果一定要及时地反馈给被评价者本人，否则就起不到绩效评价的作用。在反馈绩效评价结果的同时，应当向被评价者就评语进行说明、解释，肯定成绩和进步，说明不足之处，并指明今后工作努力的方向。

5. 差别原则

绩效评价结果应当有鲜明的差别界限，针对不同的绩效评价结果，在工资、晋升、委派等方面应体现明显差别，这样才能使得绩效评价带有激励性，从而鼓励员工在未来的工作中不断进取。

6.3.3 绩效评价主体

绩效评价主体的选择直接影响着考评结果的信度和效度。绩效评价主体应当满足的条件是：熟悉被评价者的工作表现；了解被评价者的工作内容和工作性质；能将观察结果转化为有用的评价信息，并能公正客观地提供评价结果。

一般而言，员工在组织中上有上司，下有下属，周围有自己的同事，外部还可能有客户，因此对员工工作绩效进行评价的主体有以下6种类型。

1. 直接上级主管

直接上级主管通常熟悉员工的工作而且有机会观察员工的工作表现，能较好地将员工的工作表现与组织的目标联系起来。因此，授权他们考评是大多数评价体系中最常用的方法。但是，如果单纯依赖直接上级的评价结果，那么直接上级的个人偏见、个人之间的冲突和友情关系将可能损害评价结果的客观公正性。为了克服这一缺点，许多实行直接上级主管评价的组织都要求有直接上级主管的上级检查和补充考核结果，而有些组织则综合几个与某一被评价者有关的主管人员的评价结果，以达到提高评价质量的目的。

2. 同事

同事对被评价者的职务和工作较为了解，特别是在员工工作经常变动或者员工的工作场所与主管的工作场所分离的时候，主管人员通常很难直接观察到员工的工作情况，这时可以采用同事考评。采用同事考评要求同事之间必须关系融洽、相互信任、团结一致，相互间有一定交往与协作。

3. 下属

下属可以直接了解上级的实际工作情况、信息交流能力、领导风格、平息个人矛盾的能力与计划组织能力，因此下属的评价有助于管理者的个人发展，有利于管理者诊断自己的管理风格。但是，如果员工认为自己的主管有可能了解每个人的具体评价结果，那么他们就可能对自己的上级给予过高的评价。

4. 员工自己

员工是最了解自己所作所为的人，自我评价能使其全面地陈述对自身绩效的看法。自我评价能够减少员工在评价过程中的抵触情绪，当工作评价和员工个人工作目标结合在一起时，它很有价值。但是，自我评价的最大问题是自我宽容，常常与他人的评价结果不一致。因此，自我评价比较适合于制定个人发展规划，不适合于人事决策。

5. 客户

有时，客户可以为企业提供重要的有关工作情况的反馈信息。客户作为企业外部人员，不受组织内部利益机制所左右，因此客户评价可能会更加真实、公正和客观。客户的评价结果有助于为员工晋升、工作调动和培训等人事决策提供依据。但是，客户评价也有其弊端：首先难以操作，由于每个员工接触的客户可能是不同的，其评价标准可能不同，所以对员工来说，客户评价没有统一的标准；其次比较费时、费力，由于客户不是组织内部人员，不能用行政命令规定其按时完成评价任务。

6. 企业外部人力资源管理专家或顾问

人力资源管理专家或顾问有绩效评价方面的专门技术、经验与理论修养，而且他们在企业中无个人关系，较易做到公允。企业外部人力资源管理专家或顾问比较受被评价者欢迎，因为他们不涉及个人恩怨，较易客观公正。对于组织来说，企业外部人力资源管理专家或顾问也是受欢迎的对象，因为他们在各部门所用的评价标准是一致的，具有可比性，而且较为合理。但是聘请企业外部人力资源管理专家或顾问的成本较高，而且他们可能缺乏岗位专业知识。

在实际的绩效评价工作中，由于不同层面的评价主体对员工进行评价皆有利有弊，为了使绩效评价工作客观、公正、全面，评价的结果准确，许多企业对员工进行全方位的立体考核，又称360度考核，即结合上级、同事、下级、员工自己、客户、专家等多方面的意见，从不同的角度对员工进行评价，从而避免单方评价的主观性和片面性，增强绩效评价的信度和效率。但是，360度考核也有其弊端：一是评价过程难以组织和协调；二是在量化评价结果时各评价主体的权重难以确定，可能会造成不必要的矛盾。

6.4 绩效评价的程序

6.4.1 制订计划

为了保证绩效评价的顺利进行，必须事先制订计划。首先要明确绩效评价的目的和对象，然后再根据目的、对象选择绩效评价内容、绩效评价时间和方法。

绩效评价的目的不同，则绩效评价的对象也不同。例如，为晋升职称而进行的绩效评价，对象是专业技术人员；为选拔后备领导干部而进行的绩效评价，对象是在有限范围内进行的；而评选先进、决定提薪奖励的绩效评价，对象往往在全体员工。

绩效评价的目的和对象不同，绩效评价的内容也不同。例如，为发放奖金，应以绩效评价为主，这是因为发放奖金的意图就是为了奖励员工以改进绩效，着眼点是当前行为。而提升职务，既要看绩效评价成绩，更要注重其品德及能力，着眼点是发展潜力。

绩效评价的目的、对象和内容不同，绩效评价的时间也不能一样。例如，思想觉悟及工作能力是不会迅速改变的，因此绩效评价间隔期可长一些，一般是一年一次；工作态度则变化较快，间隔期应短些，以便随时调整管理措施。不过也要视绩效评价对象而异，生产、销售人员可进行每月绩效评价，而专业技术人员、管理人员的工作短期内不易见效，绩效评价过于频繁，不但无实际意义，反而容易助长短期行为。

绩效评价的方法与绩效评价的内容是相互关联的。例如，为评选先进，绩效评价往往通过相互比较，择优推举。

6.4.2 技术准备

绩效评价是一项技术性很强的工作，主要包括：拟定绩效评价标准、选择或设计绩效评价方法、培训绩效评价人员等。

1. 拟定绩效评价标准

绩效评价必须有标准，以作为评价员工的尺度。一般分为绝对标准和相对标准。

（1）绝对标准

绝对标准是建立员工工作的行为特质标准，将达到该项标准的员工列入绩效评价范围，而不在员工相互之间作比较。绝对标准的评价重点在于以固定标准衡量员工，而不是与其他员工的表现作比较。例如顾客满意率要达到95%以上、文化程度要达到大学本科等。

（2）相对标准

相对标准是将员工的绩效表现相互比较，也就是以相互比较来评定个人工作的好坏，将被评价者按某种标准排名，或将被评价者归入先前决定的等级内，再加以排名。例如在评选先进时规定10%的员工可评为先进，此时每个人既是被比较的对象又是比较的尺度，因而标准在不同的被评价群体中往往有差别，而且无法对每一个人单独做出"行"还是"不行"的评判。

这里所说的绩效评价标准，主要是指绝对标准，包括绩效标准、行为标准及任职资格标准。

2. 选择或设计绩效评价方法

根据绩效评价目的确定需要哪些信息、从何处获取这些信息，以及采用何种方法收集这些信息，这就是选择、设计绩效评价方法要解决的问题。常用的搜集、记录绩效评价信息的方法有：考勤记录、工作日记、生产报表、备忘录、现场视察记录、立功记录、事故报告等。

3. 培训绩效评价人员

为了保证绩效评价质量，应对绩效评价人员进行培训，使他们明确绩效评价原则，熟悉绩效评价标准，掌握绩效评价方法，克服常见偏差。

6.4.3 搜集资料信息

绩效评价结果常常决定一个人在组织中的地位和前途，所以作为绩效评价基础的信息必须真实、可靠、有效。

搜集信息主要有以下 7 种方法。

① 生产记录法。指生产、加工、销售、运输、服务的数量和质量、成本等，均按规定填写原始台账。

② 定期抽查法。指由专职人员定期抽查生产、加工、服务的数量和质量，并做好详细记录。

③ 考勤记录法。指出勤、缺勤及是否请假，均记录在案。

④ 项目评定法。指采用问卷调查形式，指定专人对员工逐项评定。

⑤ 减分抽查法。指根据职务要求、岗位规范规定应遵守的项目，制定违反规定的扣分办法，并进行登记。

⑥ 限度事例法。指抽查基准水平以上的优秀行动或基准水平以下的不良行动，把特别好、特别不好的事例记录下来。

⑦ 指导记录法。指不仅记录下属的行动，而且将主管的意见及下属的反应也记录下来，既可考察下属又可考察主管的领导工作。

6.4.4 分析评价

这一阶段的任务是对员工个人的德、能、勤、绩等做出综合性评价。分析评价是一个由定性到定量，再到定性的过程。

1. 每一个评价项目评定等级

如工作数量、工作质量、出勤率、协作精神、创新意识等一般可分为 3~5 级。以出勤为例，员工绩效评价等级划分如表 6-2 所示。

表 6-2 员工绩效评价等级划分

等 级	优 秀	良 好	合 格	稍 差	不合格
表现情况	非常出色	比企业期望水平高	达到企业期望的基本水平	比企业期望水平低，但不妨碍业务正常进行	水平低，已经妨碍业务正常进行
以出勤为例	全年工作日无迟到	常常几个月无迟到	每月允许迟到 1~2 次	每月迟到 3~4 次	每月迟到 5 次以上

2. 评价项目量化

为了综合比较不同性质的项目，就必须分别予以量化，即赋予不同评价等级以不同数值。绩效评价项目赋值方法选择如表 6-3 所示，所列的赋值等级为 4 种。

表 6-3　绩效评价项目赋值方法选择

等级	优秀	良好	合格	稍差	不合格
等差非对称赋值	5	4	3	2	1
等差对称赋值	2	1	0	-1	-2
累计对称赋值	3	1	0	-1	-3
不对称非等差赋值	2	1	0	-2	-4

3. 同一项目不同绩效评价结果的综合

有时由若干绩效评价者对某一员工同一绩效评价项目同时进行绩效评价，但得出的结果不一定相同。为综合这些绩效评价意见，可采用算术平均法或加权平均法。

4. 不同项目绩效评价结果的综合

例如，要从总体上评价一个人的能力时，就要将其知识、推理判断能力、社会交际能力、语言表达能力等综合起来。在决定一个员工是否提薪时，要将其工作成绩、工作态度及能力综合起来。因此，必须给各个项目分配权值。确定各绩效评价项目权值的主要根据是绩效评价的目的、被评价者的阶层及具体职务等。绩效评价的目的不同，同一项目在整个评价体系中的地位就不同，赋予的权值也不一样。例如，日本某组织推荐提薪时的权值表如表 6-4 所示。

表 6-4　日本某组织推荐提薪时的权值表

因素		管理层	中间指导层	操作层
成绩	工作质	25	20	—
	工作量	25	10	—
	小计	50	30	—
态度	纪律性	—	8	20
	协作性	—	8	20
	积极性	10	12	20
	责任性	10	12	20
	小计	20	40	80
能力	知识技能	4	8	10
	判断能力	6	5	10
	筹划能力	5	5	—
	交涉能力	5	5	—
	指导管理能力	10	7	—
	小计	30	30	20
合计		100	100	100

6.4.5　绩效评价反馈

绩效评价反馈，即将绩效评价的意见反馈给被评价者。一般有两种形式：一是绩效评价意见认可；二是绩效评价面谈。通过面谈，不但可以准确地将绩效评价的结果告知员工，更重要的是在面谈中主管与员工可以进行面对面的交流，双方可以针对评价结果，共同制定出绩效改进的方案。为了有效地进行面谈，主管和员工事前都必须做好充分准备。为了拟订一套完善的绩效改进计划，应注意以下3个要点：计划内容要实际；计划要有时间性；计划要得到员工的认同。

6.4.6 绩效评价的审核

通常由人力资源部门对整个组织的员工绩效评价情况进行审核，处理绩效评价中双方具有较大争议和某些绩效异常的问题，同时对绩效评价后的各类人力资源管理活动提出建议。绩效评价审核主要集中在5个环节：审核绩效评价者；审核绩效评价程序；审核绩效评价方法；审核绩效评价文件；审核绩效评价结果。

6.5 绩效评价方法

科学有效的绩效评价方法，应该具有有效性、可靠性和准确性等基本特征。在绩效管理工作中，根据实际情况选择绩效评价的方法，能够保证组织对员工工作绩效做出更客观、更有价值的评价，从而有利于组织的人事决策，有利于员工改进工作及不足并促进其发展，使绩效评价真正成为提高绩效管理工作的有力工具和手段。

1. 关键事件法

关键事件法是指确定关键的工作任务以获得工作上的成功。关键事件是使工作成功或失败的行为特征或事件（如成功与失败、盈利与亏损、高效与低产等）。关键事件法要求分析人员、管理人员、本岗位人员将工作中的"关键事件"详细地加以记录，并在大量搜集信息后，对岗位的特征和要求进行分析研究。关键事件法是客观评价体系中最简单的一种形式，由美国学者弗拉赖根和贝勒斯于1954年提出。它是通过对工作中最好或最差的事件进行分析，对造成这一事件的工作行为进行认定，从而做出工作绩效评估的一种方法。

关键事件法为测评提供依据，包含3个重点：观察；书面记录员工所做的事情；有关工作成败的关键性的事实。其主要原则是认定员工与职务有关的行为，并选择其中最重要、最关键的部分来评定其结果。它首先从领导、员工或其他熟悉职务的人那里搜集一系列职务行为的事件，然后描述"特别好"或"特别坏"的职务绩效。这种方法考虑了职务的动态特点和静态特点。对每一事件的描述内容，包括：导致事件发生的原因和背景；员工的特别有效或多余的行为；关键行为的后果；员工自己能否支配或控制上述后果。

在大量搜集这些关键事件后，可以对它们进行分类，并总结出职务的关键特征和行为要求。这种方法的优点是针对性强，缺点是对关键事件的把握和分析可能存在偏差。

2. 叙述法

叙述法是指评价者以一篇简洁的记叙文来描述员工绩效的方法，包括描述工作行为或能力，还可以包括培训和提升计划、问题诊断的结果及绩效问题的解决途径。这种方法集中描述员工在工作中的突出行为，而不是日常每天的业绩。因此，在最终敲定叙述性绩效评估之前，最好留出时间来考虑叙述的内容。

不少管理者认为，叙述法不仅简单，而且是最好的一种评估方法，可根据环境、工作性质、聘任期长短或其他因素的不同来为每位员工写出不同的叙述评估。叙述法与工作类别挂钩，有助于改善绩效。叙述法的缺点是评估结果在很大程度上取决于评估者的主观意愿和文字水平。此外，由于没有统一的标准，不同员工之间的评估结果难以比较。

3. 强制正态分布法

强制正态分布法也称为"强制分布法""硬性分配法"。强制正态分布法主要适用于整体考核，是按照"两头小、中间大"的正态分布规律，提前确定一种比例，以将各个被评价者分别划分到每个工作绩效等级中去。强制正态分布法的分布比例如图 6-4 所示。强制正态分布法可以有效减少偏松或偏紧的误差。一般在评价中很容易产生这种情况：那些在工作中做出显著成绩的员工与那些工作得不错，但是并没有什么突出之处的员工等级差不多，或是一个部门中大部分员工的绩效等级都差不多，结果使企业的绩效考核体系没有起到应有的作用。强制正态分布法可以在员工之间形成更大的绩效评价等级差别，更容易发掘工作业绩优秀的员工。

应用强制正态分布法时应注意选择适用的组织（该组织应达到一定的人数规模），该方法比较适合于规模较大或相同岗位人数较多的组织。强制正态分布法也存在以下 3 个方面的局限性。

① 如果员工的业绩水平事实上不符合所设定分布的样式，那么按照评价者的设想对员工进行硬性区分容易引起员工不满。

② 只能把员工分为几种类别，难以具体比较员工差别，也不能在诊断工作问题时提供准确可靠的信息。

③ 强制区分。由于必须在员工中按比例区分出等级，预先确定的比例可能不符合员工工作表现的实际状况。

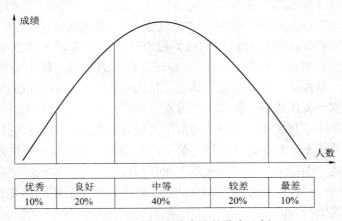

图 6-4　强制正态分布法的分布比例

4. 排序法

排序法也称排列法、简单排列法，是绩效评价中比较简单的一种综合比较方法，通常是由上级主管根据员工工作的整体表现，按照优劣顺序对员工依次进行排列。有时为了提高精度，也可以将工作内容进行适当的分解，分项按照优良顺序进行排列，再求项目汇总的次序。

这种方法的优点是简单易行，花费时间少，能使评价者在预定的范围内组织评价并将下属进行排序，从而减少评价结果过宽和趋中的误差。但是，由于排序法是相对比较的方法，评价者是在员工间进行主观比较，不适合员工工作表现和结果与客观标准进行比较，因此具有一定的局限性；另外，绩效评价时人数不能过多，而且只适用于评价同类职务的人员，不适合在跨部门人事调整方面应用。

5. 目标管理法

目标管理法是指由上级管理者与下级员工共同确定具体的可检测的绩效目标，并且定期检查这些绩效目标进展及完成情况的一种绩效评价方法。目标管理法属于结果导向型的考评方法，以实际产出为基础，评价的重点是员工工作成效和劳动结果。该方法用可观察、可测量的工作结果作为衡量员工工作绩效的标准，以制定的目标作为对员工考评的依据，从而使员工个人目标与组织目标保持一致，减少了管理者将精力放在与组织目标无关的工作上的可能性。

目标管理的内容包括以下4个方面。

（1）建立一套完整的目标体系

实行目标管理，首先要建立一套完整的目标体系。这项工作是从企业的最高主管部门开始的，然后由上而下逐级确定目标。上、下级的目标之间通常是一种"目的—手段"的关系。某一级的目标，需要用一定的手段来实现，这些手段就成为下一级的次目标，依次推下去，直到作业层的作业目标，从而构成一种锁链式的目标体系。

（2）确定部门目标及个人目标

制定目标的工作如同所有其他计划工作一样，需要事先拟定和宣传。部门目标是由部门主管和他们的上级领导共同制定的。部门主管根据本部门目标与本部门员工展开讨论，鼓励并要求员工制订个人的工作目标和计划。

（3）对制定的工作目标进行实施

目标制定后，主管人员就应放手把权力交给下级成员，而自己去抓重点的综合性管理。完成目标主要靠执行者的自我控制。如果在明确了目标之后，作为上级主管人员还像从前那样事必躬亲，便违背了目标管理的宗旨，不能获得目标管理的效果。当然，这并不是说上级在确定目标后就可以撒手不管。上级的管理应主要表现在指导、协助、提出问题、提供情报及创造良好的工作环境方面。

（4）实施控制和绩效评价

考核、评估、验收目标执行情况，是目标管理的关键环节。缺乏考评，目标管理就缺乏反馈过程，目标管理的目的就难以达到。对各级目标的完成情况，要事先规定出期限，定期进行检查。检查的方法可采用自检、互检和责成专门的部门进行检查。检查的依据就是事先确定的目标。对于最终结果，应当根据目标进行评价，并根据评价结果进行奖罚。

6. 绩效标准法

绩效标准法与目标管理法比较接近，它采用更直接的工作绩效衡量指标，通常适用于非管理岗位的员工。绩效标准法所采用的指标要具体、合理，要有时间、空间、数量、质量的约束，要规定完成目标的先后顺序，保证目标与组织目标的一致性。

相比于目标管理法，绩效标准法具有更多的评价标准，而且标准更加具体、详细。

7. 配对比较法

配对比较法也称相对比较法和两两比较法。该方法是将每一位员工按照所有的评价要素与其他员工逐一配对比较，然后把在逐一比较中被评为优的次数相加，用得到的总数来确定等级名次。应用配对比较法，能够发现每个员工在哪些方面比较出色，在哪些方面存在明显的不足和差距。在涉及的人员范围不大、数目不多的情况下宜采用该方法。

8. 行为锚定评价法

行为锚定评价法的最大特点是明确定义每一个评价项目，同时使用关键事件法对不同水平的工作要求进行描述。因此，行为锚定评价法为评价者提供了明确而客观的评价标准。其主要缺点是设计和实施成本比较高，经常需要聘请人力资源管理专家帮助设计，而且在实施以前要进行多次测试和修改，因此需要花费许多时间和金钱。

设计行为锚定评价法的步骤如下。

① 确定主管人员工作所包含的活动类别或者绩效指标。

② 主管人员为各种绩效指标撰写一组关键事件。

③ 由一组处于中间立场的管理人员为每一个评价指标选择关键事件，并确定每一个绩效等级与关键事件的对应关系。

④ 将每个评价指标中包含的关键事件从好到坏进行排列，建立行为锚定评价法考核体系。

9. 成绩记录法

成绩记录法是以主管人员的工作成绩记录为基础的考评方法。它是新开发出来的一种方法，比较适合于从事教学、科研工作的教师和专家，以及具有相同工作性质的人员。

成绩记录法的步骤：先由被评价者把自己与工作职责有关的成绩写在一张成绩记录表上，然后由其上级主管验证成绩的真实性，最后由外部的专家评价这些资料，从而对被考评人的绩效进行评价。

因为该方法需要从外部请专家参与评估，因此人力物力耗费较大，时间也很长。

单元小结

本章阐述了绩效管理与绩效评价的概念与原理，阐述了绩效管理的内容与方法。

绩效管理是人力资源管理体系的核心内容，是一个有序的、复杂的管理活动。绩效管理首先要明确组织与员工个人的工作目标，并在达成共识的基础上，采用行之有效的管理方法，不但要按期、保质、保量地达到和实现目标，还要考虑提升目标的可能性。绩效管理活动过程，不仅仅着眼于员工个人绩效的提高，而且还注重员工绩效与企业绩效的有机结合，最终实现企业总体效率和效能的提升。

绩效评价是组织依照预先确定的标准和一定的评价程序，运用科学的评价方法，按照评价内容和标准对员工的工作任务完成情况、员工的工作职责履行程度和员工的发展情况等做出客观、公正和准确的综合评判，并将上述结果反馈给员工的过程。员工绩效评价是一种正式的员工评估制度，它是通过系统的方法、原理来评定和测试员工在职务上的工作行为和工作成果。绩效评价是企业管理者与员工之间的一项管理沟通活动。绩效评价的结果直接影响到薪酬调整、奖金发放及职务升降等。

思考与实践

一、复习思考题

1. 什么是绩效?它具有哪些性质?
2. 什么是绩效管理?绩效管理的目的是什么?
3. 简述绩效管理的过程。
4. 绩效管理的基本原则有哪些?
5. 绩效管理的方法有哪些?它们各有哪些优缺点?
6. 怎样获得员工的绩效评价信息?信息来源有哪些?
7. 为什么要进行绩效信息反馈?如何进行信息反馈面谈?
8. 什么是绩效评价?绩效评价的主体有哪些?
9. 简述绩效评价的程序。绩效评价的方法有哪些?

二、案例分析

案例1　新星公司所面临的员工考评问题

新星公司是一家小型公司。创业初期,降低成本、提高销售额是公司的总目标。由于业务繁忙,公司没有时间制定一套正式的完整的绩效评价制度,只是由公司老总李志强兼任人力资源总监,采取了一些措施。例如,他会不定期地对业务好的员工提出表扬,并给予物质奖励,也对态度不积极的员工提出批评;一旦员工的销售业绩连续下滑,他会找员工谈心,找缺陷,补不足,鼓励员工积极进取。

现在公司规模扩大,已经由最初的十几个人发展到上百人。随着规模的不断扩大,管理人员和销售人员增加,出现了员工流失率居高不下、员工士气不高的问题。李志强不得不考虑,是否应该建立正式的绩效考评制度,以及如何对管理人员进行考评等问题。

(资料来源:http://wenku.baidu.com/view/bd071e17a8114431b90dd81c.html)

讨论与训练

(1) 你认为有必要在该企业建立正式的绩效考评制度吗?请说明具体原因。

(2) 假如你是李志强,请为销售人员或管理人员设计一套绩效考评方案,并说明设计的原因。

案例2　张红的苦恼

张红在一家公司做基层主管已经3年。这家公司以前不是很重视绩效考评,依靠所拥有的资源,公司发展很快。去年,公司从外部引进了一名人力资源总监,至此公司的绩效考评制度才开始建立起来,公司中的大多数员工也逐渐知道了一些有关员工绩效管理的具体要求。

去年年终考评时,上司要同张红谈话,张红很是不安。虽然张红本人对一年来的工作很满意,但是不知道上司对此怎么看。张红是一个比较"内向"的人,除了工作上的问题,不怎么和上司交往。在谈话中,上司对张红的总体表现是肯定的,同时也指出了工作中需要改进的地方。张红同意上司的意见,知道自己有一些缺点,整个谈话过程是令人愉快的,离开上司办公室时感觉也不错。但是，当张红拿到上司给他的年终考评书面报告时，感到非常震惊，甚至难以置信。书面报告中写了很多缺点，而成绩、优点只有一点点。张红觉得这样的报告好像有点"不可理喻"。张红从公司公布的"绩效考评规则"上知道，书面考评报告是要长期存档的，这将对自己今后在公司的工作影响很大。

（资料来源：http://wenku.baidu.com/view/bd071e17a8114431b90dd81c.html）

讨论与训练

（1）绩效面谈在绩效管理中有什么作用？人力资源部门应该围绕绩效面谈做哪些方面的工作？

（2）张红感到不安和苦恼，导致这样的结果其原因何在？怎样做才能避免这些问题的产生？

案例3　营业员的绩效设计

丙公司是一家百货商场，包括管理人员在内共有700多人。由于大家齐心努力，公司销售额不断上升。到了今年年终，丙公司又开始了一年一度的绩效考评，因为每年年底的绩效考评与奖金挂钩，大家都非常重视。人力资源部将一些考评表发放给各个部门的经理，部门经理在规定的时间内填写表格，再交回人力资源部。

许经理是营业部的经理，他拿到人力资源部送来的考评表格却不知该怎么办。表格主要包括了对员工工作业绩和工作态度的评价。工作业绩一栏分为5档，每一档只有简短的评语，如超额完成工作任务、基本完成工作任务等。由于种种原因，年初许经理并没有将员工的业绩目标清楚地确定下来，因此在业绩考评时无法判断谁超额完成任务、谁没有完成任务。工作态度就更难填写了，由于平时没有收集和记录员工的工作表现，到了年底，仅对近一两个月的事情有一点记忆。

由于人力资源部催得紧，许经理只好在这些考评表勾勾圈圈，再加上一些模棱两可的评语，草草地将考评表交给了人力资源部。想到这些绩效考评要与奖金挂钩，许经理感到这样做不妥，他决定向人力资源部建议重新设计本部门员工的考评方法。

（资料来源：http://wenku.baidu.com/view/bd071e17a8114431b90dd81c.html，有改动）

讨论与训练

（1）该公司绩效管理存在哪些问题？应该如何改进和加强？

（2）请你替许经理分析，选择对营业员的绩效考评方法时应该注意哪些问题？

案例4　通达公司员工的绩效管理

通达公司成立于20世纪50年代初，目前公司有员工1 000人左右。总公司本身没有业务部门，只设有一些职能部门，总公司下有若干子公司，分别从事不同的业务。

绩效考评工作是公司重点投入的一项工作，公司的高层领导非常重视。人事部具体负责绩效考评制度的制定和实施，并在原有考评制度的基础上制定了《中层干部考评办法》。在每年年底正式考评之前，人事部会出台当年的具体考评方案，以使考评具有操作性。

考评小组由公司的高层领导与相关的职能部门人员组成。考评程序为：被考评者填写述职报告，在单位召开的全体员工大会上述职，民意测评（范围涵盖全体员工），向科级干部甚至全体员工征求意见（访谈），考评小组进行汇总写出评价意见并征求主管副总经理的意见后报公司总经理。

考评内容主要包含3个方面：被考评单位的经营管理情况，包括该单位的财务情况、经营情况、管理目标的实现等；被考评者的德、能、勤、绩及管理工作情况；下一步工作打算，重点努力的方向。具体的考评细则侧重于经营指标的完成、政治思想品德，对于能力的定义则比较抽象。

对中层干部的考评完成后，公司领导在年终总结上进行说明，并将具体情况反馈给个人。尽管考评方案中明确规定考评与人事的升迁、工资的升降等挂钩，但最后的结果总是不了了之，没有任何下文。

对于一般员工的考评则由各部门的领导掌握。子公司的领导对于下属的考评通常是以经营指标的完成情况来进行。对于非业务人员的考评，无论是总公司还是子公司均由各部门的领导自由进行。对于被考评人来说，很难从主管处获得对自己业绩优劣评估的反馈，只是到了年度奖金分配时，部门领导才会对自己的下属做一次简单的排序。

（资料来源：http：//wenku.baidu.com/view/bd071e17a8114431b90dd81c.html）

讨论与训练

（1）绩效管理在人力资源管理中有何作用？这些作用在通达公司是否有所体现？

（2）通达公司的绩效管理存在哪些问题？如何才能克服这些问题？

三、实践训练

某商业企业人力资源绩效管理

1. 实训目的

通过训练，进一步理解绩效管理的基础理论知识，运用绩效管理系统的基本内容，制定绩效管理制度，掌握绩效管理的基本方法。

2. 实训内容

每个小组选择本地有代表性的不同的商业企业，搜集整理一份公司的背景资料，要明确行业、运营现状、生产经营规模等必要的信息，进而实施该企业的人力资源绩效考评工作。

① 每小组分别进行背景资料准备。

② 建立员工绩效考核标准。

③ 设计绩效考评面谈大纲。

④ 编制企业绩效考评方案。

⑤ 各小组进行总结汇报。

3. 实训方式

① 5~6人分为一个小组，确定小组负责人，并进行人员分工。

② 每小组搜集整理一家公司的背景资料，作为本组的任务对象。

③ 每小组为考评的公司编制一份绩效考评方案。

4. 实训能力体现

组织协调能力、调查研究能力、统筹分析能力、文字与语言表达能力。

5. 实训步骤

（1）每小组分别进行背景资料准备

搜集整理一份公司的背景资料，要明确行业、运营现状、生产经营规模等必要的相关信息。

(2) 建立员工绩效考核标准

① 员工绩效考核标准包括员工工作的几个有评估价值的方面，应包含：一级指标（考核的具体项目）、二级指标（对应性的绩效指标）、相应的绩效考核标准及各指标的权重值。

② 考核指标层次不宜过多，但至少应该分为两级，一级考核指标包括工作业绩、工作能力、技术水平、工作态度等，在此基础上按照岗位性质和职责分解制定相应的二级考核指标。

③ 设计一份针对基层员工的绩效考评表格，注意该表格不能一次定稿，须由本小组成员填写后进行结果反馈，在此基础上发现表格存在的问题，进行修改后方可定稿。

(3) 设计绩效考评面谈大纲

① 各小组针对各自的案例公司，为部门领导设计一份针对本部门下属的绩效考评面谈大纲，列出需要与下属沟通的主要问题。

② 针对优秀的下属，绩效差的下属，没有显著进步的下属，年龄大、工龄长的下属，过分雄心勃勃的下属，工作热情低落的下属等，分别设计出具有针对性的绩效考评面谈大纲。

(4) 编制企业绩效考评方案

① 方案需要包括绩效考评的时间进度安排、人员安排等。

② 方案需涉及绩效考评的实施反馈阶段，即绩效考评的结果如何体现到员工的具体工作中，从而切实促进员工绩效的提高。

(5) 各小组进行总结汇报

① 各小组之间对成果进行交叉评阅。

② 教师引导学生对各小组的成果进行分析、评价。

6. 实训考评

实训考评评价表如表 6-5 所示，每个小组负责人在全班汇报本次实训项目的实施和完成情况。

表 6-5 实训考评评价表

要求	评分标准及量分幅度				得分
	优秀	良好	中等	差	
选择企业及绩效考评工作岗位恰当合理（5分）	5	4~3	2~1	0	
调查认真详细，资料搜集全面（5分）	5	4~3	2~1	0	
资料分析科学合理，能根据企业和工作岗位实际分析（10分）	10~9	8~6	5~3	2~0	
能应用人力资源管理知识分析问题（10分）	10~9	8~6	5~3	2~0	
企业人员绩效考评方法选择科学、合理（10分）	10~9	8~6	5~3	2~0	
绩效考评方案内容丰富、文字流畅、逻辑严谨、详略得当（15分）	15~13	12~10	9~6	5~0	
设计的绩效考评方案可操作性强（5分）	5	4~3	2~1	0	
绩效考核标准设计科学、全面（5分）	5	4~3	2~1	0	

续表

要 求	评分标准及量分幅度				得分
	优秀	良好	中等	差	
绩效面谈问题设计科学、富有人性化,切实可行(5分)	5	4~3	2~1	0	
团队合作良好,凝聚力强(10分)	10~9	8~7	6~4	3~0	
实训过程严谨,内容安排合理(10分)	10~9	8~6	5~3	2~0	
汇报过程全面简洁,重点突出(10分)	10~9	8~6	5~3	2~0	
合计(100分)					

第 7 章

薪 酬 管 理

【学习目标】

通过薪酬管理的学习，理解薪酬管理的基本内涵、基本原理，掌握薪酬管理的原则和方法，运用所学的知识设计薪酬管理制度并进行薪酬管理。在薪酬管理原则的指导下，运用所学的知识和技能，解决薪酬管理工作中的各种实际问题，提高实际业务工作的能力。

案例导读

"人才荒"与薪酬杠杆

S公司地处南京市珠江路电子一条街，从事计算机销售、系统集成、软件开发等业务，员工主要由软件开发人员、系统集成人员、营销人员和行政人员、财务人员组成。在创业之初，公司力图通过降低人工成本来提高产品的竞争力，各类人员的薪酬定位处于当地同行业薪酬区间的下限，员工往往干上半年左右就走人，更谈不上招到有经验的人才。2007年秋，当公司承接大批新型通信软件产品订单时，因严重缺乏软件开发人员，不得不到人才市场突击招人，但是"远水解不了近渴"。

为了摆脱困境，S公司在2008年把员工薪酬调整到珠江路同类企业的平均水平，招到了一批有经验的技术人员和管理人员，员工离职周期延长，技术人员年流失率降至25%以下。此时，公司运营稳定，产销量日益增加。尽管如此，公司仍然未吸引到业务发展急需的一流软件工程师和项目经理。此外，由于薪酬计发随行就市、变动频繁，公司内部工资结构关系开始紊乱，在处理分配问题上比较被动、滞后，使不少员工对薪酬分配发生争议、攀比，一些骨干人员也因此离开了公司。

2010年下半年，公司经营形势一片大好。为了"尽快网罗业内一流人才，抓住有利时机迅速发展壮大公司",S 公司决定以领先于当地同类企业的薪酬水平来调整公司的薪酬方案。例如,软件工程师月薪定在 6 000~8 000 元,项目经理为 15 000~20 000 元,市场推广经理为 9 000~9 500 元,营销人员底薪定在 3 000~4 000 元等。实行新的薪酬标准后,公司对高素质人才的吸引力明显增强,每次对外招聘时应聘者云集,一个普通的岗位也常常会有十几人来应聘。企业的形象和知名度提高,离职率降至 8%以下,员工素质和结构大为改善。

然而,这一策略在实行一段时间后,又出现了新的棘手问题。一是由于在产品市场上竞争者众多,公司对员工实行高薪酬并未带来经营利润的同步高增长,人工成本的大幅增加对企业造成了持续压力。二是由于员工的起薪水平高,现金支付量大,公司设置的加薪频率和幅度较小,同岗位人员的薪水差别不大,上升的空间小,随着时间的推移,其他公司的员工薪酬水平不断增长,逐渐赶上 S 公司的薪酬水平,一些紧俏人才的离职倾向又开始抬头。三是由于按岗定薪,薪酬水平较高,人才的流动率大大降低,过去靠人员自然流动就能解决的人员更替和人岗优化工作难以为继,出现了"想让走的人不愿走,不想让走的人却要走"的尴尬局面,致使一些有能力、有潜力却没有重要职位的中青年骨干不断离开公司。

(资料来源:根据互联网资料改写)

案例启示

薪酬管理是人力资源管理的关键环节之一。一个运行良好的、公平的薪酬系统不仅能对外产生强大的吸引力,而且还能极大地激励内部员工达成组织目标,创造高质量的绩效。在现代人力资源管理中,薪酬不仅具有传统的功能,而且被赋予了很多全新的内涵,薪酬管理如何与组织发展及人力资源战略紧密地结合在一起,成为组织战略实现的重要工具。本章将围绕这一问题进行薪酬管理的实质、功能、内容及管理过程中的薪酬方案设计与薪酬福利制度选择等方面进行探讨与学习。

7.1 薪酬概述

7.1.1 薪酬的含义及其实质

薪酬是一个界定比较宽泛、内容十分丰富的概念,不同的人对薪酬的理解和认识往往存在较大的差异。国际劳工组织《1949 年保护工资条约》中将工资定义为:不论名目或计算方式如何,由雇主受雇者已完成和将要完成的工作及已提供或将要提供的服务,凭书面或口头雇佣合同支付的薪金(亦是受雇者的收入),所支付的薪金可以货币结算并由协议或国家法律或条款予以确定。这里的"工资"是狭义的"工资"概念,主要是指基本工资或标准工资。现实中,广义的"工资"就是我们所指的"薪酬",也就是指直接物质回报的部分,是企业对员工所做的贡献,包括员工实现的绩效,付出的努力,时间、技能、经验等所支付的直接或间接货币,包括基本工资、奖金、津贴、福利等内容。从法律角度来看,薪酬是企业对其员工已完成或将要完成的工作或者已提供或将要提供的服务以货币为结算单位,由共同协议或国家法律法规或政策确定,并凭个人劳动合同支付的报酬,是工资与薪金的统称。

薪酬实质上是企业和员工之间的一种交易，是公平的交换或交易。员工拿自己用时间、努力与劳动所创造的成果来换取企业所愿意给付的工资或薪金。

7.1.2 薪酬的构成

薪酬既包括企业向员工提供的经济性的报酬，又包括企业为员工创造的良好工作环境及工作本身的内在特征、组织特征等所带来的非经济性的报酬，又被称为总体薪酬。薪酬的构成如图7-1所示。

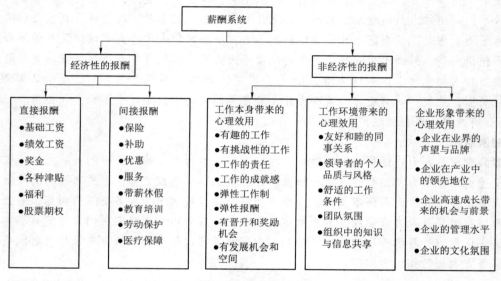

图7-1 薪酬的构成

从图7-1可以看出，企业向员工提供的总体薪酬包括经济性的报酬和非经济性的报酬两个部分。

经济性的报酬又包括直接报酬和间接报酬。直接报酬主要包括基础工资、绩效工资、奖金、各种津贴、福利、股票期权等。间接报酬是指企业向员工提供的各种福利，如保险、补助、优惠、服务、带薪休假、教育培训、劳动保护、医疗保障等。

非经济性的报酬包括工作本身带来的心理效用、工作环境带来的心理效用和企业形象带来的心理效用。

① 工作本身带来的心理效用包括：有趣的工作、有挑战性的工作、工作的责任、工作的成就感、弹性工作制、弹性报酬、有晋升和奖励机会、有发展机会和空间等。

② 工作环境带来的心理效用包括：友好和睦的同事关系、领导者的个人品质与风格、舒适的工作条件、团队氛围、组织中的知识与信息共享等。

③ 企业形象带来的心理效用包括：企业在业界的声望与品牌、企业在产业中的领先地位、企业高速成长带来的机会与前景、企业的管理水平、企业的文化氛围等。

这些非经济的心理效用也是影响人们进行工作选择和职业选择的重要因素，并成为企业吸引人才、保留人才的重要工具和手段。

虽然非经济性的报酬是总体薪酬的重要组成部分，但在薪酬管理研究中企业经济性的报酬是研究的重点。经济性的报酬一般由以下6部分构成。

1. 基础工资

基础工资是企业按照一定的时间周期，定期向员工发放的固定报酬。基础工资主要反映所承担的职位的价值或者员工所具备的技能或能力的价值，即分别是以职位为基础的基础工资和以能力为基础的基础工资，就是通常所说的职位工资和能力工资。在国外，基础工资往往有小时工资、月薪和年薪等形式；在我国大多数企业中，提供给员工的基础工资往往以月薪为主，即每月按时向员工发放固定工资。

2. 绩效工资

绩效工资是根据员工的年度绩效评价结果而确定的对基础工资的增加部分，它是对员工优良工作绩效的一种奖励。在我国，绩效工资被称为绩效提薪。它与奖金的差别在于，奖金并不是基础工资永久性的增加部分，而只是一次性的奖励。

3. 奖金

奖金也称为激励工资或可变工资，是在薪酬发放中根据员工的工作绩效进行浮动发放的部分。奖金可以与员工的个人业绩挂钩，也可以与员工所在团队的业绩挂钩，还可以与企业的整体业绩挂钩。

4. 各种津贴

津贴是对员工工作中的不利因素的一种补偿，它与经济学理论中的补偿性工资相关。例如，企业对从事夜班工作的员工，往往给予额外的夜班工作津贴；对于出差的员工，也往往给予一定的差旅补助。但津贴不构成薪酬的核心部分，它在整个薪酬体系中所占的比例往往较小。

5. 福利

福利是指企业通过建立各类补贴制度和举办各种文化体育活动，为员工提供方便，减轻员工生活负担，丰富员工文化生活而进行的一系列活动的总称。它是个人消费品分配的一种形式，同时也是报酬分配的一个重要组成部分。福利和工资分配所依据的原则不同，工资分配所依据的是"按劳分配"的原则，其水平根据员工劳动的数量、质量确定，而福利则是根据整个社会的生活和消费水平，有条件、有限度地解决和满足员工的物质文化需要。在现代社会中，福利的形式和内容非常多，国内外已经设计和使用过的就不下百种。

6. 股票期权

股权主要包括员工持股计划和股票期权计划。员工持股计划主要针对企业中的中低层员工，而股票期权计划则主要针对中高层管理人员、核心业务和技术人员。员工持股计划和股票期权计划不仅是针对员工的一种长期报酬形式，而且将员工的个人利益与企业的整体利益相关联，是优化企业治理结构的重要方式，是现代企业动力系统的重要组成部分。近年来，股权计划已经越来越多地受到我国企业的青睐。

7.1.3 薪酬的功能

1. 企业方面的功能

对于企业而言，薪酬的功能主要表现在以下4个方面。

（1）激励功能

薪酬是个人和组织之间的一种心理契约，这种契约通过员工对于薪酬状况的感知而影响员工的工作行为、工作态度及工作绩效，即产生激励作用。激励功能是薪酬的核心职能。薪酬是企业人力资源管理的工具，管理者可以通过薪酬反映雇员的工作绩效，促进雇员工作数量和质量的提高，保护和激励雇员的工作积极性，并有助于吸引和留住好的员工。为了提高企业的绩效和竞争优势，薪酬管理越来越强调激励效果。研究结果表明，绝大多数管理人员和员工认为工作绩效水平应该是决定薪酬增长的最重要因素。同时企业薪酬水平也是企业实力的体现，企业要想获得在未来劳动力市场上的竞争优势，就需要保持高于其他企业的薪酬水平，以吸引所需要的人才。

（2）控制经营成本

对于任何企业来说，薪酬本身就是企业正常经营状况得以维持的一项不容忽视的成本支出。过高的薪酬水平会提高产品的成本，从而影响企业产品的竞争力。因此，一方面企业为维持正常经营必须支付员工的人力成本，另一方面企业出于产品或市场上的竞争压力又不能不注意控制薪酬成本。企业通过合理地控制薪酬成本，可以将自己的总成本降低 40%～60%。由此可见，薪酬成本的可控程度是相当高的。对大多数企业来说，有效地控制薪酬成本对于经营成功具有重大意义。

（3）支撑企业总体战略实现，提升企业经营绩效

科学、有效、合理的薪酬管理机制能有效地衔接企业总体战略实现所需要的员工、团队与组织之间的关系，使人力资源得到最大限度的开发与利用。企业良好的薪酬管理机制对员工的工作行为、工作态度及工作业绩具有直接影响，决定了现有员工受到激励的状况，影响他们的工作效率与效能、对组织的归属感及忠诚度，从而影响企业总体战略的实现。从这个层面来说，薪酬实际上是企业向员工传递的一种信号——什么样的工作行为、态度、业绩是受到鼓励的，从而引导员工的工作行为、工作态度及工作绩效向企业期望的方向发展，以达到提升企业整体经营绩效的目的。

（4）塑造和强化企业文化

薪酬影响员工的工作行为和工作态度。一项薪酬制度可能促进企业塑造良好的文化氛围，也可能与企业现有的价值观形成冲突。薪酬的导向作用，要求企业必须建立科学合理并具有激励性的薪酬制度，从而对企业文化的塑造起到积极的促进作用。

2. 员工方面的功能

（1）经济保障功能

薪酬是员工以自己的付出为企业创造价值而从企业获得的经济上的回报。对于大多数员工来说，薪酬是他们的主要收入来源，它对于员工及其家庭的生活所起到的保障作用是其他任何收入手段都无法替代的。当然，薪酬对于员工的保障并不仅体现在它要满足员工在吃、穿、用、住、行等方面的基本生存需要，而且体现在它要满足员工在娱乐、教育、自我开发等方面的发展需要。总之，员工薪酬水平的高低对于员工及其家庭的生存状态和生活方式所产生的影响是非常大的。

（2）激励功能

员工对薪酬状况的感知可以影响员工的工作行为、工作态度及工作绩效，即产生激励作用。根据马斯洛的需求层次理论，员工对于薪酬的需要也是有层次的。从激励的角度来说，

员工的薪酬层次得到满足的程度越高,则薪酬对员工的激励作用就越大;反之,则很可能产生消极怠工、工作效率低下、人际关系紧张、缺勤率和离职率上升、组织凝聚力和员工对组织的忠诚度下降等多种不良后果。如果员工能够获得比他人更高的薪酬,就会认为是对自己能力和所从事工作的肯定,从而达到激励的目的。

(3) 社会信号功能

薪酬作为一种信号,可以很好地反映一个人在社会流动中的市场价格和社会位置,同时也可以反映员工在组织内部的价值和层次,从而成为识别员工的个人价值和成功的一种信号。因此,员工对这种信号的关注实际上反映了员工对自身在社会及组织内部的价值的关注。从这方面来说,薪酬的社会信号功能是企业不能忽视的。

此外,薪酬还具有对社会劳动力资源的再配置功能。市场薪酬信息时刻反映着劳动力的供求和流向等情况,并能自动调节薪酬的高低,使劳动力供求和流向也逐步趋向平衡。劳动力市场通过薪酬的调节,可以实现劳动力资源的优化配置,并调节人们择业的愿望和就业的流向。

7.1.4 薪酬管理的含义和内容

企业的薪酬管理就是在人力资源总体布局下,企业根据所有员工提供的劳务对企业报酬的支付标准、发放水平、要素结构进行确定、分配和调整以利于实现企业战略目标的过程。简言之就是对工资、奖励、佣金和利润分成等薪酬要素的确定和调整过程。企业的薪酬管理一般包括以下5个方面的内容。

1. 薪酬水平的确定及其调整

薪酬水平管理是薪酬管理的核心内容,薪酬水平的高低直接影响到企业吸引、保留和激励人才。但企业都有人工成本控制问题,企业必须同时考虑员工薪酬水平的外部竞争力和企业人工成本承受力。因而,企业应经常关注市场薪酬水平的变化,结合企业的实际情况进行薪酬水平的调整。同时企业还应从企业内部经营管理上建立科学规范的岗位价值评估体系、能力评估体系和绩效评估体系,使企业薪酬水平的确定有科学可靠的依据和基础。

2. 薪酬结构的改善

薪酬结构管理是指关于薪酬构成要素及各要素所占比率的管理。薪酬结构应随行业、企业和岗位特征的不同而有所变化,通过薪酬要素和比率的选择,将组合出不同的薪酬结构。不同的薪酬结构,在支付相同的人工成本的前提下,将产生不同的激励效果。因此,薪酬结构的有效管理将提高所支付人工成本的使用效率。

3. 薪酬制度的设计

薪酬制度的设计是指在薪酬调查基础上确定薪酬总额,然后根据薪酬制度确定企业的薪酬水平与结构,同时形成企业支付报酬的一整套的制度体系与规范。薪酬制度设计的科学与否关系到企业内部各不同工种、不同部门的员工能否真正协调凝聚起来。

4. 薪酬预算与成本的控制

薪酬预算是指企业管理者在薪酬管理过程中进行的一系列成本开支方面的权衡和取舍。薪酬预算是薪酬控制的重要环节,准确的预算可以保证企业在未来一段时间内的薪酬支付受到一定程度的调整和控制。薪酬预算要求管理者在进行薪酬决策时,综合考虑企业的财务状况、薪酬结构及企业所处的市场环境等因素,确保企业的薪酬成本不超出企业的承受能力。

5. 薪酬沟通

企业的薪酬管理体现在薪酬的设计是否科学合理上。企业管理者不仅要使设计的薪酬方案能达到预期的目的，成为企业有效的激励手段，还必须采取适当有效的方式和员工进行沟通。有效的沟通能促使员工更好地理解企业薪酬支付的思想与理念，让员工全面细致地了解所处岗位在薪酬方案中所处的位置及努力的方向，同时也有利于企业薪酬方案的进一步完善与成熟。

7.1.5 薪酬管理的原则

1. 公平性原则

企业员工对薪酬分配的公平感，也就是对薪酬发放是否公正的判断和认识，是设计薪酬系统和进行薪酬管理的首要原则。

薪酬的公平性原则可以分为以下 4 个层次。

（1）外部公平性

外部公平性是指同一行业或同一地区或同等规模的不同企业类似职务的薪酬应大致相同。

（2）内部公平性

内部公平性是指同一个企业中不同职务所获得的薪酬应正比于各自的贡献。只要比值一致，就会被认为是公平的。工作评价是决定内部公平的首要方法。

（3）员工公平

员工公平是指企业根据员工的个人因素（诸如业绩水平和学历等），对完成类似工作的员工支付大致相同的薪酬。

（4）团队公平

团队公平是指企业中不同任务小组所获得的薪酬应正比于各自小组的绩效水平。如果员工感到自己得到了不公正的薪酬，他们将不会尽力工作，甚至会离开企业。无论产生哪种不公平，都会损害企业的整体利益。

为了保证企业薪酬系统的公平性，领导及人力资源管理者在设计薪酬系统时应注意以下 3 个方面。

① 企业的薪酬制度应有明确、一致的要求作指导，并有统一的、可以说明的规范作根据。

② 薪酬系统要有民主性和透明度。当员工能够了解和监督薪酬政策与制度的制定和管理并能对政策拥有一定的参与和发言权时，猜疑和误解便易于化解，不公平感也会显著降低。

③ 企业要为员工创造机会均等、公平竞争的条件，并引导员工把注意力从结果均等转移到机会均等上来。单纯的收入与贡献比相等并不能代表公平，实际上机会大者占了便宜而机会小者吃了亏。

2. 竞争性原则

在人力资源市场中，企业的薪酬标准要有吸引力，这样才能战胜竞争对手，吸引所需人才。究竟应将企业摆在市场价格范围的哪一段，要视企业财力、所需人才获得性的高低等具体条件而定。但企业薪酬标准要具有竞争力，开价至少不应低于市场平均水平。

3. 激励性原则

企业要在内部各类、各级职务的薪酬水准上适当拉开差距，真正体现按劳、按贡献分配的原则。

4. 经济性原则

提高企业的薪酬水准，固然可以增强企业在薪酬方面的竞争性和激励性，但同时不可避免地会导致企业人力成本的上升，所以薪酬制度不能不受经济的制约。企业在对人力成本进行考察时，不能仅看改善薪酬水平的高低，还应联系员工绩效的质量水平。事实上，后者对企业产品的竞争力的影响远大于成本因素。

能力链接

中国企业薪酬体系 8 大问题

著名薪酬管理专家、中国人民大学人力资源开发与管理研究中心副主任刘昕博士曾给众多国有企业、民营企业、外资企业提供薪酬咨询服务。根据多年的薪酬管理咨询实践，他发现，中国企业薪酬体系存在 8 大突出问题。

1. 假岗位工资

企业的基本薪酬体系与岗位价值联系不大，工资体系更多地与行政级别、资历挂钩。

2. 绩效薪酬演变为另外一种固定薪酬

绩效薪酬设计不合理，最后当固定工资发，人人有份。

3. 绩效考核体系设置不合理

不合理的绩效考核体系，可能导致一个能力强、绩效好的员工没有得到奖金，绩效不好的员工却拿了高额奖金。

4. 薪酬局部发力，总量失衡

例如有的企业执行局部浮动工资，没有根据岗位价值控制该岗位的工资总量，结果有的低价值岗位的人，其加上浮动部分后的工资总额远远高于该岗位价值允许的最高工资。

5. 薪酬体系与战略、文化不匹配

企业文化鼓励创新，实际上却又只根据职位、资历发工资；又如创新型企业应该允许犯错误，但企业实行的是犯错扣分制度，从而导致经常创新的人被罚，不创新不犯错的人却得奖励。

6. 盲目的工资保密制度

薪酬体系应该是公开的，薪酬体系鼓励什么、反对什么，具有导向和沟通作用，所要保密的，只是每个人的工资数据。

7. 忽视非物质激励

把激励单纯等同于现金，忽视领导赏识、认可等非物质激励。

8. 不注重薪酬与外部市场接轨

有些企业特别是国有企业，天天讲奉献、讲忠诚，不注重薪酬与外部市场接轨。

（资料来源：http://www.foodmate.net/hrinfo/xinchou/32928.html）

5. 合法性原则

企业薪酬制度必须符合国家的政策法规。例如,根据北京市人力资源和社会保障局最低工资标准,从 2016 年 9 月 1 日起,企业最低工资标准将上调 170 元,达到 1 890 元。

最低工资标准通常包含 3 个部分:一是维持劳动者本人最低生活的费用,即对劳动者从事一般劳动时消耗体力和脑力给予补偿的生活资料的费用;二是劳动者平均赡养人口的最低生活费;三是劳动者为满足一般社会劳动要求而不断提高劳动标准和专业知识水平所支出的必要费用。最低工资一般由一个国家或地区通过立法制定。

6. 战略性原则

随着人力资源管理进一步上升为企业的战略地位,企业的薪酬管理也应该相应地在企业总体的战略规划与指导下进行。企业的薪酬管理要围绕企业总体战略目标的实现来进行,从薪酬制度的设计、调整到运营管理均要围绕企业的总体目标来进行,使企业总体战略目标能体现在薪酬管理的具体活动与运营管理中,从而实现薪酬管理的战略意义。

7.2 薪酬方案设计

7.2.1 薪酬调查

薪酬调查就是通过一系列标准、规范和专业的方法,对市场上各职位进行分类、汇总和统计分析,形成能够客观反映市场薪酬现状的调查报告,为企业提供薪酬设计方面的决策依据及参考。薪酬调查是薪酬设计的重要组成部分,是企业确定薪酬政策、确保薪酬外部公平性的依据,它重点解决的是薪酬的对外竞争力和对内公平性问题。

1. 调查目的

薪酬调查的目的主要体现在以下 5 个方面。

① 寻找薪酬设计的参考依据。

② 比较企业现行薪酬结构与市场结构的差异,进而对企业薪酬结构进行调整,以保持企业薪酬的竞争力,避免人才流失。

③ 显示不同职级之间的薪酬差异,为企业制定薪酬政策提供必要的依据。

④ 为企业确定合理的人工费用提供必要的参考资料。

⑤ 了解其他企业薪酬管理的最新发展趋势,有助于企业判断自己是否有必要顺应潮流来实施某种新的薪酬管理实践。

2. 调查程序

(1)确定薪酬调查的范围与内容

薪酬调查的范围主要包括:同行业中同类型的其他企业;其他行业中有相似工作的企业;录用同类员工,可构成竞争关系的企业;工作环境、经营策略、薪酬与信誉均处于一般标准的企业;与本企业距离较近,在同一劳动力市场录用员工的企业。

薪酬调查的内容主要是调查被列入调查范围内的有关企业的资料,这些资料包括:名称、地址、员工人数、企业规模、营业额、经营的行业、企业财产等;有关薪酬的资料,包括基本工资、福利、调资措施、薪酬结构、工作时数、假期等；有关职位与员工类别的资料，包括工作类别、员工类别、员工的实际薪酬率、总收入、最近一次的加薪额、奖金及津贴。

（2）实施调查

企业可以在取得其他被调查企业的支持下，采用电话、发放调查问卷或访谈等方式进行调查，也可以通过咨询企业来实现调查。一次好的市场调查要能保证数据的代表性和质量。

（3）调查资料的整理与统计

企业在薪酬调查完毕后，应根据收集到的数据进行统计分析和整理。调查资料的价值不仅仅体现在数据的多少上，关键在于调查者从获得的信息中得到的启示，所以必须对调查资料进行各种数据的计算、统计，并根据统计结果形成调查报告。报告内容应包括：资料概述；个别职位薪酬资料统计；所调查单位的编号、员工规模、基本薪酬及范围、平均薪酬额；全部调查职位的薪酬总表与各单位薪酬总额统计。

7.2.2 薪酬总额测算

好的薪酬制度应是可控的。薪酬体系的调整本身就是一项经济性行为，而且由于薪酬"能上不能下"的刚性特点，薪酬总额一旦上去了再想下来就比较困难。因此，每一项薪酬调整都必须做好预测工作，除了总额测算之外还要进行岗位测算。总额测算能保证薪酬总额符合企业发展阶段的需要，并与企业效益挂钩。总额测算不仅仅是静态的测算，更重要的是要考虑人员晋级情况下和业绩大幅攀升情况下的总额承受能力。对于新型企业而言，工资总额增长与企业效益（如利润）增长成一定的比例关系。对于一些背负历史包袱的企业而言，工资总额增长不能完全与效益增长挂钩，要先解决历史遗留问题。广义的薪酬费用总额即人事费用总额，包括企业支付给所聘员工的工资、津贴、奖金、加班费、养老金、福利劳保费用、职业教育费用等。

薪酬总额的测算必须考虑3个因素：组织的支付能力、员工的基本生活费用、一般的劳动力市场行情。测算的目的是看哪些员工会涨、涨多少，哪些员工会减少、减少多少，增长和减少是否合理及如何处理这些情况。对于能力强、应该涨的员工一定借此机会涨上去，而对于薪酬水平高于其贡献与能力的员工一般采用薪酬冻结的方式，不强行降薪，但在未来很长一段时间内也不会再涨薪。

7.2.3 工作评价

工作评价又称岗位评价或职位评价，是指在工作分析或职位分析的基础上，采取科学的方法，对企业内部各职位的责任大小、工作强度、工作环境、工作难度、任职条件等因素进行评价，以确定各职位在企业中的相对价值，并据此建立职位价值序列的过程。其根本目的是确定每一个待评工作职位在企业中的相对价值，为企业薪酬设计奠定基础。

1. 工作评价流程

工作评价流程可以分为以下4个阶段。

（1）准备阶段

① 确定评价职位。理顺企业组织结构和职位设置，确定参加评价的职位。

②依据工作说明书，明确每个职位的工作内容、职责、权限、协作关系、工作环境和任职资格等基本内容。

③确定工作评价方法。目前管理界比较通用的是要素计点法，即要素评分法。通过该方法可以挑选并详细定义影响工作价值的共同因素，即付酬因素，比如该职位对企业的影响、职责大小、工作难度、对任职人的要求、工作条件、工作饱满程度等。组织专家依据各种因素，针对不同职位进行评估打分，从而得出职位的相对价值。

④确定评价因素。根据业务的实际情况确定与职位相关的因素，一般可以分为职位的责任因素、需要的知识技能因素、职位性质因素和工作环境因素等，每个因素又可划分为若干子因素。给出每个子因素及不同得分档次，以及详细的定义描述，同时确定各个子因素在总分中的权重。

⑤确定专家组。专家组成员的素质及总体构成情况将直接影响职位评价工作的质量。专家组可以来自公司内部，也可以来自公司外部，但必须对公司业务和内部管理有一定的了解。一个好的专家组成员应该能够客观地看问题，在打分时尽可能摆脱局部利益。另外，还应考虑专家在员工中是否有一定的影响力，这样才能使职位评价最后的结果更具权威性。

⑥确定基准职位。因为参与评价的职位可能分属不同的业务板块，每个职位的工作性质和内容又不相同，所以对职位价值的衡量也就不一样。这时候，如何使每个职位的工作在一定程度上具有可衡量性，就需要建立一个参照物，而基准职位就是这个参照物。也就是说，基准职位是衡量其他一般职位相对价值的尺子。

（2）培训阶段

①针对工作评价本身进行培训。培训内容主要是介绍为什么要进行工作评价、工作评价的方法、工作评价的流程、工作评价常出现的问题及解决方法、工作评价的结果与薪资结构的关系等。培训时，应强调工作评价针对的是职位而不是人。工作评价结果是建立薪酬体系的重要依据，但不是全部依据，从评价得分到最后的薪酬体系的建立还有很长的路要走。除此之外，应重点向专家们解释评价表的因素及其权重，使各位专家清楚评价因素的含义和评分等级的标准。

②基准职位评分。专家组对照工作说明书，对基准职位的不同因素分别进行评分。因素得分乘以权重之后加总，可以得到职位的总分。通过对基准职位的初评，专家组成员可以基本上熟悉工作评价的流程。同时，还可以发现问题并及时进行解释，消除专家组成员对评价表中各项指标理解的过大差异，建立合理的评分标准。评分过程中，如果某职位的某因素的得分离差较大，则说明大家对该职位的理解存在较大分歧，为了得到比较准确的结果，需要重新评分。基准职位的评分结束后，专家组要对基准职位的得分结果进行综合分析，投票选出若干大家公认的结果不合理的职位，并重新进行评价。当大多数专家一致认为基准职位的得分能够符合企业的价值取向时就可以进行正式评价。

（3）评价阶段

在取得基准职位分值表后，对照工作说明书并以基准职位的得分为标准，专家组对其余职位进行评分，期间要同步进行数据统计和分析工作。

（4）总结阶段

这一阶段要对工作评价的得分进行排序和整理，得出各个职位的相对价值得分，以便进行综合分析。至此，整个职位评价结束。

2. 工作评价的方法

工作评价的方法很多，目前常用的有总体排序法、职位分类法、要素计点法和要素比较法 4 种。

（1）总体排序法

这是工作评价最简便的方法，是指按照一定的规则对各个职位从总体上进行重要性排序。具体又分卡片排序法、交替排序法和配对比较法 3 种。

① 卡片排序法。卡片排序法是指进行工作评价时，将准备评价的各种工作职位及其主要特征标注在一张卡片上，然后按照每一个职位的价值大小进行排列，将重要的职位卡片放在最前面，次重要的放在后面，直到排完。最后根据卡片排列的次序确定各个职位价值大小。卡片排序法是一种最简单的工作评价方法。它是由评价人员根据自己的工作经验进行主观判断来排列职位价值高低顺序的，这可能影响评价结论的客观公正。

② 交替排序法。交替排序法亦称选择排列法，它是卡片排序法的进一步推广。其主要步骤是：首先从准备评价的各种职位中选出一个职位相对价值最高的排在第一位，同时选出一个相对价值最低的排在最后一位。其次，从余下的职位中选出一个职位相对价值最高者和最低者分别排在第二位和倒数第二位。以此类推，直到排完最后一个职位。最后，根据排列的顺序确定各个职位价值大小。与卡片排序法相比，交替排序法虽然提高了职位之间整体的对比性，但依然避免不了评价人员主观意识和自身专业水平的影响。

③ 配对比较法。配对比较法是指将所有要进行评价的职位都放在一起，两两配对进行比较。如果甲比乙价值大，记 1 分；甲、乙价值相当，记 0 分；甲不如乙，记 -1 分。最后将每一个职位与其他职位相比较的分数相加，即为该职位得分。将这些分数进行比较，按高低排序即可得出各个职位的相对价值。配对比较法如表 7-1 所示。

表 7-1 配对比较法

	办公室文员	销售主管	会计员	总裁秘书	生产管理员
办公室文员		1	1	1	0
销售主管	-1		-1	0	-1
会计员	-1	1		0	0
总裁秘书	-1	0	-1		-1
生产管理员	0	1	0	1	
合计得分	-3	3	-1	2	-2

总体排序法比较适用于职位较少的小型企业，因为职位数目少，企业中每一个员工对于其他职位都比较了解，可以对其价值大小进行判断。如果企业大、工作多，总体排序法就显得力不从心。首先是由于职位众多，评价者可能对不同工作不够熟悉，难以比较各种职位的重要性；其次是总体排序法主要依靠经验，容易受个人价值观的影响，不够客观公正。

（2）职位分类法

职位分类法又称定标套级法，是总体排序法的改进。这种工作评价方法是先将组织中的职位价值进行政策定位，区分出若干价值等级，并确定每一等级的具体衡量标准，然后将各个待评职位与相应的既定标准进行比较，按比较结果划入相应的级别之内，从而确定该职位的相对价值。标准的制定通常是先将企业所有职位大体划分为若干类型,如管理类、研发类、销售类、文秘类等。每类职位再分若干等级,等级数的多少取决于职位的复杂性,即所承担责任的大小、要掌握的技能的繁简等。职位越复杂,分级就越多。对每类职位,要挑选一个有代表性的关键职位并附上相应的职位说明,这些职位说明便构成了定标套级的等级标准。文秘类职位分类标准如表7-2所示。

表7-2 文秘类职位分类标准

等级	职位说明
1级	从事打字、文件保管等常规性的工作,需要一些简单而重复性的计算,工作是在严守明确的规则及严密检查与指导下进行的
2级	从事秘书性及高级秘书性的工作,工作中需要一定的主动性,并需做一些独立判断与处理
3级	主管3名或更多从事1级或2级工作的人员,需要具备会计等一定专业领域的业务知识,需进行复杂的运算

不过,职位分类法在进行关键职位分级及各待定职位套级时,只作整体的综合性评价,不作因素分解,因而常常影响工作评价结果的精确性与客观性,一般只适用于小型的、结构较简单的企业。

(3) 要素计点法

要素计点法又称要素评分法、点值法,是目前应用最广泛、最精确、最复杂的一种工作评价方法。要素计点,就是在工作分析的基础上,选取若干关键性薪酬因素,并对每个因素的不同水平进行界定,同时给各个水平赋予一定的分值(点数),然后按照这些关键的薪酬因素对职位进行评价,得到每个职位的总分数并依此决定职位的薪酬水平。要素计点法有3个基本特点:第一,有多个薪酬要素,每个要素要分为几个等级;第二,要素的等级可以量化,以反映工作的现实情况;第三,用一定的权数反映各要素的相对重要性。因此,每个职位所得到的总分数反映了它的相对价值在薪酬结构中的具体位置。

要素计点法主要有如下6个步骤。

① 确定基准职位。基准职位是指从企业所有职位中选出具有代表性的职位,一般是位置重要并且涵盖较多工作人员的职位。其他职位的价值可以通过与基准职位的评价要素进行比较来判断。基准职位的选择标准是:多数组织中普遍存在,广为人知;工作内容相对稳定;有人力资源市场上公开认可的固定工资标准和总薪酬标准等。

② 选择评价要素及其子因素。评价要素即付酬要素,是企业认为应当并愿意为之支付报酬的因素。它是确定职位价值的基本依据。选择要素时要符合企业的需要和企业的特征,并遵循以下标准:一是典型性,即选择的要素是绝大多数职位都包含的,是工作内容中有代表性的相对稳定的相关因子;二是可比性,即在不同职位中,这些因素应当可以进行比较,即应当是可以量化的;三是公认性,即选择的要素应当为评价者和被评价者双方都认可,一般情况下都能被相关者接受。一般可采用国际公认的4类要素,即工作责任、劳动强度、任职资格和作业环境。在实际操作中,工作责任、劳动强度、作业环境和任职资格4类因素又包含了许多相关的子因素。一般而言,一个职位的评价要素可以选定在3~25种之间,典型的情况是10种左右。例如,"任职资格"要素就可以分为专业知识、工作熟练程度、技术、主动性和灵活性等子因素。评价要素的结构量化表如表7-3所示。

表 7-3 评价要素的结构量化表

评价要素及权重	评价要素的子要素及权重（合计最高500点）	评价要素等级及点数				
		5级	4级	3级	2级	1级
任职资格（40%）	专业知识（10%）	50	40	30	20	10
	工作熟练程度（10%）	50	40	30	20	10
	技术（10%）	50	40	30	20	10
	主动性和灵活性（10%）	50	40	30	20	10
劳动强度（15%）	脑力强度（5%）	25	20	15	10	5
	体力强度（10%）	50	40	30	20	10
作业环境（15%）	工作场所（10%）	50	40	30	20	10
	危险性（5%）	25	20	15	10	5
工作责任（30%）	材料消耗和产品生产（10%）	50	40	30	20	10
	设备使用、保养（10%）	50	40	30	20	10
	他人安全（5%）	25	20	15	10	5
	他人工作（5%）	25	20	15	10	5
	合计点数	500	400	300	200	100

③ 定义评价要素并界定评价要素等级。为了使工作评价具有客观性和可操作性，不仅要对所选择的评价要素进行阐释，还需要为每个评价要素划分等级并对不同等级水平进行界定，以便评价时统一理解，并根据定义评分，减少评分的主观性和误解。"专业知识"要素的定义及等级界定与评分量表如表 7-4 所示。

表 7-4 "专业知识"要素的定义及等级界定与评分量表

要素名称：专业知识
要素定义：指顺利完成工作所需的专业知识或相应的培训

要素等级	等 级 定 义	评分
1级	所有整数的读、写、加、减；遵循一定的指示，使用固定的规格标准、直接阅读工具和类似设备，无须给出解释	10
2级	对数字（包括小数和分数）的加、减、乘、除，简单使用公式、图表、绘图、规格说明、进度表和线路图，使用已经调节的测量仪器，对报告、表格、记录及可比数据的检查，需要一定的解释	20
3级	数学与复杂图表的结合运用，使用多种类型的精密测量仪器，在一个特殊或专业领域有相当于1~3年的实际贸易培训经验	30
4级	高级贸易、数学与复杂图表、绘图手册上公式的结合运用，使用任何类型的精密测量仪器；在一个已认可的贸易、技艺行业内达到初级专业水平或相当于受过两年技术院校教育的水平	40
5级	更高等级数学的运用，包括工程学原理的应用，以及相关实际操作的演示，要求有机械、化学或类似工程等方面理论的综合知识；相当于有4年的技术院校或大学教育的经历	50

④ 确定评价要素权重。要素有许多，但各个要素对职位价值的影响是不同的。因此，需要根据对职位价值的影响程度，确定不同要素及其子要素的权重。要素权重的确定是一个

比较复杂的问题，通常要由专门的评价委员会或有关专家进行，一般以百分比表示，如表7-3所示。

⑤ 确定各评价要素等级的分数并计算各职位的总分数。确定各要素的权重和等级之后要对每一要素的作用大小进行处理，确定分值。根据不同需要，可以在采用不同的等差等比或不规则级差法的赋分方式进行处理，如表7-3所示。

进行实际的职位评价时，只要确定所评价职位的每一评价要素处于类似表7-3中的哪一个等级，则该等级的分数就是这一职位在该评价要素上的分数（点数），将所有评价要素的分数汇总即可得出该职位最终具体的分值。假定有某职位A，其各评价要素的等级在表7-3中都为3级，则职位A的最终评价点数是300分。

⑥ 建立职位价值等级结构，为企业确定薪酬等级提供依据。在所有待评职位的总分数计算完毕后，根据各职位得分的高低进行排列，然后按等差方式将职位进行等级划分，就可建立职位价值等级结构表。若赋予一定分值区间相应的工资额，就可确定某一分数职位的工资率或工资数额范围。职位等级、点数与工资率转换表如表7-5所示。

表7-5 职位等级、点数与工资率转换表

职位等级	点数区间	月薪/元	职位等级	点数区间	月薪/元
1	(101, 149]	500~900	6	(254, 279]	1 800~2 500
2	(150, 175]	800~1 050	7	(280, 305]	2 300~3 000
3	(176, 201]	950~1 300	8	(306, 331]	2 800~3 600
4	(202, 227]	1 200~1 500	9	(332, 357]	3 400~4 200
5	(228, 253]	1 400~2 000	10	(358, 500]	4 000~6 000

要素评分法的主要优点是：第一，能够通过量化技术，说明每个职位的分值，同时很明确地说明了每个职位在组织中的重要性情况，员工很容易接受和信服，可以避免薪酬分配中的扯皮现象；第二，它是一种综合性很强的工作评价技术，评价中不是只考虑一个职位，而是对企业中所有职位都进行综合分析，比较各职位间的相对价值，它能够全面系统地衡量各职位价值的差异。

但是，这一方法需要的时间较长，且建立一套分值评价方案非常困难，一般需要借助专家的力量才能有效完成。目前，为了解决这一难题，同时发挥要素评分法的优点，有些组织开发了一种标准的分值方案，并得到了广泛应用。据对美国企业的一项调查表明，企业使用了现成的分值方案后效果普遍不错。不过，也有人对这种现成方案的可靠性提出质疑。

（4）要素比较法

要素比较法又称因素比较法，是一种量化的工作评价方法。它实际上既是对总体排序法的一种改进又是要素评分法的一个分支。要素比较法与总体排序法的主要区别是：总体排序法是从整体的角度对职位进行比较和排序，而要素比较法则是先根据职位的状况，选择影响职位价值的相关要素，然后选择典型的职位作为基准进行分析比较，根据不同职位相关要素分别排列顺序，进行比较综合，最后确定其价值的大小。要素比较法和要素评分法相比，前者仍然体现了评分法的一些原则，但两者的主要区别在于要素的配分形式和工作等级转换成报酬结构的方法不同。因此，从某种意义上说，要素比较法是兼有排序法和评分法特征的一种混合方法，其大致有如下4个步骤。

① 确定基准职位。

② 选择评价要素。

③ 对基准职位进行要素分析和评价，明确基准职位的价值。在确定基准职位及其评价要素后，需要对基准职位进行要素分析和评价，确定其分值高低和排列顺序，并依此明确基准职位的价值，确定基准职位的基本工资（基准职位工资水平须参照市场水平而定）。在进行薪酬设计时，要根据基准职位所包含的各种付酬要素价值的大小，确定各个要素应付的薪酬金额后，再将它们汇总相加以确定基准职位的基本工资。

④ 对照基准职位的价值排列，评价其他职位的价值，为确定其薪酬提供依据。这一步骤是将其他职位的评价要素与基准职位的评价要素逐一进行比较，确定非基准职位在各评价要素上的评价结果，从而为确定非基准职位在各个付酬要素上应该得到的薪酬金额提供依据。在已知基准职位所包含的各种付酬要素应付的薪酬金额后，只需将待评职位所包含的各种相应的付酬要素进行比较，取其最接近值，再将它们汇总相加就可确定非基准职位的基本工资。要素比较法确定薪酬示例如表 7-6 所示。

表 7-6　要素比较法确定薪酬示例

小时工资率/元 \ 付酬要素	智力	体力	技能	责任	工作条件
1.5	工作甲				工作乙
2.0	工作 A	工作丙		工作 A	
2.5		工作 B	工作 A		工作甲
3.0	工作乙	工作 A	工作甲	工作 B	工作 B
3.5		工作乙	工作丙	工作甲	工作丙
4.0			工作 B	工作丙	
4.5			工作乙		
5.0	工作 B	工作甲		工作乙	
5.5	工作丙				
6.0					工作 A

第 1 步，确定基准职位为：工作甲、工作乙、工作丙。

第 2 步，选择评价要素为：智力、体力、技能、责任、工作条件。

第 3 步，确定各基准职位的小时工资：

$$\text{工作甲} = 1.5+5+3+3.5+2.5 = 15.5 \text{ 元}$$
$$\text{工作乙} = 3+3.5+4.5+5+1.5 = 17.5 \text{ 元}$$
$$\text{工作丙} = 5.5+2+3.5+4+3.5 = 18.5 \text{ 元}$$

第 4 步，对照基准职位的价值，确定非基准职位工作 A 和工作 B 在各种付酬要素上的评价结果，如表 7-6 所示。

第 5 步，确定非基准职位的小时工资：

$$\text{工作 A} = 2+3+2.5+2+6 = 15.5 \text{ 元}$$
$$\text{工作 B} = 5+2.5+4+3+3 = 17.5 \text{ 元}$$

要素比较法是一种比较系统且精确的量化评价方法，它将职位特征具体到付酬因素，能够说明企业付酬的依据。但是要素比较法在应用上很烦琐，整个评价过程很复杂，需要不断随劳动力市场的变化进行调整，其应用局限性较大，是几种评价方法中应用最少的一种。

7.2.4 确定薪酬水平与薪酬结构

1. 薪酬水平的影响因素

（1）企业外部因素

① 人力资源市场的供需关系与竞争状况。薪酬的多少，无疑是吸引和争夺人才的一个关键性因素。对于高级管理人员与技术骨干这两类人才而言，尽管他们的需要不仅着眼于金钱及物质方面，但由于薪酬在满足人们各层次需要方面的多功能性，它的作用仍是巨大的。因此，本地区、本行业、本国乃至全世界的其他企业，尤其是竞争对手对于其员工所制定的薪酬政策与水准，对企业确定自身员工的报酬影响很大，这被称为"比较规范"。在财力允许的条件下，一般企业偏向于使员工的总的报酬水平至少不低于"比较规范"中的平均水平，以便在人力资源争夺中不致落于下风。

② 地区及行业的特点与惯例。这里的特点及惯例包括行业性质、特点及地区的道德观与价值观等。例如，如果传统的"平均""稳定至上"的观点仍主宰着某地区，那么在这里强调"拉开收入差距"的措施将不易被接受。因此，沿海与内地、基础行业与高科技新兴行业、国有大中型企业密集地区与"三资"企业集中地区等之间的差异，必然会反映到公司薪酬政策上来。

③ 当地生活水平。一方面，生活水平变了，员工们对个人生活的期望也高了，无形中对企业造成了一种制定偏高报酬标准的压力；另一方面，生活水平高了，也意味着物价指数会持续上涨，为了保证员工的生活购买力，企业往往也不得不考虑定期地适当调整工资。

④ 国家的相关法令和法规。由于历史的原因，我国目前有关员工权益保护的正式法律还不算多，但对禁止使用童工和保护妇女、残疾人等方面已有若干规定。随着我国法制的日臻完善，这类法律必然日益增多，企业报酬系统的确定应当遵守国家制定的各类相关法令和法规。

（2）企业内部因素

① 本单位的业务性质与内容。如果企业是传统型的、劳动力密集型的，则员工从事的主要是简单的体力劳动，且劳动力成本可能在总成本中占较大比重；但就高技术的资本密集型企业而言，由于高级专业人员比重大，且其从事的是复杂的、技术含量高的脑力劳动，相对于先进的技术设备，劳动力成本在总成本中的比重则不大。显然由于单位业务性质与内容的不同，企业报酬系统的确立存在较大差异。

② 企业的经营状况与实际支付能力。一般来说，资本雄厚的大企业其盈利丰厚且正处于上升阶段，对员工的付酬也较慷慨；反之，规模不大或不景气的企业，则不得不量入为出、点滴计较。但经营状况在不断变换，且经营好坏常常无绝对的判断标准，员工一般不愿意参与评价企业的付酬合理性。所以，经营状况对报酬的影响具有间接性和远期性。

③ 企业的管理哲学和企业文化。这里主要是指企业领导对员工本性的认可及态度。一个把员工当作"经济人"的领导，认为员工所要的就是钱，只有经济刺激才能让员工好好

干活；一个把员工当作"社会人"的领导，认为员工本性上有多方面的追求，钱绝非唯一的动力，员工喜爱有趣的且具有挑战性的工作。这两类领导在报酬政策上显然是大相径庭的。

事实上，企业在制定报酬政策时，应综合权衡所有上述因素，以建立一个合理的报酬系统。

2. 薪酬水平的确定

薪酬水平是指从某个角度按某种标准考察某一领域内员工薪酬的高低程度。实际上就是制定员工薪酬的高低，其主要方法有以下4种。

（1）薪酬平均率法

$$薪酬平均率 = 实际平均薪酬 \div 薪酬幅度的中间数 \tag{7-1}$$

薪酬平均率的3种不同含义如表7-7所示，式（7-1）的比值含义如表7-7所示。

表7-7 薪酬平均率的3种不同含义

不同比值大小	具 体 含 义
≥1	用人单位支付的薪酬总额过高，实际的平均薪酬超过了薪酬幅度的中间数
≤1	用人单位实际支付的薪酬低于薪酬幅度的中间数，或大部分职位的薪酬水平是在薪酬中间数之下
=1	用人单位所支付的薪酬总额符合平均趋势

（2）增薪幅度法

增薪幅度是指企业全体员工平均薪酬水平增长的数额，一般以一年为核算单位，其计算方法如式（7-2）所示。

$$增薪幅度 = 本年度的平均薪酬水平 - 上一年度的平均薪酬水平 \tag{7-2}$$

（3）最低工资水平法

最低工资是国家和地方政府规定的，用人单位在不破产和劳动者按照合法的劳动合同从事了规定的劳动后，劳动者应得到或用人单位应付出的最低劳动报酬。

（4）综合因素法

综合因素法是指企业综合考虑经济发展水平、劳动生产率水平及其增长情况、就业水平和社会平均工资水平、居民生活费用价格指数的变化趋势、大多数企业的支付能力、社会救济金和失业保险金水平等因素，合理制定薪酬的一种方法。综合因素法是企业最常用的方法。

3. 薪酬结构的确定与调整

薪酬结构是指企业中各种工作之间报酬水平的比例关系，包括不同层次工作之间报酬差异的相对比值和不同层次工作之间报酬差异的绝对水平。

由于劳动力市场价格、组织结构、竞争对手薪酬结构等方面的调整，以及新员工的加入，原有的薪酬结构也可能失去合理性，起不到应有的激励作用。此时，必须对薪酬结构做适当的调整，使之与变化了的情况相适应。调整的方法一般有工作导向法、技能导向法和市场导向法。其中，以技能为导向的薪酬结构调整较普遍，它包括两种方法：一种是以知识为基础，根据员工完成工作所需要的知识水平来调整薪酬；另一种是以多种技能为基础，根据员工能够胜任的工作种类或技能的广度来调整薪酬。调整的内容主要包括以下5种。

(1) 奖励性调整

奖励性调整是为了奖励员工做出的优良工作绩效,鼓励员工继续努力。也就是论功行赏,所以奖励性调整又叫作功劳性调整。

(2) 生活指数调整

为了补偿员工因通货膨胀而导致的实际收入无形减少的损失,使员工生活水平不致渐趋恶化,企业应根据物价指数状况对薪酬体系进行调整。生活指数调整常用的方式有两类:一类是等比调整,即所有员工都在原有薪酬基础上,调升同一百分比;另一类是等额调整,即全体员工不论原有薪酬高低,一律给予等幅的调升。前者保持了薪酬结构内在的相对级差,后者会动摇原薪酬结构的设计依据。

(3) 效益调整

当企业效益好、盈利增加时,对全员进行普遍加薪,但应以浮动式、非永久性为佳;当企业效益下滑时,全员性的薪酬下调也应成为当然。需注意的是,薪酬调整往往具有"不可逆性"。

(4) 工龄调整

薪酬的增加意味着工作经验的积累与丰富,代表着能力或绩效潜能的提高,也就是薪酬具有按绩效与贡献分配的性质。因此,薪酬调整最好不要采用人人等额逐年递增的办法,而应将工龄与考核结果结合起来,确定不同员工工龄薪酬调整的幅度。

(5) 特殊调整

特殊调整是指企业根据内外环境及特殊目的对某类员工进行的薪酬调整。例如实行年薪制的企业,每年年末应对下一年度经营者的年薪重新审定和调整。企业应根据市场因素适时调整企业内不可替代人员的薪酬,以留住人才。

能力链接

太和之道:项目管理模式下员工薪酬的动态调整和管理

根据多年为企业咨询所积累的经验,太和顾问意识到在矩阵式组织结构下,由于员工实际的职位是随着项目的变化而不断变化的,因此解决问题的关键就在于对员工职位与薪酬的动态管理。但每次对新成立的项目部岗位做评估,操作起来很困难,必须采取一种简便、易操作且能在一定程度上区分不同项目部岗位价值差异的方法,这样才能从根本上解决这个难题。

"岗位价值调节系数法"是太和顾问为矩阵式组织架构量身打造的薪酬动态管理解决方案。

① 归纳提炼出不同项目部的共性职责要求,生成标准版的职位说明书。这份说明书可能无法完全适应于任何一个项目部的具体岗位,但它却是所有项目部同一名称的岗位的共性描述,代表了一个所谓的"标准岗位"。

② 对"标准岗位"进行岗位价值评估,得到其职位等级,以及基于此等级的薪酬水平。

③ 设计"项目评价体系",得到项目调节系数,对项目部的所有岗位价值做出总体调节,以体现项目部的差异性。

④ 不同项目部内同一类别的岗位,由于项目本身或者业主要求的侧重点不同,其重要

性也会有所不同。为体现差异，从简便操作的角度，可由公司和项目部领导班子共同确认调节系数（如 1.0～1.3），对项目的特定岗位的价值进行调节。

⑤ 将得到的各个调节系数乘以相应的"标准岗位"的薪酬水平，就得到实际可应用的个性化的动态薪酬体系。

这种方法经过实践的验证，不仅适用于矩阵式组织，也适用于按地域划分管理的组织，如在各地区设立的分支机构的薪酬体系设计。

（资料来源：http://hr.bjx.com.cn/html/20080129/102093.shtml）

7.2.5 选择薪酬制度类型

所谓薪酬制度，就是指企业计量和支付劳动者报酬的原则、形式和办法，或者说是确立基本薪酬的标准。薪酬制度是企业内部各类人员工资关系的重要依据，是企业制订内部薪酬计划的重要依据。从国内外薪酬制度的发展看，基本薪酬制度不外乎有以职位为基础、以技能/能力为基础、以市场为基础、以绩效为基础，以及这几个方面综合的结构工资制等。在现实的企业工资制度中，实行结构工资制度的为多数，其次是以职位为基础的薪酬制度，最近国内外一些企业开始实施以技能/能力为基础的薪酬制度。一般地，企业选择薪酬制度主要考虑以下 3 点。

1. 社会文化和意识形态的影响

社会价值取向、公民传统文化和心理、社会承受能力和政府政策等影响着企业的基本薪酬制度。比如美国崇尚个人主义，讲究个人奋斗和个人价值的实现，那么美国企业的工资制度可能较多地体现绩效因素。日本则强调忠诚和集体主义，那么日本企业的工资制度可能更多地体现年资和技能等。

2. 劳动力市场供求和政府政策的影响

当劳动力供大于求时，企业用工环境宽松，企业用工处于主动地位，企业可以不考虑员工的工龄、资历等，采取岗位工资制度。同时政府在经济环境有较大波动时，也会有相关政策出台而影响企业基本薪酬制度的选择。

3. 企业技术装备和生产劳动特点的影响

企业技术装备和生产劳动特点直接影响企业基本薪酬制度。一般来说，对技术要求低、生产工种过多且依赖手工操作的企业，薪酬要多考虑劳动者的个人技能；而装备现代化、岗位分明、流程清晰的企业则更多地考虑岗位因素。

一般来讲，企业的发展阶段包括初创期、成长期、成熟期、变革期 4 个阶段。在企业的初创期，企业以粗放管理为主，老板能看到每一个员工的成绩，采取以资历/经验为主，同时结合绩效薪酬的薪酬制度。这种薪酬制度有利于吸引企业急需人才，简化薪酬管理，灵活掌握薪酬调整，更好地保证企业初创期创业目标的实现。在企业的成长期，随着企业经营状况的不断明晰、企业不断发展，采取以资历/经验为主，同时加大绩效薪酬比例的薪酬制度。这种薪酬制度有利于激励员工不断创造更好的业绩。在企业的成熟期，企业的发展不断规范，各职能不断完善，流程清晰，岗位明确，这时采取以职位为主的薪酬制度，有利于保证企业的公平性，同时可以合理控制企业的成本，保证企业持续发展。在企业的变革期，企业要重新适应客户的新需求，开发新产品，改善服务与流程，那么采取以能力/技能为主的薪酬制度，有利于鼓励员工承担责任，发挥创造力，主动适应需求，同时能力/技能薪酬与职位薪酬有很强的相关性，从而保证了新旧薪酬制度的统一和连续。

7.3 薪酬制度

7.3.1 能力工资制

能力工资制是以员工自身综合能力为主要指标确定员工的工资等级和标准的工资制度。能力工资的主要特点是根据员工本人所具有的综合能力（不限于本职工作能力），确定员工的工资等级和标准工资。首先要通过考核，对员工的能力大小及提高程度进行评价审定，然后再确定工资等级和工资标准或增资幅度。能力工资的适用范围是工作技能要求比劳动熟练程度要求高、工作（工作物）内容不固定的单位或者产品繁杂、员工人数不多、工作内容变动频繁的中小型单位，如汽车修理厂等。

1. 能力工资制的主要形式

能力工资制主要有以下3种形式。

（1）技术等级工资制

技术等级工资制，是指按照技术复杂程度及劳动熟练程度划分等级或规定相应的工资标准，再以员工所达到的技术水平评定技术（工资）等级和标准工资的一种等级工资制度。它由工资等级表、工资标准表和技术等级标准所组成，适用于技术复杂程度高、工人劳动熟练程度差别大、分工粗和工作物不固定的工种。技术等级工资制的制定分为3个步骤：一是根据劳动的复杂程度、繁重程度、精确程度等因素确定和划分等级；二是对工作物进行分析比较，纳入相应的等级；三是规定技术等级标准和安排各等级的工资关系（工资等级线、工资标准）。执行技术等级工资制的员工，按照技术等级标准进行考核，再结合平时的劳动贡献评定技术（工资）等级，依据本人的级别领取相应的标准工资。当本人技术水平有所提高时，可以提出申请，企业根据需要进行考核审评晋级（劳资主管也可定期组织考核）。

（2）能力资格工资制

能力资格工资由能力工资的成绩评价系数表和工资标准表等组成。在能力资格工资制中，等级反映了员工个人工作能力的差距。所以，能力工资（工资标准）的级差也就随级别升高而加大。每个员工的能力水平，以工作效率或工作成绩的形式反映出来才有实际意义。所以，在执行能力资格工资制时，员工的能力工资应随着工作效率或工作成绩的高低而浮动。通常的做法是：劳资主管先根据能力资格制度评定资格等级和能力工资（有定期晋级制度），然后定期对员工工作进行考评，确定成绩评价系数。能力工资实际增减额的变化受成绩考评的影响，一般在标准增加额的40%～80%之间浮动。

（3）职能工资制

职能工资制是按完成职务的能力决定工资，即员工的能力只限于所从事业务需要的能力，对这种能力的价值进行判断，并确定相应的工资。其特点是企业劳资主管将企业内部的工作分成管理职务、事务职务、技术职务、技能职务等职务群，按每个职务群制定相应的工资标准，根据人事考核结果决定每个人的工资。每个职务群分若干级，每级可再设若干等，形成能力序列，以便使具有不同工作能力的员工在工资上保持合理的差距。根据职务能力差别制定的职能工资表可分为 A、B 两种。A 种按各职务分成若干级，每级再分若干档；B 种只按职务分级，不再分档。

2. 能力工资制的优缺点

能力工资制的优点：能够有力地激发员工之间的竞争力，有效地刺激员工提高工作效率。能力工资制的缺点：将能力量化并判断能力的强弱是十分困难的。能力工资制适用于研发人员及工程技术人员。

> **知识链接**
>
> **丰田汽车公司的能力工资制**
>
> 丰田汽车公司原来实行的是支持终身雇佣制的年功序列工资制，它规定职员工资随其年龄增长和参加工作年限的延长而增加。公司人员的工资由基本工资和加班费组成，加班费由加班工资率乘以加班时间求得，而基本工资由年龄、进入企业年限和学历等因素确定。随着职工工龄的增长，薪酬每年都有所增加。
>
> 公司引入能力工资制后，工资的构成发生了变化。公司按照人员的职务分工将他们分为事务职员和业务职员两种。前者属于管理部门和间接部门，后者属于生产部门和技术部门。对事务职员，新工资制度下工资总额的 60% 由基本工资构成，再加入 40% 的能力工资。其中能力工资主要由以下 5 个要素组成：创造力 20%，决策的贯彻能力 30%，组织能力 20%，人力利用能力 20%，声望 10%。对业务职员，新工资制度下工资总额的 80% 由基本工资构成，再加入 20% 的能力工资。其中能力工资的 50% 由其专业知识与能力确定，而余下的 50% 与事务职员考核指标相同，只需进行等比例缩小即可。
>
> 工资的构成确定之后，实际发放由员工工作目标的完成程度确定。其具体做法是事先由员工提出自己一年的工作目标，然后根据这个目标的完成程度确定能力工资的发放百分比。工资考核是逐级分层进行的，工人由系长（相当于工段长）考核，系长由部门领导考核，这两者以考核基础能力的提高为重点。课长一级（相当于生产车间负责人等职）的工作计划由其上司过目，工作年度结束后先由个人进行总结，然后再与上司以面谈方式讨论工作计划的完成情况，以及对未完成部分的原因进行解释，实发能力工资百分比由双方商定。对副部长和部长一级（相当于部门经理等职），其工作计划由公司相应的责任董事审批，工作年度结束后，由公司最高管理层根据其所在部门的业绩，综合其下属和其他部门的意见给予评价，确定实发能力工资的百分比。
>
> 公司确定了员工工资构成和能力工资实发百分比的考核办法之后，就形成了以能力为导向、纵（层级）横（职能部门）定位明确的能力工资体系。
>
> （资料来源：http://wenku.baidu.com/view/581258ea998fcc22bcd10d35.html）

7.3.2 绩效工资制

绩效工资又称绩效加薪、奖励工资或与评估挂钩的工资，是以员工被聘上岗的工作岗位为主，根据岗位技术含量、责任大小、劳动强度和环境优劣确定岗级，以企业经济效益和劳动力价位确定工资总量，以员工的劳动成果为依据支付劳动报酬，是劳动制度、人事制度与工资制度密切结合的工资制度。其前身是计件工资，但它不是简单意义上的工资与产品数量挂钩的工资形式，而是建立在科学的工资标准和管理程序基础上的工资体系。绩效工资制的基本特征是将员工的薪酬收入与个人业绩挂钩。业绩是一个综合的概念，它不仅包括产品数量和质量，还包括员工对企业的其他贡献。企业支付给员工的业绩工资虽然也包括基本工资、奖金和福利等几项内容，但各自之间不是独立的，而是有机地结合在一起。目前许多企业都实行了以绩效为基础的工资制度。

1. 绩效工资制的实施步骤

绩效工资的计量基础是员工个人的工作业绩，因此业绩评估是绩效工资的核心。工作业绩评估可以分为正式体系和非正式体系。非正式体系主要是依靠管理人员对员工工作的个人主观判断，正式体系建立在完整的评估系统之上，强调评估的客观性。

（1）评估目标及其制定原则

业绩评估的目的不仅是为付给员工合理的劳动报酬提供依据，更重要的是发挥员工个人的能力和创造性，使员工个人发展目标与企业发展目标一致。因此，制定切实可行的评估目标是绩效工资的基础。在确定评估目标的过程中，要遵守以下4项原则。

① 员工对评估目标一定要接受、认可。业绩评估目标一定要在上下级之间、主管和下属之间充分交流的基础上制定。

② 业绩测量手段可靠、公正和客观。评估后，要将规划业绩和实际业绩的差距及时反馈给被评估者，从而达到及时沟通的目的。

③ 对非业绩优秀者，要帮助和监督其制订完善的计划，根据计划有针对性地进行培训或提供改进意见。

④ 对业绩优秀者，不仅要给予外在奖励（增加收入），还要给予内在奖励（提供晋升和发展机会），从内、外两方面鼓励优秀者为企业做出更大的贡献。

（2）业绩要素

业绩评估要选择一些有代表性的业绩要素，这些要素既要全面、客观地反映被评估者的业绩，也要有利于评估者做出公正的评价。此外，在业绩要素的选择上要注意以下3个方面。

① 要和评估方式相结合。

② 避免选择一些与工作关系不大，纯属个人特点和行为的要素。

③ 培养关注业绩评估的文化氛围。业绩评估的作用不仅限于工资发放，其最终目的是激发员工实现企业目标的积极性和创造性。

（3）评估方法

企业业绩评估的方法很多，但先进的评估方法既要体现规范化和程序化的特点，又要注重评估效果，突破为评估而评估、为报酬而评估的传统框架。

2. 绩效工资制的实施条件

绩效工资制的实施需要具备以下4个条件。

① 工资范围足够大，各档次之间拉开距离。

② 业绩标准科学、客观，业绩衡量公正有效，同时衡量结果应与工资结构挂钩。

③ 有浓厚的企业文化氛围支持业绩评估系统的实施和运作,使之起到奖励先进、约束落后的作用。

④ 将业绩评估过程与企业目标实施过程相结合,将工资体系运作纳入整个企业的生产和经营运作系统之中。

3. 绩效工资制的优点

与传统工资制相比,绩效工资制的主要优点如下。

① 将个人的收入同工作绩效直接挂钩,鼓励员工创造更多的效益,同时又不增加企业的固定成本。

② 严格的、长期的绩效工资体系是一种有效的激励方法,能促进企业不断改进员工的工作能力、工作方法,提高员工绩效。

③ 有利于突出团队精神和企业形象,增大激励力度和增强雇员的凝聚力。

4. 绩效工资制的缺点

① 绩效工资鼓励员工之间的竞争,但破坏了员工之间的信任和团队精神。员工之间会封锁信息,甚至可能会争夺客户。对一些需要团队合作才能有好的产出的企业,这种方法就不适用。

② 绩效工资鼓励员工追求高绩效。如果员工的绩效同企业的利益不一致,就可能发生个人绩效提高、企业的绩效反而降低的情况,那么这种方法就失去了价值。

③ 员工可能为了追求高绩效而损害客户的利益。例如,保险公司的业务员,为了达成交易过度夸大保单价值。

7.3.3 职务工资制

所谓职务工资制,就是对职务本身的价值做出客观的评估,根据评估结果赋予担任这一职务的从业人员与其职务价值相当的工资的一种工资制度。这种工资体系建立在职务评价基础上,员工职务的差别是决定基本工资差别的最主要因素。职务工资制依据职务决定工资的主体部分,因而被称为"属职工资"。在实施该制度时,应该设立一个职务工资制推行委员会。

1. 职务工资制的特点

① 职务工资制是针对从业人员现在所担任的职务的工作内容(价值)进行工资支付的制度,因而能够比较准确地反映劳动的质与量,贯彻同工同酬的原则。

② 职务工资制要求对职务必须有严密的、客观的分析,并且在对每一职务进行分析的基础上还要进行分级。

③ 在职务工资制下,虽然每种职务可再划分多个等级,但经过几次工资提升之后,便会达到本职务的最高限额,在这种情况下,如果从业人员职务仍然不变动,工资便不可能再得到提升。因此,职务工资制是以提升等级进而提薪为基本原则的。

④ 在职务工资制下,工资是根据职务确定的,工资的制定必须考虑与职务有关的各种要素,并加以客观的分析、评价,由于不掺杂容易导致偏好的个人因素,因此客观性较强。

2. 职务工资制的优点

① 实现了同种劳动同种报酬,是按劳分配的一种具体实现方式。

② 有利于按职务系列进行工资管理,同时使责、权、利有机地结合起来。

③ 有利于鼓励从业人员提高业务能力和管理水平。

3. 职务工资制的缺点

① 当采用职务工资制时，会抑制企业内部人员的配置和职务安排。

② 由于职务与工资挂钩，因此当员工在企业内晋升无望时，也就没有机会提高工资，这样这些员工就会丧失进取的动力，从而使企业流动率过高，生产发展受阻。

4. 实施职务工资制需要具备的条件

① 职务内容已经明确化、规范化、标准化，具备进行职务分析的基本条件。

② 职务内容已基本趋于安定，职务意识清楚，工作序列关系有明确的界限，不至于因为职务内容的频繁变动而使职务工资体系的相对稳定性和连续性受到破坏。

③ 必须具有按个人能力安排工作岗位的机制。

④ 在企业中职务性质不同的级数应相当多，不至于产生很快就无法升级的情形而阻塞工资提升的道路。

⑤ 工资应处于较高水准，从而使处于最低职务级别的人也能靠工资养家糊口，提供最低程度的生活保障。

7.3.4 结构工资制

结构工资制又称分解工资制或组合工资制，它是在企业内部工资改革探索中建立的一种新的工资制度。这一制度依据工资的各种职能，将工资分解为基础工资、岗位工资、效益工资、年功工资等组成部分，分别确定工资额。

1. 结构工资制的特点

① 工资结构应反映劳动差别的诸要素，即与劳动结构相对应，并紧密联系在一起。劳动结构分为几个部分，工资结构就应有相对应的几个部分，并随前者变动。

② 结构工资制的各个组成部分各有各的职能，分别计酬，从劳动的不同侧面和角度反映劳动者的贡献大小，发挥工资的各种职能作用，因此它具有比较灵活的调节功能。

③ 结构工资制主要适用于技术密集型企业，其他类型的企业也可以根据实际需要和可能采用结构工资制。

2. 结构工资制的构成

企业结构工资制的内容和构成，不宜简单照搬国家机关、事业单位的现行办法，各企业可以根据不同情况做出不同的规定。其组成部分可以按劳动结构的划分或多或少，各个组成部分的比例可以依据生产和分配的需要或大或小，没有固定的格式。但是为了体现结构工资制的特点，一般应包含以下4项基本内容。

（1）基础工资

基础工资是保障职工基本生活需要的工资。设置这一工资单元的目的是保证、维持劳动力的简单再生产。基础工资主要采取按绝对额和系数两种办法确定和发放。绝对额办法，主要是考虑职工基本生活费用及占总工资的比重，统一规定同一数额的基础工资；系数办法，主要是考虑职工现行工资关系和占总工资的比重，按大体统一的参考工资标准规定的员工本人标准工资的一定百分比确定基础工资。

（2）岗位（职务）工资或技能工资

岗位（职务）工资或技能工资是根据岗位（职务）的技术要求、业务要求、劳动繁重程度、劳动条件好坏、所负责任大小等因素来确定的。它是结构工资制的主要组成部分，发挥着激励员工努力提高技术、业务水平，尽职尽责地完成本人所在岗位（职务）工作的作用。岗位（职务）工资有两种具体形式：一种是采取岗位（职务）等级工资的形式，岗（职）内分级，一岗（职）几薪，各岗位（职务）工资上下交叉；另一种是采取一岗（一职）一薪的形式。

（3）效益工资

效益工资是根据企业的经济效益和员工实际完成的劳动的数量和质量支付给员工的工资。效益工资发挥着激励员工努力实干、多做贡献的作用。效益工资没有固定的工资标准，它一般采取奖金或计件工资的形式，全额浮动，对员工个人上不封顶、下不保底。

（4）年功工资

年功工资是根据员工参加工作的年限，按照一定标准支付给员工的工资。它是用来体现企业员工逐年积累的劳动贡献的一种工资形式。它有助于鼓励员工长期在本企业工作并多做贡献，同时又可以适当调节新老员工的工资关系。年功工资采取绝对额和按系数两种形式发放的办法。按绝对额又可分为按同一绝对额或分年限按不同绝对额的办法发放，按系数又可分为按同一系数或不同系数增长的办法发放。

3. 结构工资制的制定

在制定结构工资制时，要做好以下工作。

① 做好制定结构工资制的基础工作。一是将全体员工人数、工资、工作年限、学历职称、技术等级、生产（工作）岗位、职务等登记造表，进行综合分析，剔除不合理因素，找出工资关系上的突出问题。二是根据本单位生产、工作和人员结构的特点，对员工劳动进行分析归类，确定有代表性的劳动结构，如劳动岗位（职务）、劳动能力、限时劳动、积累劳动等。三是根据计量劳动量的客观需要，补充必要的工种形式，确定各工资形式的相互关系。

② 设计结构工资制的基本模式。设计结构工资制的基本模式就是根据上述基础工作提供的资料和情况，确定工资结构，如设置基础工资、岗位（职务）工资、年功工资、效益工资4个单元。然后再确定结构工资中各单元的比例，即将结构工资总额视为100%，分别确定各工资单元所占百分比。一般来说，生产的重点环节，其相对应的工资单元比例应当高一些；反之，则低一些。最后，按各工资单元比例求出各单元工资额。

③ 确定各工资单元的内部结构。按照岗位功能测评办法，确定岗位工资单元中各类岗位的岗位顺序。例如实行一岗一薪的，需确定各岗位之间的岗差系数；实行岗位等级工资的，还需确定每类岗位内部各等级的工资系数，并测算平均工龄，确定效益工资的具体工资形式和发放办法等。与此同时，根据各工资单元内部结构的安排，规定相应的技术、业务标准，职责条例，劳动定额等要求，并拟定具体考核办法。

④ 确定各工资单元的最低工资额。

⑤ 测算、检验并调整结构工资制方案。

⑥ 拟定员工纳入结构工资制的具体办法。

4. 结构工资制的实施和应注意的问题

企业实行结构工资制，较之于实行其他工资制度工作量更大，各方面要求也更高，需要认真细致地做好前期工作。从目前的实践看，需要处理好以下4个问题。

① 明确实行结构工资制是为了更好地贯彻按劳分配原则，调动员工积极性。

② 由于企业员工的劳动不同于国家机关工作人员的劳动，因此具备条件的企业实行的结构工资制，应区别于国家机关的以职务工资为主的结构工资制，尽可能充分适应企业生产经营的特点。

③ 由于企业员工是物质生产者，因此企业实行的结构工资制，其工资结构中活的部分应保证占有较大比例，以利于将员工的工资同其本人的实际劳动成果紧密联系起来，及时、有效地激励员工为社会创造更多的物质财富。

④ 由于结构工资制要对劳动诸要素进行比较细致的划分和归类，并要求各工资单元与之相对应，因此实行这种工资制度，要求企业有较高的管理水平，有较健全的规章制度，同时要求企业经济效益能持续稳定增长，有较强的资金负担能力。

7.4 福　　利

7.4.1 福利的定义及特点

员工福利是报酬的间接组成部分，它是企业为满足劳动者的生活需要，在工资、奖金收入之外，向员工本人及其家属提供的货币、实物及一些服务形式。也就是说，福利的形式可以是金钱或实物，也可以是服务机会与特殊权利。在现代企业中，福利在整个薪酬中的比重越来越大，对企业的人工成本产生了十分重要的影响。

福利一般具有以下4个特点。

1. 均等性

福利的均等性是指履行了劳动义务的本企业员工，均有享受企业各种福利的平等权利，都能共同享受本企业分配的福利补贴和举办的各种福利事业。由于劳动能力、个人贡献及家庭人口等因素的不同，造成了员工之间在工资收入上的差距，差距过大会对员工的积极性和企业的凝聚力产生不利的影响。员工福利的均等性特征，在一定程度上起着平衡劳动者收入差距的作用。不过，均等性是就企业一般性福利而言，对于一些高层次福利，许多企业也采取了差别对待的方式。例如，对企业高层管理人员和有突出贡献的员工，企业提供住宅、旅游、度假等高档福利待遇作为激励的手段。

2. 集体性

员工福利的主要形式是兴办集体福利事业，主要是通过集体消费或共同使用公共物品等方式分享员工福利。因此，集体性也是员工福利的一个重要特征。

3. 补充性

员工福利是对员工为企业提供劳动的一种物质补偿，也是员工工资收入的一种补充形式。因为实行按劳分配，难以避免各个劳动者由于劳动能力、供养人口等因素的差别所导致的个人消费品满足程度不平等和部分员工生活困难，员工福利可以在一定程度上缓解按劳分配所带来的生活富裕程度的差别。

4. 全面性

现代企业福利制度的最大特点是对员工生活的"全面照顾"，即不但对员工本人，而且对员工工作范围以外的私生活、对员工家属都给予福利待遇。事实上，企业越是能对员工生活的所有方面施加实质性的影响，就越能获得员工对企业的归属感，并形成员工对企业的依附性。所以企业在福利项目设置上，应兼顾企业目标，充分考虑员工生活方面的需求，提高员工的工作质量、生活质量。

7.4.2 福利的类型

从总体来看，福利可分为两大类：一类是法律政策明文规定的福利，另一类是企业根据实际情况提供的福利项目。其中，前者在不同企业间具有相似性，后者则在不同企业间具有差异性，一定程度上反映了企业在福利管理上的创造性。

企业经常选用的主要福利有以下 4 个项目。

1. 法定福利项目

大多数国家都有相关法律规定的福利项目。在我国，每一位员工的福利都受到国家法律法规的影响。我国法律规定的法定福利项目包括：医疗保险、失业保险、养老保险、工伤保险及生育保险。

（1）医疗保险

医疗保险是公共福利中最为主要的一种福利，是国家、企业对员工在因病或因公负伤而暂时丧失劳动能力时，给予的假期、收入补偿和提供医疗服务的一种社会保险制度。此处的疾病是指一般疾病，其发病原因与劳动无直接关系，因此它属于福利性质和救济性质的社会保险。

（2）失业保险

失业保险是指国家和企业对因非自愿、暂时丧失有报酬或有收益的工作的员工，付给一定的经济补偿，以保障其失业期间的基本生活，维持企业劳动力来源的社会保障的总称。失业保险的根本目的在于保障非自愿失业者的基本生活，促使其重新就业。为了使员工在失业时有一定的经济支持，企业应该按规定为每一位正式员工购买失业保险。

（3）养老保险

养老保险是指国家通过立法，使劳动者在因年老而丧失劳动能力时，可以获得物质帮助以保障晚年基本生活需要的保险。养老保险是社会保险体系的核心，它影响面大、社会性强，直接关系到社会的稳定和经济的发展，因而企业应该按规定为正式员工购买养老保险。

（4）工伤保险

工伤保险是针对那些容易发生工伤事故和职业病的工作人群的一种特殊社会保险。我国的工伤保险制度最初建立于 1950 年，1996 年颁布并试行了《企业职工工伤保险试行办法》。工伤保险费完全由企业负担，按照企业职工工资总额的一定比例缴纳，职工个人不缴纳工伤保险费。

（5）生育保险

生育保险制度是在生育事件发生期间对生育责任承担者给予收入补偿、医疗服务和生育休假的社会保险制度。具体内容包括：生育津贴，即在法定的生育休假期间对生育者的工资收入损失给予经济补偿；医疗护理，即承担与生育有关的医护费用；生育补助，如对生育对象及其家属的生育费用给予经济补助，如"婴儿津贴"等；生育休假，包括母育假（产假)、父育假和育儿假。

2. 企业福利

企业福利是指企业自主建立的,为满足员工的生活和工作需要,在工资收入之外,向员工本人及其家属提供的一系列福利项目,包括货币津贴、实物和服务等形式。企业福利比法定福利的种类多,也更加灵活,主要有以下 7 种形式。

(1) 补充养老金

补充养老金也称退休金,是指员工为企业工作一定年限后,企业按规章制度及企业效益而提供给员工的金钱。对企业来说,它已经成为人力资源战略福利体系的一个重要组成部分,是延期支付的工资收入。

(2) 人寿保险

人寿保险是由雇主为雇员提供的保险福利项目,是市场经济国家比较常见的一种企业福利形式。企业一般会采取购买团体人寿保险的方式为员工购买保险(由于参加的人多,相对于个人来说,可以以较低的价格购买到相同的保险产品)。

(3) 辞退金

辞退金是指企业由于种种原因辞退员工时,支付给员工的一定数额的金钱。一般地,辞退金与员工在本企业的工龄有关,且在聘用合同中有明确规定。

(4) 住房津贴

住房津贴是指企业为了使员工有一个较好的居住环境而提供给员工的一种福利。主要包括:每月的住房公积金、为员工购买住房提供免息或低息贷款、全额或部分报销员工租房费用。

(5) 交通费

交通费主要包括以下几种:企业派专车接送上下班;企业按规定为员工报销交通费;企业每月发放一定数额的交通补助费。

(6) 工作午餐

工作午餐是指企业为员工提供的免费或低价午餐,有的企业虽然不直接提供工作午餐,但提供一定数额的工作午餐补助费。

(7) 海外津贴

海外津贴是指一些跨国公司为了鼓励员工到海外去工作而提供的经济补偿。海外津贴受职务高低、派往国的类别、派往时间长短、家属是否陪同、工作期间回国机会的多少、愿意去该国的人数等因素的影响。

3. 有偿假期

有偿假期是指员工在有报酬的前提下不用上班的一种福利项目。具体包括以下 7 种形式。

(1) 脱产培训

这种项目具有两重性,既是企业对人力资源投资的一种商业行为,又是一种福利,使员工受益。

(2) 病假

员工在出示医生证明或经上级同意后,因病休息。

（3）事假

不同企业允许有差异，但通常包括：婚假、产假、搬迁假等。

（4）公休

公休是指根据企业的规章制度，经有关管理人员同意，员工可在一段时间内不用上班的一种福利。不同企业的公休可以有所不同，但一般规定员工每年有一周至一个月的公休。

（5）节假日

包括我国明文规定的节假日和一些企业自行规定的节假日。

（6）工作间休息

指员工在工作中间的休息，一般上、下午各一次，每次10～30分钟。

（7）旅游

指企业全额资助或部分资助的一种福利，企业可以根据自己的实际情况确定旅游时间与旅游地点。

4. 生活福利

生活福利是指企业为员工生活提供的其他福利项目，主要有以下几种形式。

（1）法律顾问

企业可以聘用长期或短期法律顾问，为员工提供法律服务，有的企业也为员工聘请律师并支付费用。

（2）心理咨询

企业为员工提供各种形式的心理咨询服务，以帮助员工减轻或避免因竞争日趋激烈而带来的心理问题。心理咨询的形式有：设立心理咨询站、长期聘用心理咨询顾问、请心理咨询专家作心理健康讲座等。

（3）贷款担保

企业为员工个人贷款出具担保书，使员工能顺利贷到款项。

（4）托儿所

企业在条件许可的情况下建立托儿所，为员工解决托儿难问题。

（5）托老所

越来越多的企业开始设想和建立托老所，从而使员工更安心工作。

（6）内部优惠商品

某些生产日用品的企业，为了激励员工，常以成本价向员工出售一定数量的产品或专门购买一些员工所需商品，然后以折扣价或免费向员工提供。

（7）搬迁津贴

指企业为员工搬迁住所而提供一定数额的经济支持。

（8）子女教育费

为了使员工子女能接受良好教育，很多企业为员工提供子女教育费。这是一项吸引优秀人才的重要福利，这项福利因企业不同而有所不同。

7.4.3 福利的功能与影响因素

1. 福利的功能

企业之所以愿意花较多钱来支持福利项目，其原因是福利对企业发展具有重要意义。

（1）传递企业的文化和价值观

现代企业越来越重视员工对企业文化和价值观的认同，因为企业是否有一个积极的、得到员工普遍认同的文化氛围，对企业的运营效率将会产生十分重要的影响。而福利恰恰是体现企业管理特色，传递企业对员工的关怀，创造一个大家庭式的工作氛围和组织环境的重要手段。

（2）增强企业在劳动力市场上的竞争力，吸引和保留人才

越来越多的求职者在进行工作选择时，将福利作为十分重要的因素进行考虑。为增强企业在劳动力市场上的竞争能力，除了国家法定的一些福利项目外，很多企业自主设立其他福利项目。

（3）享受优惠税收政策，提高企业成本支出的有效性

相对于工资和奖金，福利还有一个十分重要的功能，那就是税收减免。因为福利作为企业提供给员工的各种保障计划、服务和实物等，完全可以用现金替代，如果把这些福利完全折算成现金计入工资中，将使员工为这些福利支付一笔高额的所得税。但如果采取福利的形式，那么员工就能够在得到这些报酬的同时获得税收的减免，这也是福利越来越受到欢迎的原因。

（4）激励和凝聚员工，降低流动率

福利能使员工产生由衷的工作满意感，从管理的双因素激励理论来看属于激励因素，因而会激发员工自觉为企业目标奋斗的动力。同时企业的过高流动率必然使企业发展受到一定的损失，而良好的福利会使许多可能流动的员工打消流动的念头。良好的福利体现了企业高层管理者以人为本的经营思想，是构筑强劲凝聚力的重要因素之一。

（5）更好地利用金钱

从表面上看，福利是花钱、是支出，但实际上良好的福利能吸引优秀员工、激励员工、提高员工士气。福利这种花钱方式能够产生更多的收益、回报，因而是一种有益的投资，它能提高资金的使用效果。

2. 福利的影响因素

影响福利的因素较多，其中重要的有以下 6 种。

（1）高层管理者的经营理念

当高层管理者认为员工福利能省则省时，则福利不会丰厚；反之，当高层管理者认为福利应该尽可能好时，则福利就会好。

（2）政府的政策法规

政府针对福利有明文规定，员工应该享受哪些福利，若企业不按规定实施福利则视为违法。

（3）工资的控制

由于要交所得税，所以企业把工资控制在一定的范围内，而改用提供良好的福利来补偿员工的付出，从而激发员工的积极性。

（4）医疗费

以提供医疗福利来提高员工患病时的承受力，满足员工的安全需要，这在一定程度上促

进了员工对企业的向心力。

（5）竞争性

现代信息传达的迅速性和广泛性，使一个企业的员工能很快知道其他企业的福利状况，这使企业迫于竞争压力而设法提供与其他企业，尤其是同类企业相近的福利，否则会影响员工的积极性。

（6）工会的压力

工会是员工的代表，是员工利益的维护者，它经常为员工福利问题与企业资方谈判，资方为了化解或防止劳资双方的冲突，而不得不提供某些福利。

7.4.4 福利管理

福利的作用之一是激励员工、降低流动率，但这要建立在能有效管理福利的前提下。福利管理包括：福利目标设立、福利成本核算、福利沟通、福利调查、福利实施。

1. 福利目标设立

企业设立福利目标应遵循以下 6 项基本原则。

（1）必须符合企业的长远目标

福利目标的设立必须考虑企业总体目标的实现，服从和服务于这一目标。

（2）满足员工的需求

企业福利目标的设立必须从员工的角度出发，设立富有个性和特色的福利项目，这样才能真正地满足员工的需求，起到激励员工的作用。

（3）符合企业的报酬政策

企业福利目标的设立应在企业总体薪酬预算的安排下，符合企业的支付哲学与文化，使福利的实施过程变成企业文化与理念的传递过程。

（4）能激励大部分员工

企业福利目标的设立要能真正体现福利的功能，能真正吸引和保留企业的核心人才，从而成为企业激励机制的重要组成部分。

（5）企业能负担得起

企业福利目标的设立应在企业的支付能力之内，做好科学的薪酬预算与控制，不致拖累企业的正常经营与发展。

（6）符合国家和当地的法规政策

企业的福利应与国家和当地的法规政策保持高度一致，真正履行企业所应承担的社会责任，与政府建立良好的合作关系，构建企业经营与发展的良好外部环境。

2. 福利成本核算

福利成本核算是影响福利效果和效益的重要方面，所以福利管理者必须花时间与精力进行福利成本核算。福利成本核算主要包括以下 6 个方面。

① 计算企业可能支出的最高福利总费用。

② 与外部竞争对手的福利相比，在保证本企业福利竞争优势的前提下，尽量减少福利支出。

③ 进行主要福利项目的预算。

④ 确定每一位员工福利项目的成本。

⑤ 制订相应的福利项目成本计划。
⑥ 尽可能在满足福利目标的前提下降低成本。

3. 福利沟通

福利实施的效果，不仅取决于福利设计是否科学合理，同时还取决于企业能否对福利进行有效的沟通。实践证明，并不是福利投入越多，员工就越满意，员工对福利的满意度与对工作的满意度呈正相关。而要了解、掌握员工对工作和福利的满意度，沟通很重要。要实现福利管理的最佳效果，与员工的福利沟通是非常必要的。

关于福利沟通方面的做法或建议有以下 5 个方面。

① 编写福利手册，解释企业提供给员工的各项福利计划。在福利手册中，应尽量减少专业术语，力求让普通员工清晰地理解每一福利项目的具体内容。

② 定期向员工公布有关福利的信息，包括福利计划的适用范围和福利水平、福利计划的价值及企业提供这些福利的成本。

③ 在小规模的员工群体中作福利报告。

④ 建立福利问题咨询办公室或咨询热线，让员工了解企业的福利政策和福利成本开支情况，这也是企业希望员工关心自己的福利待遇的一种信号。

⑤ 建立网络化的福利管理系统，可以在企业内部局域网上发布福利信息，也可以开辟专门的福利板块，与员工进行有关福利问题的双向交流，同时可以运用网络进行问卷调查，以了解员工对福利项目的看法与意见。

4. 福利调查

福利调查主要包括以下 3 种。

① 福利项目制定前的调查。了解员工对某一福利项目的态度、看法与需求。

② 员工年度福利调查。了解员工在一个财政年度内享受了哪些福利项目、数额多少、是否满意。

③ 福利反馈调查。调查员工对某一福利项目实施的反应，从而决定是否需要进一步改进、是否要取消。

5. 福利实施

在实施福利时，应注意以下 4 个方面的问题。

① 目标准确地加以实施。
② 预算落实，这样不至于将福利实施计划落空或对员工的福利承诺不兑现。
③ 按照实施计划有步骤地进行。
④ 保持实施进程的灵活性，定期检查、定期监控。

7.4.5 福利的发展趋势

1. 弹性福利计划日趋完善

弹性福利计划又称"自助餐式的福利计划"，它起源于 20 世纪 70 年代，是指在企业规定的时间和金额范围内，员工可以按照自己的意愿搭建自己的福利项目组合，可以根据自己的需要和生活方式的变化改变自己认为有价值的福利项目。弹性福利计划从本质上改变了传统的福利制度，从一种福利保险模式转变为一种真正的薪酬管理模式，从一个固定的福利方案转变为一个固定的资金投入方案（由员工的福利收益固定转变为企业的福利投入固定）。

总之，弹性福利计划不仅满足了员工对福利计划灵活性的要求，同时也能够看清自己的权利和义务，是企业提高福利成本的投资回报率的一种重要手段。企业在控制住福利的成本开支之后，可以将节约下来的钱投入到绩效奖励方面，从而增强对员工的激励。此外，弹性福利计划通过提高员工的自主选择权，促进了员工和企业之间的沟通，强化了企业和员工之间的相互信任关系，从而有利于提高员工的工作满意度。

一般来讲，弹性福利计划有以下 4 种形式。

① 附加型。即在现有的福利计划之外，提供其他不同的福利措施或扩大原有福利项目水准，让员工选择。

② 核心加选择型。即将原有福利剥离出可选部分，在企业福利支出总额和员工享有福利不变的情况下，提高福利方法的有效性，节约成本。

③ 套餐型。即企业根据员工服务期、婚姻状况、年龄、家属情况等设计不同类型的套餐供员工选择，但套餐的内容不能选择。这是目前企业采用比较多的类型，因为它有针对性，操作起来比较简单。

④ 积分型。即员工暂不享受当年的部分福利，人力资源部负责积分，积分到一定程度后，可享受价值更大的福利。

弹性福利计划的优点包括：员工选择自己适用的福利项目，增加员工满意度；给员工一定的参与空间，提高激励作用；提高福利发放有效性，降低成本开支；减轻福利规划人员的负担；有助于企业吸引优秀人才。

弹性福利计划存在的不足主要有：规模经济性降低；员工可能为了享受金额的最大化而选择自己并不需要的福利项目；自选项目要有市场竞争力，否则员工会不满意；对于不了解福利项目内容及含义的员工，自选福利项目比较盲目；员工有可能丧失与企业讨价还价的机会；给福利制定者和操作者增加工作量。

2. 寻求与战略目标、企业文化和员工类型相匹配的福利模式

随着福利种类的增多和福利覆盖范围的扩大，摆在企业面前的福利计划的种类越来越多。但是，并非所有的福利计划都适合任何员工群体。从实际情况来看，有很多福利计划是和企业的战略目标、价值观、经营战略相违背的。因此，在制订企业的福利计划时，不仅要考虑现在市场上流行什么样的福利计划，更要对自己的企业进行深入的分析，知道企业的价值观是什么、企业的目标是什么、企业的员工队伍是如何构成的、未来企业要经历什么样的变革等。在回答这些问题的基础上，考虑所要设计的福利计划是否有助于完成这些目标。如果有助于企业目标的实现，还要考虑企业是否具备实施这种福利计划的能力。

> **知识链接**

富士通公司的弹性福利计划

富士通公司是全球信息通信技术的主要提供商，2002 年在全球拥有大约 170 000 名员工。由于员工有非常重要的作用，因此富士通公司很注重保护员工在工作中的快乐感和较高的劳动生产率。公司确保员工工作和生活之间保持平衡的一种途径是提供弹性福利计划，也叫回报利益。根据这一计划，员工可以修改需要和想要的服务以适应个人和职业生活。富士通提供的福利包括医疗、牙科和视力保险；解决个人问题的员工帮助计划；健康保障和家属保障费用的税前工资扣除；人寿保险、意外死亡和伤残保险、短期和长期丧失劳动能力计划；401K退休计划；假日和休假不工作时间的报酬。弹性福利计划包括诸如长期保健保险、汽车和私房屋保险、事先付酬的法律计划等。

（资料来源：劳埃德·拜厄斯，莱斯利·鲁. 人力资源管理. 北京：人民邮电出版社，2004.）

单元小结

> 薪酬管理是企业针对所有员工提供的服务，是确定员工应当得到的报酬总额及报酬结构和报酬形式的过程。在这个过程中，企业就薪酬水平、薪酬体系、薪酬结构、薪酬构成及特殊员工群体的薪酬做出决策。同时，作为一种持续的组织过程，企业还要持续不断地制订薪酬计划，拟定薪酬预算，就薪酬管理问题与员工进行沟通，同时对薪酬系统的有效性做出评价，并予以完善。本章阐述了薪酬的概念、原则，薪酬方案的设计，薪酬管理等内容。

思考与实践

一、复习思考题

1. 怎样理解薪酬的概念及构成？
2. 基本的工资制度类型有哪些？
3. 怎样计算"五一"的加班工资？
4. 法定福利的缴纳比例是如何规定的？
5. 怎样设计一个完整的薪酬体系？
6. 薪酬的发放是保密好还是公开好？谈谈你的观点。
7. 怎样合理管理销售人员的薪酬？

二、案例分析

案例1　员工加薪后的苦恼

F公司是一家生产电信产品的公司，在创业初期，依靠一批志同道合的朋友，不怕苦不怕累，从早到晚拼命干，公司发展迅速。几年之后，员工由原来的十几人发展到几百人，业务收入由原来的每月10万元发展到每月1 000万元。企业大了，人也多了，但公司领导明显感觉到，大家的工作积极性越来越低，也越来越计较报酬了。

F公司的总经理黄先生一贯注重思考和学习，为此特地到书店买了一些有关成功企业经营管理方面的书籍来研究。他在《松下幸之助用人之道》一书中看到这样一段话："经营的原则自然是希望能做到'高效率、高薪资'。效率提高了，公司才可能支付高薪资，但松下幸之助提倡'高效率、高薪资'时，却不把高效率摆在第一位，而是借助提高薪资来激发员工的工作意愿，以此达到高效率的目的。"黄先生想，公司发展了，确实应该考虑提高员工的待遇，一方面是对老员工为公司努力工作的回报，另一方面也是吸引高素质人才加盟公司的需要。为此，F公司聘请一家知名的咨询公司为企业重新设计了一套符合公司老总要求的薪酬制度，大幅度提高了公司各类员工的薪酬水平，并对工作场所进行了全面整修，改善了各级员工的劳动环境和工作条件。

新的薪酬制度推行以后，其效果立竿见影，F公司很快就吸引了一大批有才华有能力的员工，所有的员工都很满意，工作十分努力，工作热情高涨，公司的精神面貌焕然一新。但这种好势头没有持续多久，员工的旧病复发，又逐渐地恢复到以前懒洋洋、慢吞吞的状态。

公司的高薪没有换来员工持续的高效率，公司领导陷入两难的困境，既痛苦又彷徨，问题的症结到底在哪儿呢？

（资料来源：http://wenku.baidu.com/view/4188d9db84254b35eefd3495.html）

讨论与训练

1. 该公司应采取哪些措施对员工的薪酬制度进行再设计、再改进？
2. 为了持续保持公司员工的旺盛斗志，应当采取哪些配套的激励措施？

<h3 style="text-align:center">案例2　为何不断闹事</h3>

某公司发展受阻、员工积极性不高，于是决定对技术人员和中层管理人员实行额外津贴制度以激励骨干人员。标准为：一定级别的管理干部享受一定的津贴，技术人员按照20%的比例享受一定的津贴。此政策宣布后，立刻在公司技术人员中掀起轩然大波，技术人员纷纷表示不满，并将矛头直指公司领导，表示若不能享受津贴，就让获得津贴的人干活。经过一段时间后，公司不得不宣布重新调整对技术人员的津贴政策：分助工、工程师和高级工程师3个档次发放津贴。于是，公司的津贴激励制度变成了人人有份的大锅饭，钱花了，却收不到预期效果，反而引发了一连串的麻烦。

该公司的一线生产为连续性生产，有大量倒班工人，当他们知道此事后，认为干部和工程师都涨工资了，他们的工资不涨，这不公平。于是他们决定推选一些不上班的工人向公司领导集中反映意见。连续几个上午，公司总部办公楼被工人团团围住，要求增加津贴。一段时间后，公司宣布增加倒班工人津贴。

此事才平，又起一事。经过政府有关部门批准，公司决定在市内购买数千套期房作为福利房分售给职工。此事办得极为迅速，约半个月就和房地产开发商签订了合同，并交了定金。然后按照公司拟订的条件，展开了分售房行动。数千个工龄较长、职务较高的雇员获得了高值商品房。这时，一部分居住于市内的雇员也想获得此优惠房，为此决定联合起来"闹房"。又是采用和前一次相同的手段，同样如愿以偿。

一系列的事件使人们形成了印象：不管有理无理，只要找公司，终会得到满足。照此下去，公司还会有麻烦。

（资料来源：http://wenku.baidu.com/view/4188d9db84254b35eefd3495.html）

讨论与训练

1. 本案例集中反映了人力资源管理中的哪一项管理活动？
2. 你认为公司遇到闹事麻烦的原因是什么？
3. 结合本案例，你认为薪酬系统至少应包括哪些部分？薪酬管理应坚持哪些原则？

案例3 两位高才为何出走

一家高科技公司不久前有两位精明能干的年轻财务管理人员离职，到提供更高薪资的竞争对手公司里任职。其实，该公司的财务主管早在数月前就曾要求公司给这两位年轻人加薪，因为他们的工作十分出色。但人事部门主管认为，这两位财务管理人员的薪资水平，按同行业平均水平来说，已经是相当高了，而且这种加薪要求与公司现行的在职位、年龄和资历基础上的薪资制度不符合，因此拒绝给予加薪。

对这两位年轻人的辞职，公司里议论纷纷。有人说，尽管这两位年轻人所得报酬的绝对量高于同行业平均水平，但他们的工作那么出色，这样的报酬水准仍很难令人满意。也有人质疑，公司人事部门的主管明显地反对该项加薪要求，但是否应当由了解其下属表现好坏的财务部门对本部门员工的酬劳行使最后决定权呢？

（资料来源：http://wenku.baidu.com/view/4188d9db84254b35eefd3495.html）

讨论与训练

1. 你认为该公司的薪资制度有无不合理之处？若有，请指出；若没有，请分析它有什么好处。

2. 你认为合理的薪酬制度应符合哪些标准或要求？

案例4 N公司如何调整薪酬

N公司是一家加工企业，三年前员工的薪酬等级是依据公司工作岗位评价的结果确定的。2013年以后，由于激烈的市场竞争，迫使公司生产经营领域有所转向，公司主要产品的生产加工流程也根据需要重新做了调整。该公司自成立以来，在员工的薪酬方面一直秉持"对外具有市场竞争性"的原则。公司董事会认为，在新的形势下需要制定一套更有效的薪酬制度，这套制度应根据劳动的差别适当拉开薪酬的差距，以强化对员工的激励作用，提高企业的凝聚力，促进员工队伍的建设。同时，员工不一定固定在一种岗位上，也可以适当进行调动。

（资料来源：http://wenku.baidu.com/view/4188d9db84254b35eefd3495.html）

讨论与训练

谈谈如何对案例中企业现行的薪酬制度进行调整，才能达到董事会的要求。

三、实践训练

某企业人力资源薪酬管理

1. 实训目的

通过训练，掌握薪酬管理相关的基础理论知识及基本常识、薪酬设计的基本程序、工资的内容和种类、工资支付的有关规定、工资统计指标的种类，了解员工保险福利的基本内容及种类。

2. 实训内容

选择本地有代表性的不同的商业企业，收集整理一个企业的背景资料，要明确行业、运营现状、生产经营规模等必要的相关信息，包括企业的人力资源发展现状，如在岗员工数量，近5年来离职、入职员工数量，员工层次构成等信息。

① 每小组分别进行背景资料准备。

② 确定薪酬制度指导方针。
③ 进行工作分析与评估。
④ 企业内外薪酬状况调查与分析。
⑤ 确定薪酬制度方案。
⑥ 各小组进行总结汇报。

3. 实训方式

① 5～6 人为一个小组，确定小组负责人，并进行人员分工。
② 每小组收集整理一个企业的背景资料，作为本组的任务对象。
③ 每小组为本组的企业编制一份薪酬制度方案。

4. 实训能力体现

组织协调能力、调查研究能力、统筹分析能力、文字与语言表达能力。

5. 实训步骤

（1）每小组分别进行背景资料准备

① 收集整理一个企业的背景资料，要明确行业、运营现状、生产经营规模等必要的相关信息。
② 企业的人力资源发展现状，如在岗员工数量，近 5 年来离职、入职员工数量，员工层次构成等信息。

（2）确定薪酬制度指导方针

薪酬制度指导方针应根据行业发展状况、企业自身发展战略、企业经营管理现状等合理制定。

（3）进行工作分析与评估

① 比较企业内部各个职位的相对重要性，得出职位等级序列。
② 为进行薪酬调查建立统一的职位评估标准，消除不同企业间由于职位不同或职位名称与职位工作内容不符造成的职位差异难度，使不同职位之间具有可比性，为确保工资的公平性奠定基础。

（4）企业内外薪酬状况调查与分析

① 选择与案例企业有竞争关系的企业或同行业的类似企业，重点考虑员工的流失去向和招聘来源。
② 薪酬调查的基本数据要包括上一年度的薪资增长状况、不同薪酬结构对比、不同职位和不同级别的薪酬数据、奖金和福利状况等。

（5）确定薪酬制度方案

① 各小组根据各自的案例企业状况，在绩效型、技能型、资历型和综合型中自由选择，也可在此基础上进行综合或创新。
② 不同岗位的薪酬结构与水平，以及薪酬的调整与控制方案。

（6）各小组进行总结汇报

① 各小组推选一名同学，对本组的工作成果进行汇报陈述，可使用 PPT 等多种形式。
② 由教师引导学生对各小组的成果进行分析、评价。

6. 实训考评

每个小组的负责人在全班汇报本次实训项目的实施和完成情况，实训考评评价表如

表 7-8 所示。

表 7-8　实训考评评价表

要　　求	量分幅度及评分标准				得分
	优秀	良好	中等	差	
选择企业及绩效考评工作岗位恰当合理（5分）	5	4～3	2～1	0	
调查认真详细，资料收集全面（5分）	5	4～3	2～1	0	
资料分析科学合理，能根据企业和工作岗位实际分析（10分）	10～9	8～6	5～3	2～0	
能应用人力资源管理知识分析问题（10分）	10～9	8～6	5～3	2～0	
企业人员绩效考评方法选择科学、合理（10分）	10～9	8～6	5～3	2～0	
绩效考评方案编制内容丰富、文字流畅、逻辑严谨、详略得当（15分）	15～13	12～10	9～6	5～0	
设计的绩效考评方案可操作性强（5分）	5	4～3	2～1	0	
绩效考核标准设计科学、全面（5分）	5	4～3	2～1	0	
绩效面谈的问题设计科学，人性化，切实可行（5分）	5	4～3	2～1	0	
团队合作良好，凝聚力强（10分）	10～9	8～7	6～4	3～0	
实训过程严谨，内容安排合理（10分）	10～9	8～6	5～3	2～0	
汇报过程全面简洁、重点突出（10分）	10～9	8～6	5～3	2～0	
合计（100分）					

第 8 章

劳动关系管理

【学习目标】

通过劳动关系管理的学习，掌握劳动关系的概念和劳动关系的3个要素，理解劳动合同、集体合同的订立、履行、变更和解除，重点掌握劳动争议处理的原则和社会保障制度的主要内容，在此基础上能够解决人力资源管理中劳动关系的相关问题。

案例导读

白领主管做了半年廉价工

齐丽丽在公司做满3个月试用期后，又被"考察"了3个月，等于"试用"了两次。最后老总告诉她，你不适合这份工作，将她轻松踢走。由于最初3个月是"试用期"，齐丽丽月工资只有800元，而公司里同级别的主管每个月拿2 200元。齐丽丽去年刚刚读完硕士，今年4月到这家公司应聘。公司刚刚开发了一个新项目，技术比较高端。公司安排齐丽丽做主管，并签订"试用期合同"，如果期满后双方都感觉合适，再签订3年的正式合同。齐丽丽兢兢业业地在公司里一直干到7月初，终于可以"转正"，但公司又说"再考察3个月"。齐丽丽很不情愿地熬到9月底，老总主动找到齐丽丽说，你很有能力，但你不适合这份工作。一句话，将做了半年"廉价工"的齐丽丽轻松踢走。之后，她从另一个主管口中得知，这个项目期限就是半年，由于涉及专业比较高端，才留下齐丽丽。项目结束后，平时基本上用不到齐丽丽这样的高端人才，所以踢走了她。

（案例来源：刘冬蕾．人力资源管理概论．成都：西南财经大学出版社，2009．）

案例启示

根据《中华人民共和国劳动合同法》第19条，以完成一定工作任务为期限的劳动合同，不得约定试用期；根据第20条，试用期工资不得低于本单位相同岗位最低档工资或者劳动合同约定工资的80%，且不得低于用人单位所在地最低工资标准。齐丽丽应当要求公司直接跟她本人签订合同，并支付齐丽丽2 200元的正式工资。

8.1 劳动关系概述

劳动关系是市场经济中极为重要的一个领域，劳动力市场越发达，劳动关系问题越重要。例如在市场经济发达的国家里，许多重要的企业决策，如加薪、减薪、裁员等，都由代表职工利益的工会出面同管理者谈判。

随着市场经济体制在我国的逐步确立，我国劳动关系的发展呈现出国际化、市场化、单极化、易激化、社会化趋势。因此，了解劳动关系的概念和特点，熟悉劳动关系的基本法律知识，为正确处理劳动关系、创造良好的工作氛围提供必要的前提条件。

8.1.1 劳动关系的含义

劳动关系，是指用人单位与劳动者之间，依法所确立的劳动过程中的权利义务关系。用人单位，是指中华人民共和国境内的企业、个体经济组织、民办非企业单位，同时也包括国家机关、事业单位、社会团体。劳动者，是指达到法定年龄，具有劳动能力，以从事某种社会劳动获得收入为主要生活来源，依据法律或合同的规定，在用人单位的管理下从事劳动并获取劳动报酬的自然人。劳动关系是就业组织中由雇佣行为而产生的关系，是组织管理的一个特定领域，它以研究与雇佣行为有关的管理问题为核心内容。其基本含义是指管理方与劳动者个人及团体之间产生的由双方利益引起的表现为合作、冲突、力量和权力关系的总和，受到一定社会的经济、政治、法律制度和文化的影响。

在实践中，劳动关系又称为劳资关系、产业关系、雇佣关系、员工关系或劳使关系等。劳资关系或雇佣关系是相对于资本与劳动之间的关系而言的，它反映的是出资人与劳动者或雇主与雇员之间的关系。员工关系反映的也是雇主与员工之间的关系，但它更加强调雇主在个人层次上加强与员工队伍的直接交流，以及与员工的关系。劳使关系则是日本使用的概念，主要为了更准确地说明劳动关系是劳动者与劳动力使用者之间的关系。劳使关系包含劳使协同工作关系和劳使对立关系。在欧美国家的文献中，还经常使用产业关系的概念。

研究劳动关系的基本目的在于寻求形成员工和雇主之间健康、良好关系的途径。一个国家的劳动关系状况与其政治管理紧密相连，一个劳工组织的设立既有经济目的也有政治目的。

8.1.2 劳动关系的构成要素

1. 劳动关系的主体

从狭义上讲，劳动关系的主体包括两个：一个是员工及以工会为主要形式的员工团体，另一个是管理方及雇主协会组织，两者构成了劳动关系的主体。从广义上讲，劳动关系的主体还包括政府。在劳动关系的发展过程中，政府通过立法介入和影响劳动关系，调整、监督和干预等作用不断增强，因而政府也是广义的劳动关系主体。总之，从广义上来讲，劳动关系的主体具体包括以下 5 个方面。

（1）员工

员工，也称劳动者，是指在就业组织中，本身不具有基本经营决策权力并从属于这种决策权力的工作者。员工的范围相当广泛，包括蓝领工人、医务人员、办公人员、教师、警察、社会工作者等。员工不包括自由职业者和自由雇用者。

（2）员工团队

员工团队是指因共同的利益、兴趣或共同目标而组成的员工组织，包括工会组织和类似于工会组织的职业协会。目前，工会是员工团队最主要的形式，代表并为成员争取利益或价值。

（3）雇主

一般是指由于法律所赋予的对组织的所有权，而在就业组织中具有主要经营决策权力的人或者团体。每个企业都有自身的组织结构，其经营决策权力在组织结构中的分布是不均衡的，并且随管理层次由高到低递减，因此经营决策权力往往集中在少数高层管理者手中。

（4）雇主协会

管理方团体的主要形式是雇主协会。雇主协会以行业或者贸易组织为纽带，一般不直接介入员工与管理方的关系之中。雇主协会的主要任务是同工会代表进行集体谈判，在劳动争议处理程序中为其成员提供支持，通过参与同劳动关系有关的政治活动、选举和立法程序间接地影响劳动关系。

（5）政府

政府在劳动关系中的角色主要是劳动关系立法的制定者，通过立法介入和影响劳动关系；是公共利益的维护者，通过监督、干预等手段促进劳动关系的协调发展；是公益部门的雇主，以雇主的身份直接参与和影响劳动关系。

2. 劳动关系的客体

劳动关系的客体是指主体的劳动权利和劳动义务共同指向的事物，如劳动时间、劳动报酬、安全卫生、劳动纪律、教育培训、劳动环境等。在我国，劳动者的人格和人身不能作为劳动法律关系的客体。

3. 劳动关系的内容

劳动关系的内容是指劳动关系主体双方依法享有的权利和承担的义务。按照员工和雇主组织的不同属性，劳动关系的内容包括以下两个方面。

（1）员工的主要权利和义务

员工享有的主要权利包括：平等就业权、民主管理权、依法休息休假权、劳动报酬权、职业培训权、社会保险和福利权、劳动争议提请处理权等。其承担的主要义务包括：保质保量地完成生产任务和工作任务；学习政治、文化、科学、技术和业务知识；遵守劳动纪律和规章制度；保守国家和企业的机密等。

（2）雇主组织的主要权利和义务

雇主组织享有的主要权利包括：依法录用、调动和辞退员工；决定组织的机构设置；任免组织的管理人员；依法制定工资、报酬和福利方案；依法奖励员工等。其承担的主要义务包括：依法录用、分配和安排员工的工作；保障工会和职代会行使其职权；按照员工的劳动质量和数量支付劳动报酬；加强对员工思想、文化和业务的教育培训；改善劳动条件，搞好劳动保护和环境保护等。

4. 劳动关系的表现形式

劳动关系的本质是劳动合作、冲突、力量和权力的相互交织，具体表现为合作、冲突、力量和权力4种形式。

（1）合作

合作是指在就业组织中，劳动关系双方共同生产产品或提供服务，并在很大程度上遵守一套既定制度和规则的行为。劳动关系双方的权利和义务在双方协商签订的集体合同或劳动合同中确定，合作是维系劳动关系的基础和前提。

（2）冲突

冲突是指劳动关系双方的利益、目标和期望值不一致，甚至会出现矛盾激化。在市场经济条件下，劳动关系双方的冲突会越来越明显。

（3）力量

力量是影响劳动关系结果的能量，具体表现为劳动力市场的力量和双方对比关系的力量。劳动关系双方力量的对比程度决定了双方是选择合作还是冲突。当然双方的力量也不是一成不变的，随着其他因素的影响，力量也在不断发生变化。

（4）权力

权力是组织或上级赋予的职权。在劳动关系中，权力往往集中在管理方，拥有权力使管理方在劳动关系中处于主导优势地位，但这种优势地位也不是绝对的，在某些时间和场合会发生逆转。

8.1.3 劳动关系的调整机制

1. 立法调整

劳动争议在很大程度上是由于劳动者与用人单位的利益冲突引起的，在处理劳动争议时，当事人双方往往感到无所适从。因此，应该通过立法，明确各方的责、权、利，并在法律的基础上进行调解和仲裁。目前我国已经建立了以《中华人民共和国劳动法》（以下简称《劳动法》）为基础的包括基本法律、法律、行政法规和行政规章在内的劳动法律体系。基本法是《劳动法》，法律包括劳动就业法、劳动合同法、职业介绍法、安全生产法等，行政法规和行政规章包括了一系列关于劳动安全和监察等方面的规定。

2. 企业内部调整

企业内部调整劳动关系的机制是：集体协商制度；重视劳动协议和就业规则的作用，建立和完善内部规章制度；对劳动关系双方进行"企业共同体"和"伙伴关系"等方面的培训和教育，为劳动关系的稳定奠定良好的基础。

3. 劳动争议处理

主要是通过调解、仲裁和诉讼等方式处理劳动争议和调整劳动关系。

4. 劳动监察

通过对违反劳动法律法规的行为进行及时处罚和纠正，保证劳动法律法规的执行，维护劳动关系双方当事人的合法权益。

8.1.4 劳动关系管理的基本原则

1. 兼顾各方利益的原则

要使企业内部各方面保持和谐的合作关系,首先要兼顾各方利益而不是偏顾一方,损害另一方。应以企业兴旺和员工满意为己任,多站在对方角度思考问题。例如,在处理薪酬、福利时,既要考虑企业的发展需要,也要考虑员工收入的增长。过分强调企业长远发展而忽视员工收入的增加,会挫伤员工的积极性;片面强调增加员工收入而不去考虑企业的长期发展,则容易使企业缺乏发展后劲。

2. 以协商为主的解决争议的原则

当企业内部劳动关系紧张而发生劳动争议时,应尽量采取协商的办法解决,不要轻易采取极端行动,如罢工、怠工、开除等,以免形成尖锐对立,造成更大损失。例如在美国,如果发生劳动争议,首先是和工会谈判,谈判不成再仲裁,一般不轻易上法庭。

3. 以法律为准绳的原则

处理企业内部劳动关系不能随心所欲,而要以国家有关法律、法规、政策为依据,做到依法办事。目前,我国已经形成了以《劳动法》为主体的调整劳动关系的法律法规体系,建立了劳动合同和集体合同制度、三方协调机制、劳动标准体系、劳动争议处理体制和劳动保障监察制度,为劳动关系的处理提供了有力的法律保障。

4. 以预防为主的原则

企业要建立健全内部规章制度,加强民主管理,充分发挥工会组织的积极作用,采取一切可行措施,尽可能将企业劳动争议的事后处理变为事前预防。

8.2 劳动合同管理

加强劳动合同管理对于维护和谐的劳动关系,促进企业的健康发展,具有十分重要的意义。

8.2.1 劳动合同概述

1. 劳动合同

劳动合同又称劳动契约、劳动协议,是指劳动者与用人单位确立劳动关系,明确双方权利和义务的协议。我国《劳动合同法》规定,建立劳动关系应当订立书面劳动合同;同时还规定用人单位与劳动者应当按照劳动合同的约定,全面履行各自的义务。

劳动合同作为契约的一种,除具有普通合同的一般特征外,还具有以下4个方面的法律特征。

(1) 劳动合同主体具有特定性

特定性是指劳动合同双方主体是特定的,一方是企业、个体经济组织、事业单位、国家机关、社会团体等用人单位,另一方是劳动者本人。凡是具有劳动权利能力和劳动行为能力,并且为用人单位所录用的公民,都可以成为劳动合同的一方当事人。凡是依法有资格录用员工的单位，都可以成为与劳动者相对的劳动合同当事人。合同主体的特定性表明，劳动关系是在拥有生产条件的用人单位与具有劳动权利能力和劳动行为能力的劳动者之间形成的。

（2）劳动合同内容具有法定性

法定性是指双方当事人在劳动关系存续期间的相互权利和义务，都由劳动合同依法具体约定。劳动合同内容主要以劳动法律法规为依据，且均有强制性规定，双方当事人协商的内容不得违反或排斥强制性规范，否则无效。劳动合同尽管由双方当事人协商，但这种自由协商要在国家法律规定的范围内，受国家法律和集体协议的约束。

① 劳动合同的某些内容，如劳动者的就业与退休年龄等直接由法律加以规定，双方当事人无权变更。

② 劳动合同的内容只能在法律的标准内选择，双方当事人不能突破法定标准所许可的限度，如最长工作时间、最低工资标准等。劳动合同中权利与义务要体现法定性，是因为劳动法的立法宗旨是要体现对劳动者这一弱势群体合法权益的保护，同时对用人单位的管理权加以限制。

（3）合同履行具有从属性

从属性是指劳动合同当事人在职责履行上具有从属关系。在劳动合同履行过程中，劳动者要服从用人单位的领导与指挥，遵守劳动纪律和内部劳动规则，用人单位则依据劳动法律法规及劳动合同管理本单位的员工。双方存在管理上的依从、隶属关系。劳动合同的从属性是由现代生产劳动的社会化特点所决定的，是在合同当事人权利与义务对等的基础上，依照社会化生产劳动过程中的分工要求所形成的。

（4）合同目的具有过程性

过程性是指劳动合同的目的在于劳动过程的完成，而不是劳动成果的实现。劳动过程相当复杂，并不是所有的劳动都能直接创造出劳动成果。有的劳动直接创造或实现价值，有的劳动则是间接创造或实现价值；有的劳动创造的价值可以直接衡量，有的劳动创造的价值则难以直接衡量；有的劳动有独立的劳动成果，有的劳动物化在集体劳动成果之中。劳动合同作为劳动关系确立的凭证，它只要求劳动过程的实现，而不要求对劳动过程之外的劳动成果负责。只要劳动者按照用人单位的要求完成了劳动过程，就有权享有合同中约定的相应权利。

2. 劳动合同的类型

按照劳动合同的期限标准，劳动合同可分为固定期限的劳动合同、无固定期限的劳动合同和以完成一定工作任务为期限的劳动合同。劳动合同的期限是指劳动合同规定的双方当事人权利和义务的有效时间，即劳动合同的起始时间和终止时间。

（1）固定期限的劳动合同

固定期限的劳动合同是指用人单位与劳动者约定合同终止时间的劳动合同。在有效期限内，劳动者和管理者之间存在劳动关系，合同期满，则劳动关系终止。

（2）无固定期限的劳动合同

无固定期限的劳动合同是指用人单位与劳动者约定无确定终止时间的劳动合同。用人单位与劳动者协商一致，可以订立无固定期限的劳动合同。

有下列情形之一，劳动者提出或者同意续订劳动合同的，除劳动者提出订立固定期限的劳动合同外，应当订立无固定期限的劳动合同：

① 劳动者在该用人单位连续工作满 10 年的；

② 用人单位初次实行劳动合同制度或者国有企业改制重新订立劳动合同时，劳动者在该用人单位连续工作满 10 年且距法定退休年龄不足 10 年的；

③ 连续订立两次固定期限的劳动合同。第三次续订的时候就应该订立无固定期限的劳动合同了，除非用人单位和劳动者协商，劳动者同意，还可以再续定固定期限的劳动合同。用人单位自用工之日起满一年不与劳动者订立书面劳动合同的，视为用人单位与劳动者已订立无固定期限的劳动合同。

（3）以完成一定工作任务为期限的劳动合同

以完成一定工作任务为期限的劳动合同是指用人单位与劳动者约定以某项工作的完成为合同期限的劳动合同。只要工作任务一完成，合同即终止。

3. 劳动合同的内容

劳动合同的内容是当事人双方经过平等协商所达成的关于权利和义务的条款，包括法定条款和约定条款。

（1）法定条款

法定条款是法律要求各种劳动合同都必须具备的条款。根据我国《劳动合同法》的规定，劳动合同应当具备以下条款。

① 用人单位的名称、住所和法定代表人或者主要负责人。

② 劳动者的姓名、住址和居民身份证或其他有效身份证件号码。

③ 劳动合同期限。

④ 工作内容和工作地点。工作内容是劳动者应当为用人单位提供的劳动，即劳动者所从事的工种和岗位，以及在工作职位上必须达到的工作要求。

⑤ 工作时间和休息休假。

⑥ 劳动报酬。劳动报酬是用人单位根据劳动者劳动的数量和质量，以货币形式支付给劳动者的工资。劳动报酬条款应当明确工资的支付标准、时间、周期及奖金获得的条件和标准等。工资标准不得低于当地最低工资标准，也不得低于本单位集体合同规定的最低标准。

⑦ 社会保险。

⑧ 劳动保护、劳动条件和职业危害防护。劳动保护是用人单位为保障劳动者在劳动过程中的安全和健康，防止工伤事故和预防职业病的发生，所应采取的技术措施和组织措施。劳动条件是为完成工作任务应由用人单位提供的、不得低于国家规定标准的必要条件。

⑨ 法律、法规规定应当纳入劳动合同的其他事项。

（2）约定条款

劳动合同除以上法定条款以外，双方当事人可以根据实际需要在协商一致的基础上，规定其他补充条款。常见的约定条款有以下两种。

① 试用期条款。试用期是指劳动者与用人单位在订立劳动合同时，双方协商一致约定的考察期。劳动合同可以约定试用期，但试用期的期限不得违反法律的规定。劳动合同期限为 3 个月以上不满 1 年的，试用期不得超过 1 个月；劳动合同期限为 1 年以上不满 3 年的，试用期不得超过 2 个月；3 年以上固定期限的劳动合同和无固定期限的劳动合同，试用期不得超过 6 个月。同一用人单位与同一劳动者只能约定一次试用期。以完成一定工作任务为期

限的劳动合同或者劳动合同期限不满 3 个月的，不得约定试用期。因此，在本章的导入案例中，用人单位与同一劳动者多次约定试用期，这是违反法律规定的。

② 保守商业秘密和专有技术秘密条款。双方当事人可以在劳动合同中约定，在劳动关系存续期间劳动者负有保守用人单位商业秘密和专有技术秘密的义务。一般还可以约定，在终止劳动关系后的 1 年以内，劳动者继续承担保守原用人单位商业秘密和专有技术秘密的义务。

| 能力链接 |

能否把生产任务的完成作为享受最低工资的条件

陈某与某市医药公司签订了为期 10 年的劳动合同。合同约定陈某在医药公司所属的销售分公司从事销售工作，工资按《企业内部实行销售毛利润提成工资的办法》执行。

工作几个月后，陈某搞清楚了这个《企业内部实行销售毛利润提成工资的办法》，简而言之就是每个销售人员每月需完成销售利润 4 000 元的基数，完成这个基数方可按比例提取个人所得，作为销售人员的工资。如果没有完成 4 000 元的销售利润基数，企业将不予发放工资。

20×5 年，陈某的销售业绩十分出色，平均每月从企业领取的销售提成工资为 8 000 元左右。但进入 20×6 年以来，由于产品滞销，陈某连续 3 个月没有完成销售基数，在 3 个月的时间里销售分公司未发给陈某一分钱。

陈某认为，《企业内部实行销售毛利润提成工资的办法》不合理，销售分公司以他没有完成销售基数为由不支付工资的做法是不符合国家法律规定的，要求公司支付这 3 个月的工资。

但销售分公司却认为，《企业内部实行销售毛利润提成工资的办法》是合理合法的，在 20×5 年的全年中，陈某依据该办法平均每月领取 8 000 元工资时没有一点儿异议，偏偏现在因完不成销售额，领不到工资了才有异议，因此拒绝了陈某的要求。

陈某不服，遂向当地的劳动争议仲裁委员会提起了仲裁。

本案例中的《企业内部实行销售毛利润提成工资的办法》合法吗？

（资料来源：田在兰.人力资源管理.广州：暨南大学出版社，2011. 有改动）

8.2.2 劳动合同的订立、履行、变更和解除

1. 劳动合同的订立与效力

劳动合同的订立是指劳动者和用人单位双方就各自的权利、义务协商一致而签订的对双方具有约束力的，并以书面形式明确规定双方责任、义务及权利的法律行为。劳动合同是双方共同签订的，必须由双方当事人亲自订立。

（1）劳动合同订立的原则

劳动者与企业订立劳动合同时必须遵循 3 项基本原则。

① 平等自愿原则。指订立劳动合同的双方在法律上是平等的，并能自由表达各自在主张自己权益方面的意愿。

② 协商一致的原则。即双方就合同的所有条款进行充分协商，达成一致意见。
③ 必须遵守国家法律和政策的规定。合同的内容不得违反法律、行政法规的规定。

（2）劳动合同订立的程序

劳动合同的订立可以概括为以下两个阶段：第一阶段，由用人单位提出要约，并寻找和确定被要约方；按照"公开招收、自愿报名、全面考核、择优录用"的程序，确定用人单位的被要约方；第二阶段，签订劳动合同，即完成要约与承诺的全过程。被要约人确定后，由用人单位提出劳动合同的草案，被要约人如果完全同意用人单位提出的劳动合同草案内容，即为承诺，劳动合同成立。如果被要约方提出修改意见或要求增加新内容，双方就新的要约——再要约，反复协商，直到最终达成一致的协议。

（3）劳动合同的效力

《劳动法》规定，劳动合同依法订立即具有法律约束力，当事人必须履行劳动合同规定的义务。因此，在建立劳动力市场的过程中，订立劳动合同既要符合市场运行的规律，又要遵循国家法律所规定的程序。

（4）无效劳动合同

无效劳动合同是指订立时不符合法定条件，不能发生当事人预期的法律后果的合同。按照《劳动法》的规定，下列劳动合同为无效合同。

① 违反法律、行政法规的劳动合同。"法律、行政法规"既包括现行的法律、行政法规，也包括以后颁布实行的法律、行政法规；既包括劳动法律、法规，也包括民事、经济方面的法律、法规。

② 采取欺诈、威胁等手段订立的劳动合同。"欺诈"是指一方当事人故意告知对方当事人虚假的情况，或者故意隐瞒真实的情况，诱使对方当事人错误理解所做出的行为；"威胁"是指以给公民及其亲友的生命、健康、荣誉、财产等造成损害为要挟，迫使对方做出违背真实意思的行为。

无效劳动合同的产生源于签订劳动合同时没有遵守法律、法规的订立原则。《劳动法》规定："劳动合同的无效，由劳动争议仲裁委员会或者人民法院确认。"无效劳动合同一经确认，从签订之日起就没有法律效力，并非从确认之日起。无效劳动合同确认之后，应立即停止履行，不存在合同的终止、变更和解除等问题。已经履行的，如果订立无效合同属于用人单位的原因并且对劳动者造成损失的，用人单位应当承担赔偿责任。如果劳动合同属于部分条款无效，且不影响合同其他部分效力的，则其余部分仍然有效，但是当事人必须对无效部分重新订立。

2. 劳动合同的履行

劳动合同订立后，就涉及合同的履行问题。劳动合同的履行，是指劳动合同订立以后，劳动者和用人单位双方按照合同条款的要求，共同实现劳动过程、相互履行权利和义务的行为和过程。

劳动合同的履行，必须遵循以下 3 项原则。

① 劳动合同是在特定主体之间订立的，必须由特定的主体亲自履行，而不能由第三者代为履行。劳动者本人必须亲自承担合同规定的义务，不得请他人代为履行。用人单位一方也必须亲自履行其对劳动者的义务，不得推托。

② 全面履行原则。即劳动合同生效后，双方当事人按规定的期限，在规定的岗位或职

务中，保质保量地履行全部合同义务。

③ 实际履行原则。即合同双方当事人应按照劳动合同明确规定的标的完成自己应尽的义务。所谓标的，是指劳动合同权利和义务所指向的对象。劳动合同一旦订立，双方当事人就应积极完成合同规定的内容，不允许用其他标的来取代劳动合同中约定的标的。

④ 协作履行原则。即劳动合同双方当事人在履行合同的过程中要团结协作，相互支持和帮助，共同完成合同规定的各项内容。

3. 劳动合同的变更与延续

（1）劳动合同的变更

劳动合同的变更是指对已经存在的合同关系，通过当事人双方协商，对原订条款做部分修改、补充或废除，通过权利与义务关系的调整，使原订合同适应变化、发展的新情况，从而保证合同的继续履行。

① 变更劳动合同的原则。第一，变更劳动合同必须遵循平等自愿、协商一致的原则；第二，要及时、准确地变更劳动合同的相应内容；第三，要保证变更后的劳动合同的合法性。

② 变更劳动合同的条件。第一，订立劳动合同时所依据的法律、行政法规、规章制度发生了变化，为保证劳动合同的法律效力，需要变更相关的内容；第二，订立劳动合同所依据的客观情况发生了重大变化，致使劳动合同无法履行。主要有以下几种情况：发生自然灾害或企业事故；用人单位转产或发生分立、合并；企业调整生产任务；企业情况变化，如迁移地址；劳动者一方情况变化，如身体健康状况发生变化等。

（2）劳动合同的续延

劳动合同期限届满，可以续延。续延条件是：用人单位工作需要；双方当事人同意。劳动合同如要续延，应由有意续延的当事人先提出续延的要求。当劳动合同期限届满，合同未及时续延时，用人单位应与劳动者补办劳动合同终止或续延手续。续延的合同期限从原合同终止时计算，同时用人单位应赔偿不及时续延劳动合同而给劳动者造成的损失。

值得注意的是，当劳动者患病或者非因工负伤后，合同期满而医疗期未满时，合同需要续延到医疗期满为止。女职工在孕期、产期、哺乳期内的合同期满，合同期限应续延到"三期"届满为止。

4. 劳动合同的终止

劳动合同终止是指由劳动合同本身的因素或者不可抗力导致劳动合同自行消灭。劳动合同终止可以分为劳动合同自然终止和劳动合同因故终止两种情况。

（1）劳动合同自然终止

劳动合同自然终止，是指双方当事人已按合同规定履行全部义务，享受应有的权利，合同期限届满即告终止。在法律意义上，劳动合同的自然终止意味着双方当事人权利与义务关系的自然终止。

劳动合同自然终止，一般有以下 3 种情况。

① 合同期限届满的终止。

② 为完成某一项特定的具体工作而签订的劳动合同，工作完成劳动合同终止。

③ 职工退休，劳动合同即告终止。

劳动合同自然终止没有任何条件，但是应有提前通知的时间。通知终止合同的时间取决于双方当事人约定的报酬支付时间。在劳动合同正常终止的条件下，采取月工资报酬支付方式的，一般应在月末一周前通知对方，到该月末即为合同终止期。

（2）劳动合同因故终止

劳动合同因故终止，一般有以下4种情况。

① 协议终止。即双方当事人在履行劳动合同的过程中，由于各种情况的变化，使劳动合同没有延续履行的必要或可能，经双方当事人提出，双方当事人协商一致，达成协议，劳动合同即告终止。

② 劳动关系主体消灭，劳动合同即告终止。这有两种情况：第一种情况是劳动者因故死亡；第二种情况是用人单位资不抵债，整顿无效而宣告破产。合同一方消灭，劳动合同只能终止。

③ 经仲裁或裁决，劳动合同终止。

④ 因不可抗力而使劳动合同终止。即因为自然因素或社会因素而发生了双方当事人无法预料或者能预料但无法防止的情况，致使原劳动合同无法继续履行，如发生了战争、地震等灾害。

5. 劳动合同的解除

劳动合同的解除是指劳动合同订立后，尚未全部履行以前，由于某种原因导致劳动合同一方或双方当事人提前终止劳动关系的法律行为。

劳动合同的解除分为法定解除和约定解除两类。劳动合同可以双方协商解除，也可以由单方依法解除。劳动合同解除有以下4种情况。

（1）经双方协商同意而解除劳动合同

按照《劳动法》的规定，经劳动合同当事人协商一致，劳动合同可以解除。双方协议解除劳动合同，必须坚持平等自愿、协商一致的原则。由用人单位提出解除劳动合同的，用人单位应根据劳动者在本单位工作年限，每满1年发给相当于1个月工资的经济补偿金，最多不超过12个月。工作不满1年的，按1年的标准发给经济补偿金。

（2）由用人单位单方面解除劳动合同

由用人单位单方面解除劳动合同有以下3种情况。

第一，过失性辞退。劳动者有下列情况之一的，用人单位可以随时解除劳动合同，并且不承担经济补偿责任：在试用期间被证明不符合录用条件的；严重违反劳动纪律或者用人单位规章制度的；严重失职、营私舞弊、对用人单位利益造成重大损害的；被依法追究刑事责任的。

第二，非过失性辞退。劳动者有下列情况之一的，用人单位可以解除劳动合同，但是应当提前30日以书面形式通知劳动者本人，并承担相应的经济补偿责任。

① 劳动者患病或者因工负伤，医疗期满后，不能从事原工作，也不能从事用人单位另行安排的工作。按照有关法律规定，用人单位应根据劳动者在本单位工作年限，每满1年发给相当于1个月工资的经济补偿金，同时发给不低于5个月的医疗补助费。患重病和绝症的，还应增加医疗补助费，患重病的增加部分不低于医疗补助费的50%，患绝症的增加部分不低于医疗补助费的100%。

② 劳动者不能胜任工作，经过培训或者调整工作岗位，仍不能胜任工作的。用人单位按其在本单位工作年限，每满1年发给相当于1个月工资的经济补偿金，最多不超过12

个月。

③ 劳动合同订立时所依据的客观情况发生重大变化，致使原劳动合同无法履行，经当事人协商不能就变更劳动合同达成协议的。用人单位按其在本单位工作年限，每满1年发给相当于1个月工资的经济补偿金。

第三，经济性辞退。用人单位在濒临破产，进行法定整顿期间或者生产经营状况发生严重困难，确需裁减人员的时候，可以解除与劳动者的劳动合同。

用人单位进行经济性辞退按下列程序进行：提前30日向工会或者全体职工说明情况，并提供有关生产经营状况的资料，提出裁减人员方案；就裁减人员方案征求工会或者全体职工的意见，并对该方案进行修改和完善；向当地劳动行政部门报告裁减人员方案并听取劳动行政部门的意见；由用人单位正式公布裁减人员的方案，与被裁减人员办理解除劳动合同的手续。按照《违反和解除劳动合同的经济补偿办法》（以下简称《补偿办法》），用人单位应根据劳动者在本单位工作年限，每满1年发给相当于1个月工资的经济补偿金。

（3）由劳动者单方面解除劳动合同

由劳动者单方面解除劳动合同有以下两种情况。

第一，《劳动法》规定："劳动者解除劳动合同，应当提前三十日以书面形式通知用人单位。"这一规定对劳动者行使辞职权不附加任何条件，若劳动者以书面形式向用人单位提出辞职，超过30日，用人单位应予以办理。但是当劳动者违反劳动合同约定时要依法承担责任。按照《补偿办法》，劳动者违反劳动合同约定解除劳动合同，劳动者应赔偿用人单位的损失费用包括：用人单位招收录用其所支付的费用；用人单位为其支付的培训费用；对生产、经营和工作造成的直接经济损失费用；劳动合同约定的其他赔偿费用。

第二，按照《劳动法》的有关规定，有下列情况之一的，劳动者可以随时通知用人单位解除劳动合同：在试用期内的；用人单位以暴力、威胁或者非法限制人身自由的手段强迫劳动者劳动；用人单位未按照劳动合同约定支付劳动报酬或者提供劳动条件。"未按劳动合同约定支付劳动报酬"包括延期支付、以实物代替货币支付、拒绝支付等行为。未按劳动合同约定提供劳动条件，包括劳动条件恶劣、严重违反国家法律规定的各种劳动安全卫生标准，对劳动者身体健康和生命安全造成直接威胁。

（4）不得解除劳动合同的条件

《劳动法》规定，劳动者有下列情形之一的，用人单位不得依据《劳动法》第26条、第27条的规定解除劳动合同：患职业病或者因工负伤并被确认丧失或者部分丧失劳动能力的；患病或者负伤，在规定的医疗期内的；女职工在孕期、产期、哺乳期内的；法律、行政法规规定的其他情形。

6. 违反劳动合同的责任

违反劳动合同的责任是指用人单位或劳动者本身的过错造成不履行或不适当履行合同的责任。根据《劳动法》和《补偿办法》的规定，以下6种情形应承担经济补偿责任。

① 用人单位侵犯劳动者合法权益的情形及责任表现如下：克扣或者无故拖欠劳动者工资的；拒不支付劳动者延长工作时间工资报酬的；低于当地最低工资标准支付劳动者的工资的；解除劳动合同之后，未依照规定给予劳动者经济补偿的。用人单位有上述4种行为之一者，应责令支付劳动者工资报酬、经济补偿，并支付相当于劳动者工资报酬、经济补偿总和

1~5 倍的赔偿金。

《补偿办法》第 3 条规定，用人单位克扣或者无故拖欠工资，以及拒不支付延长工作时间报酬的，除在规定时间内全额支付外，还须加发相当于工资报酬的 25% 的经济补偿金；第 4 条规定，用人单位低于当地最低工资标准支付劳动者工资报酬的，除补足低于的部分外，应另外支付相当于低于部分的 25% 的经济补偿金；第 10 条规定，用人单位解除劳动合同后，未按规定给予劳动者经济补偿的，除全额发给经济补偿金外，还必须按经济补偿金数额的 50% 支付额外经济补偿金。

② 由于用人单位的原因订立的无效合同，用人单位应承担赔偿责任。《劳动法》规定：由于用人单位的原因订立无效合同，对劳动者造成损害的，应承担赔偿责任；用人单位招用未解除劳动合同的劳动者，对原用人单位造成经济损失的，该用人单位应当依法承担连带赔偿责任。

③ 用人单位解除合同或故意拖延不订立合同的，应当承担经济责任。《劳动法》规定，违反法定的条件，解除劳动合同或者故意拖延不订立劳动合同的用人单位，由行政部门责令改正，对劳动者造成损害的，应当承担赔偿损失的责任。

④ 用人单位由于客观原因解除劳动合同，应承担补偿责任。

⑤ 经当事人协商由用人单位解除劳动合同的，用人单位应承担经济补偿责任。

⑥ 劳动者患病或者非因工负伤，不能从事工作也不能从事由用人单位另行安排的工作而解除劳动合同的，用人单位应承担经济补偿责任。

8.2.3 集体合同的协商与履行

1. 集体合同概述

（1）集体合同

集体合同是指用人单位与本单位员工根据法律、法规和规章的规定，就劳动报酬、工作时间、休息休假、劳动安全卫生、保险福利等事项在平等协商一致的基础上签订的书面协议。集体合同是协商劳动关系、维护劳动者权益的重要手段，在世界各国得到了普遍应用。

（2）集体合同与劳动合同的区别

① 主体不同。协商、谈判、签订集体合同的当事人一方是企业，另一方是工会组织或劳动者按照合法程序推举的代表；劳动合同的当事人则是企业和劳动者个人。

② 内容不同。集体合同的内容是关于企业的一般劳动条件标准的约定，以全体劳动者共同权利和义务为内容，它可以涉及集体劳动关系的某一方面；劳动合同的内容只涉及单个劳动者的权利和义务。

③ 功能不同。协商、订立集体合同的目的是规定企业的一般劳动条件，为劳动关系的各个方面设定具体标准，并作为单个劳动合同的基础和指导原则；劳动合同的目的是确立劳动者和企业的劳动关系。

④ 法律效力不同。集体合同的效力高于劳动合同的效力，其效力覆盖企业和全体员工。劳动者个人与用人单位签订的劳动合同中的劳动条件和劳动报酬等标准不得低于集体合同的规定，否则无效。

⑤ 形式要件不同。签订集体合同需要提交职工代表大会或者全体职工讨论通过，由双方首席代表签字，必须采用书面形式，并报劳动行政部门批准；劳动合同只需劳动者个人与用人单位协商签订。

2. 集体合同的订立

《劳动合同法》第 51 条规定，集体合同由工会代表企业职工一方与用人单位订立；尚未建立工会的用人单位，由上级工会指导劳动者推举的代表与用人单位订立。集体合同按以下程序订立。

（1）集体协商

这是指企业工会或者员工代表与相应的企业代表为签订集体合同进行商谈的行为。

（2）审议通过，双方签字

集体合同草案应当提交职工代表大会或全体职工讨论通过，然后由双方首席代表在集体合同文本上签字。

（3）报送登记、审查、备案

集体合同必须经过有关部门审查方能生效。集体合同订立后，应报送劳动行政部门。劳动行政部门自收到集体合同文本之日起 15 日内未提出异议的，集体合同即行生效。

（4）公布

集体合同生效后，双方应向各自代表的全体成员予以公布。

8.3 劳动争议

8.3.1 劳动争议概述

1. 劳动争议的概念

劳动争议就是劳动纠纷，是指劳动关系当事人之间因劳动权利与义务而发生的争执。在我国，劳动争议具体是指劳动者与用人单位之间，在《劳动法》调整范围内，因适用国家法律、法规和订立、履行、变更、终止和解除劳动合同，以及其他与劳动关系直接相联系的问题而引起的纠纷。劳动纠纷是劳动关系不协调的反映，只有妥善、合法、公正、及时地处理劳动关系纠纷，才能维护劳动关系双方当事人的合法权益。

企业劳动关系的纠纷或冲突，是指企业劳动关系的双方主体及其代表在涉及与劳动相关的经济利益时所产生的矛盾及其激化的外在表现形式，或所采取的各种不同的经济斗争手段。可以看出，企业劳动争议与企业劳动关系的冲突是两个既密切相关又有一定区别的不同概念。它们之间的重要联系和相关之处在于：两者都是指企业劳动关系的双方主体及其代表，在涉及与劳动相关的经济利益或实现劳动权益和履行劳动义务等方面产生的相互矛盾及其表现形式；这种矛盾在初始阶段或并不激烈的情况下，一般表现为企业劳动争议，当这种矛盾发展到一定程度或变得激烈时就外化为企业劳动关系的冲突。

2. 劳动争议产生的原因

劳动争议的产生，一方面是由于劳动者与用人单位的法律意识不断增强，另一方面则是由以下 4 个方面的原因引发。

（1）劳动报酬和保险福利待遇的保障问题

主要是指企业因生产经营困难，长期拖欠职工工资，造成职工生活困难；还有就是经营者无故拖欠、克扣职工工资而引发劳动争议。另外，因企业不依法履行为职工缴纳社会保险费的义务、不及时支付职工医药费和离退休人员的养老金、部分工亡职工遗属要求提高抚恤标准、内部退养职工要求增发基本生活费等发生的福利保险劳动争议比较多。

（2）劳动合同管理不规范，因变更、解除、终止劳动合同引发的争议

有的企业随意解除或终止合同，且不按规定支付经济补偿金或生活补助费，不能妥善处理与职工的债权债务关系；也有部分用人单位存在改制不规范，不与职工协商变更劳动合同，存在强迫职工买断工龄等损害职工利益的现象，使职工的基本生活费没有保障；也有些职工存在随意"跳槽"等违约行为。

（3）因劳动保护和职业培训引发的争议

用人单位不认真履行对职工的职业培训义务，劳动保护条件差，职工的劳动安全卫生得不到有效保障；有的职工因个人原因离开单位后，不按约定承担赔偿单位为其支付的培训费的责任。

（4）法律意识淡薄引起的争议

一些外商投资企业、私营企业等非国有企业经营者法律意识淡薄，往往以牺牲劳动者合法权益换取经济效益，存在收取风险抵押金、超时加班、体罚员工、欠薪逃跑、生产环境恶劣、工伤事故频发等现象。

8.3.2 劳动争议处理的原则

根据我国《劳动法》第 78 条，解决劳动争议，应当根据合法、公正、及时处理的原则，依法维护劳动争议当事人的合法权益。

人力资源部门在处理劳动争议时应当遵循以下 4 项原则。

1. 依法处理劳动争议原则

劳动争议处理机构应当在查清问题的基础上，依据《劳动法》等法规、规章和政策做出公正处理。达成的调解协议、做出的裁决和判决不得违反国家现行法规和政策规定，不得损害国家利益、社会公共利益或他人合法权益。

2. 当事人在法律上一律平等原则

这一原则包含两层含义：一是劳动争议双方当事人在处理劳动争议过程中的法律地位平等，平等地享有权利和履行义务，任何一方都不得把自己的意志强加于另一方；二是劳动争议处理机构应当公正执法，保障和便利双方当事人行使权利，对当事人在适用法律上一律平等，不得偏袒或歧视任何一方。

3. 着重调解劳动争议原则

我国《劳动法》规定，在用人单位内，可以设立劳动争议调解委员会。劳动争议发生后，当事人可以向本单位劳动争议调解委员会申请调解，调解不成再申请仲裁。同时规定，调解原则适用于仲裁和诉讼程序，即在进入劳动争议仲裁程序和劳动争议诉讼程序时，首先进行调解。

4. 及时处理劳动争议的原则

处理劳动争议,还应遵循及时处理的原则,防止久调不决。《劳动法》规定,提出仲裁要求的一方应当自劳动争议发生之日起 60 日内向劳动争议仲裁委员会提出书面申请。仲裁裁决一般应在收到仲裁申请的 60 日内做出。

8.3.3 劳动争议的种类

1. 企业个别争议和企业集体争议

企业劳动争议按照劳动者一方争议当事人的多少可以分为企业个别争议和企业集体争议两种。企业个别争议,是指企业个别劳动者与企业管理者之间发生的具有独特内容的劳动争议;企业集体争议,又叫企业团体争议,是指劳动者一方为规定的多数人或某一团体,就共同争议内容和争议请求与企业管理者之间发生的劳动争议。需要指出的是,企业劳动者因与企业管理者签订和履行集体合同而发生的团体劳动争议也属于集体争议的范畴。

一般来说,企业个别争议具有以下 3 个特点。

① 劳动者一方的争议当事人人数未达到集体争议当事人人数的法定要求。比如劳动者一方的争议当事人人数仅为 1 人或 2 人。

② 争议内容只是关于个别劳动关系、劳动问题的,而不是关于一类劳动关系、劳动问题或集体合同的。后者只能出现在集体争议中。

③ 对于争议的处理,劳动者一方的争议当事人只能自己参加,而不能作为另一个人的代表。

与企业个别争议相比,企业集体争议具有以下 3 个特点。

① 劳动者一方的争议当事人人数必须达到法定的要求。比如我国规定,企业集体争议的法定人数是 3 人及以上。当然,关于集体合同的企业集体争议,劳动者一方的争议当事人是由工会代表的。

② 争议内容是共同的。这并不排除参加企业集体争议的个别劳动者存在自己个别的利益,但他们提出争议的理由和要求是相同的,争议的处理也是以劳动者集体利益为处理标的的。这在集体合同的争议中表现得更为突出。

③ 对于争议的处理,劳动者一方可由选举的代表或工会出面参加。争议处理的结果,只对参与争议的劳动者有效,对未参与争议的劳动者没有法律效力。当然,关于集体合同争议处理的结果,对全体劳动者或全体工会会员都有法律效力。

2. 企业既定权利争议和企业待定权利争议

按照争议内容的性质不同,可将企业劳动争议划分为企业既定权利争议和企业待定权利争议两种。企业既定权利争议,是指企业劳动关系双方主体及其代表对既定权利和义务的实现和履行产生的争议。企业待定权利争议,是指企业劳动关系双方主体及其代表在确定彼此的权利和义务时产生的争议。

一般来说,有关劳动法规和企业集体合同(或劳动合同)对企业劳动关系双方当事人的权利和义务都有明确的规定。只要双方当事人履行既定的权利和义务,企业劳动争议是不会发生的;而双方当事人不行使既定的权利或不履行既定的义务,或者双方当事人在既定的权利和义务的理解上产生分歧时,企业既定权利争议就会发生。这就是说,企业既定权利争议是就有关劳动法规和企业集体合同(或劳动合同)的执行与否而产生的争议。

企业待定权利争议一般发生在企业集体合同（或劳动合同）的订立或变更阶段。当企业劳动关系双方主体及其代表在订立或变更企业集体合同时，对彼此权利和义务关系的确定存在不同的意见，企业待定权利争议就会发生。

3. 国内企业争议和涉外企业争议

企业劳动争议按照争议当事人的所属国籍不同，可以划分为国内企业争议和涉外企业争议。

国内企业争议，是指具有本国国籍的企业劳动者与本国企业的管理者之间的劳动争议。在我国，外商投资企业中的中外合资经营企业和中外合作经营企业属中国企业，因此它的管理者与中国员工之间发生的劳动争议属于国内企业争议。

涉外企业争议，是指当事人一方或双方具有外国国籍或无国籍的企业劳动争议。它包括本国企业管理者与外籍员工之间、外籍雇主与本国员工之间，以及外籍雇主与外籍员工之间的劳动争议。无论是哪种形式的涉外企业争议，企业所在地必须在本国境内，否则不属于本国的涉外企业争议。在我国，外商投资企业中的外商独资企业是由外籍雇主独资兴办的，它与中国员工或外籍员工之间发生的劳动争议属于涉外企业争议。

应当明确的是，按照国际惯例，涉外企业争议的处理应遵循本国的法律和处理原则。如我国《宪法》第18条就明确规定："在中国境内的外国企业和其他外国经济组织以及中外合资经营的企业，都必须遵守中华人民共和国的法律。它们的合法的权利和利益受中华人民共和国法律的保护。"这就意味着我国的涉外企业在具体决定雇用、解雇和开除员工，以及确定本企业工资、津贴和奖惩等时要体现中国的法律原则，在处理涉及这些问题的劳动争议时也要符合中国的法律要求。

8.3.4 劳动争议处理的程序

处理劳动争议的程序是：当用人单位与劳动者发生劳动争议后，当事人双方应当协商解决。不愿协商或者协商不成的，可以向本企业劳动争议调解委员会申请调解，调解不成的，可以向劳动争议仲裁委员会提出仲裁申请。当事人也可以不经过企业劳动争议调解委员会调解，直接向劳动争议仲裁委员会申请仲裁，但不能直接向人民法院起诉。只有对劳动争议仲裁委员会的仲裁结果不服的，才可以向人民法院起诉。

1. 劳动争议协商

劳动争议协商是指由劳动关系双方采取自治的方法解决纠纷，由职工代表和雇主代表出面，根据双方集体协议，组成一个争议处理委员会，就工资、工时、劳动条件等工人提出的争议内容，双方相互协商，达成协议，以和平手段解决争议。

劳动争议发生时，由劳动关系当事人进行协商、妥善解决是最直接、最有效的方法，因为劳动争议问题正是发生在他们之间。这些问题如果能够得到解决，所得到的是双方基本满意或可以接受的结果。

实际上，解决劳动争议最常见的方法就是当事人双方协商。许多企业会出现各种各样的争议，其中一种情况是要么是职工对企业的制度不理解，要么是对企业的要求看法片面，要么是对问题带有个人情绪。这些通常都需要企业的人力资源部门、工会或行政部门代表企业对员工进行耐心的说服和教育，使他们改变认识，正确理解企业的制度要求。另一种情况则是企业制定的制度存在问题，或者在制度执行过程中有不公正的做法。制度存在问题通常表现为同样的争议不断重复出现，这就要对制度进行修改。执行制度不公正问题会表现在某些部门，这就需要对部门主管进行考察和对主管的不恰当做法进行及时纠正。当事人协商的做法可以把矛盾消灭在萌芽状态，是企业解决劳动关系矛盾最普遍的方法。

2. 劳动争议调解

劳动争议调解是指第三者介入劳动争议，促使当事人达成和解协议。当劳动关系双方对争议无法达成一致意见时，就需要由企业劳动争议调解委员会扮演中立角色进行调解。当然，当争议出现时，如果员工直接要求调解委员会进行调解，这时就要进入调解程序。

劳动争议调解委员会所进行的调解活动是群众自我管理、自我教育的活动，具有群众性和非诉讼性的特点。劳动争议调解委员会调解劳动争议的步骤如下。

（1）申请

申请是指劳动争议当事人以口头或书面方式向本单位劳动争议调解委员会提出调解的请求。申请是自愿的。

（2）受理

受理是指劳动争议调解委员会接到当事人的调解申请后，经过审查，决定接受申请的过程。受理包括 3 个过程：一是审查，即审查发生争议的事项是否属于劳动争议；二是通知并询问另一当事人是否愿意接受调解，只有双方当事人都同意调解，调解委员会才能受理；三是决定受理后及时通知当事人做好准备，并告之调解时间、地点等事项。

（3）调查

经过深入调查研究，了解情况，掌握证据材料，弄清争议的原委及调解争议的法律政策依据等。

（4）调解

调解委员会召开准备会，统一认识，提出调解意见，并找双方当事人谈话和召开调解会议。调解一般包括准备、开始、实施和终止几个阶段。

调解的期限是 30 天，即调解劳动争议，应自当事人提出申请之日起 30 日内结束，到期未结束的，视为调解不成。

（5）制作调解协议书

经过调解，双方达成协议，由调解委员会撰写调解协议书。

3. 劳动争议仲裁

当企业调解委员会对劳动争议调解不成时，可以由争议当事人一方或双方在其权利被侵害之日起 60 日内，以书面形式向当地劳动行政部门的劳动争议仲裁委员会提出申请。仲裁委员会应当自收到申诉书之日起 7 日内做出是否受理的决定。

仲裁委员会在处理劳动争议时，当事人可以委托 1~2 名律师或者其他代理人参加仲裁活动。仲裁庭审理劳动争议案件应当先行调解（这时，当事人双方也可以自行和解），在查明事实的基础上促使当事人双方自愿达成协议。对于调解达成协议的，仲裁庭根据协议内容制作调解书，调解书自送达之日起具有法律效力。调解未达成协议或者调解书送达前当事人反悔的，仲裁庭应当及时裁决。仲裁庭处理劳动争议，应当自组成仲裁庭之日起 60 日内结束。

仲裁庭做出裁决后，应制作仲裁裁决书。当庭裁决的，应当在 7 日内发送裁决书。

第 8 章 劳动关系管理

> **能力链接**

劳动争议仲裁书样例

申请人：单某，男，1952 年 10 月 13 日生，江苏如皋人，住江苏省如皋市搬经镇 A 村 2 组。
委托代理人：张丽红，如皋市某法律服务所法律工作者。
委托代理人：单丹华，住江苏省如皋市搬经镇 A 村 2 组。
被申请人：如皋市某制线有限公司，地址：如皋市磨头镇 B 村 4 组。
法定代表人：于某。
委托代理人：赵国，江苏省某律师事务所律师。
案由：解除劳动关系争议。
申请人仲裁请求：要求被申请人支付申请人 2016 年工资 12 000 元及 2015—2016 年年补加工资 5 000 元；支付 2015—2016 年加班工资 47 815.04 元；双倍支付违法解除劳动合同的补偿金 35 000 元，为申请人办理相关保险。在仲裁委员会的主持下，当事人自愿达成调解协议：
1. 双方劳动关系自 2016 年 12 月 23 日起解除；
2. 被申请人同意一次性补助申请人 5 000 元（含申请人仲裁请求的各项补偿）；
3. 上述款项，被申请人确认在 2017 年 4 月 22 日前一次性支付完毕；
4. 除上述内容外，双方无任何权利与义务的争议。申请人不再就双方劳动关系存续期内与解除等事项向被申请人主张任何权利。

4. 劳动争议诉讼

劳动争议诉讼是人民法院按照《中华人民共和国民事诉讼法》（以下简称《民事诉讼法》）的程序，以劳动法规为依据，按照劳动争议案件进行审理的活动。当事人如果对仲裁裁决不服，自收到裁决书之日起 7 日内，可以向人民法院起诉。劳动争议当事人必须经过劳动争议仲裁委员会仲裁后才能向地方人民法院提起上诉。人民法院按照《民事诉讼法》的规定进行审理，它包括劳动争议案件的起诉、受理、调查取证、审判和执行等一系列诉讼过程。

8.4 社会保障

8.4.1 社会保障的含义

社会保障是指国家通过立法，积极动员社会各方面资源，保证无收入、低收入及遭受各种意外灾害的公民能够维持生存，保障劳动者在年老、失业、患病、工伤、生育时的基本生活不受影响，同时根据经济和社会发展状况，逐步增进公共福利水平，提高国民生活质量。

我国《宪法》规定："中华人民共和国公民在年老、疾病或者丧失劳动能力的情况下，有从国家和社会获得物质帮助的权利。"社会保障制度具有强制性，是用人单位进行人力资源管理时必须执行的内容。

8.4.2 我国社会保障制度的主要内容

目前,我国和大多数国家的社会保障制度基本上是相同的,包括了社会救济、社会保险和社会福利三大领域。

1. 我国的社会保障制度

在社会保障中,最低的层次是社会救济。社会救济的对象是社会中的最弱者群体,或者说是群体公民中的最弱者群体。社会救济在全体公民遇到困难的时候都能够享受,但是真正享受的人应该是很少的,是最低层次的。

社会保障的第二个层次就是社会保险,包括养老保险、医疗保险、失业保险、工伤保险。社会保险的对象和社会救济不一样,它的对象主要是劳动者及劳动者的家庭。

社会保障的最高层次是社会福利,它的涉及范围很广,不同经济发展水平的国家、不同经济体制的国家,在社会福利的范围上有很大的不同。

2. 我国社会保险的主要内容

从用人单位的角度看,我国的社会保险包括5大内容:医疗保险、失业保险、养老保险、工伤保险和女性员工的生育保险,在缴费时一般实行"五保合一"的办法。

(1) 医疗保险

医疗保险是指当个人生病或非因工负伤时,由国家和社会给予一定的经济补偿与医疗服务的一种社会保障制度。医疗保险的根本功能是使受到疾病侵害的劳动者能力得到恢复。医疗保险通常是由国家建立基金,实施强制执行制度。我国的医疗保险费用由用人单位和个人共同缴纳。医疗保险能够将集中在个体身上的由疾病风险所导致的经济损失分摊给所有参加保险的社会成员,并将集中起来的医疗保险资金用于补偿由疾病所带来的经济损失。

我国现行的企业职工基本医疗保险制度覆盖了城镇所有用人单位及职工,并实行社会统筹和个人账户相结合的原则。

(2) 失业保险

失业保险是国家和社会为保证劳动者在等待重新就业期间的基本生活而给予的一种物质帮助制度。失业保险可以较好地维持人力资源的工作能力,在社会有需求时能够马上就业和投入使用。对暂时无法就业的社会成员提供经济帮助,是各国政府的责任,也是全社会的责任。通过建立失业保险基金,使人力资源在职业中断期间能从国家和社会得到必要的经济帮助,有利于很好地维持其工作能力,进而通过转业培训、生产自救、职业介绍等途径重新实现就业。

我国现行的失业保险制度,覆盖了城镇所有企业、事业单位及其职工。

(3) 养老保险

养老保险,亦称"老年保险"或"年金保险",是指劳动者在达到国家规定的解除劳动义务的劳动年龄界限或在年老丧失劳动能力的情况下,能够依法获得经济收入、物质帮助和生活服务的社会保险制度。可以说,养老保险是对人力资源过去劳动的承认,同时表现了对人力资源的人文关怀。

养老保险可分为基本养老保险、补充养老保险和个人储蓄养老保险,通常称为养老保险的第一支柱、第二支柱和第三支柱。基本养老保险是由国家立法强制实行的政府行为,全体劳动者都必须参加。补充养老保险是在国家法律、法规和政策的指导下,在企业和职工已经参加基本养老保险的前提下,由企业与职工视企业经营状况,通过民主协商,自行选择经办机构,自主确定是否参加保险和确定保险水平。个人储蓄养老保险完全是一种个人行为,公民和劳动者均可按照自己的意愿决定是否投保,以及投保的水平和选择经办机构。这里所阐述的养老保险主要是指基本养老保险。建立养老保险制度,通过社会统筹的方式统筹基金,参与国民收入的再分配,解决劳动者的养老问题,对调节劳动者之间的收入分配差距,实现互助互济、缩小贫富差距、保障劳动者的基本生活、促进社会稳定等方面都具有积极作用。

(4) 工伤保险

《工伤保险条例》对工伤保险的范围、工伤保险基金、工伤认定、劳动能力鉴定、工伤保险待遇、监督管理和法律责任等都做了明确规定:各类企业、有雇工的个体工商户都应当为本单位全部职工或者雇工缴纳工伤保险费,中华人民共和国境内的各类企业职工和个体工商户的雇工,均有依照本条例的规定享受工伤保险待遇的权利;工伤保险基金由用人单位缴纳的工伤保险费、工伤保险基金的利息和依法纳入工伤保险基金的其他资金构成;工伤保险费根据以收定支、收支平衡的原则,确定费率;用人单位缴纳工伤保险费,职工个人不缴纳工伤保险费;职工因工作遭受事故伤害或者患职业病进行治疗,享受工伤保险待遇;职工住院治疗工伤的,其所在单位按照本单位因公出差伙食补助标准的 70% 发给住院伙食补助费,经医疗机构出具证明,报经办机构同意,工伤职工到统筹地区以外就医的,所需交通、食宿费用由所在单位按照本单位职工因公出差标准报销。

(5) 生育保险

生育保险是指女性员工生育子女时所花费的生育手术费、住院费等费用的补偿,还包括对女性员工在规定的生育假期内因未从事劳动而不能获得工资收入的补偿。

> 能力链接

我国社会保障面临严峻挑战

社会保障体系是经济发展的推进器,也是社会和谐的稳定器。然而,我国社会保障目前面临着以下 5 个方面的严峻挑战。

① 城市社会保障覆盖范围还不够宽,大量城市集体、私营和外商投资企业的职工、自由职业者、个体工商户和进城农民工仍未纳入社会保障范围。

② 社会资金筹措困难,逃缴、拖欠保费现象严重,地方财政支出结构调整力度不够,对中央财政依赖性较大,一些补充社会保险基金的渠道尚未落实。

③ 人口老龄化对养老和医疗保险提出更高要求,资金积累和保障服务功能仍不适应。

④ 产业结构调整步伐加快,许多传统产业受到冲击,失业人数增加,失业保险面临前所未有的压力。

⑤ 农村社会保障程度低。

8.4.3 当前我国建立健全社会保障体系的主要任务

建立健全与经济发展水平相适应的社会保障体系,既是全面建设和发展中国社会主义市场经济的必然要求,也是保持社会稳定和国家长治久安的根本大计。必须从各地实际情况出发，根据"独立于企事业单位之外、资金来源多元化、保障制度规范化、管理服务社会化"的目标，坚持广泛覆盖、适当标准、基本保障与补充保障相结合原则，建立健全有中国特色的社会保障体系。

1. 坚持社会统筹和个人账户相结合，完善职工基本养老保险制度

进一步扩大企业基本养老保险覆盖面，逐步将各种所有制企业职工都纳入基本养老保险范围，重点做好个体私营企业、外资企业和灵活就业人员的参保工作；适当提高基本养老保险统筹层次，逐步做实个人账户；改革机关事业单位养老保险制度；建立多渠道筹集养老保险资金的机制，并使之制度化、规范化，以保证养老保险资金有稳定可靠的来源，最大限度地弥补养老保险基金的缺口，从而为完善我国养老保险制度奠定基础。

2. 推进医疗保险制度改革

完善医疗保险及配套制度改革，强化医疗服务管理；城镇职工医疗保险制度改革与医疗卫生体制改革、药品流通体制改革同步推进。

3. 建立健全失业保险制度

随着企业制度的变革和劳动力市场的发育，失业及失业人员的保障问题已成为我国社会经济生活的重要问题，在一定时期甚至会成为非常严重的社会问题。因此，应借鉴国外经验，并根据我国实际建立健全失业保险制度。

4. 全面落实城市居民最低生活保障制度

全面落实城市居民最低生活保障制度，切实贯彻属地管理原则，将符合条件的城市困难居民全部纳入最低生活保障范围；规范最低生活保障标准和保障对象范围，加大对城市最低生活保障的财政投入。按照《城市居民最低生活保障条例》的规定，加强对城市居民最低生活保障制度落实情况的监督、检查，重点解决保障资金落实和保障对象核查问题，防止保障资金不到位、保障对象有遗漏等现象，切实保障城市居民的最低生活需求，完善城市居民最低生活保障、国有企业下岗职工基本生活保障和失业保险制度这3条社会保障线的衔接。

5. 加快建立农村养老保险、医疗保险和最低生活保障制度

农村社会保障是我国整个社会保障制度的薄弱环节。随着农村经济的发展，城镇化进程的加快，农村社会保障问题日益突出。促进城乡协调发展，迫切要求加快农村社会保障制度建设。当前重点是加快农村养老保险、医疗保险和最低生活保障体系建设。

6. 合理确定社会保障范围、标准和水平

合理确定社会保障范围、标准和水平，既要保障离退休人员、失业人员的基本生活和职工的基本医疗需要，又不能超出社保资金的承受能力。

单元小结

劳动关系是就业组织中由雇佣行为而产生的关系，是组织管理的一个特定领域，它以研究与雇佣行为管理有关的问题为核心内容。劳动关系的基本含义是指管理方与劳动者个人及团体之间产生的由双方利益引起的表现为合作、冲突、力量和权力关系的总和，受到一定社会的经济、政治、法律制度和文化的影响。

劳动合同又称劳动契约、劳动协议，是指劳动者与用人单位确立劳动关系，明确双方权利和义务的协议。我国《劳动合同法》规定，建立劳动关系应当订立书面劳动合同；同时还规定用人单位与劳动者应当按照劳动合同的约定，全面履行各自的义务。

劳动争议就是劳动纠纷，是指劳动关系当事人之间因劳动权利与义务而发生的争执。在我国，劳动争议具体是指劳动者与用人单位之间，在《劳动法》调整范围内，因适用国家法律、法规和订立、履行、变更、终止和解除劳动合同，以及其他与劳动关系直接相联系的问题而引起的纠纷。劳动纠纷是劳动关系不协调的反映，只有妥善、合法、公正、及时地处理劳动关系纠纷，才能维护劳动关系双方当事人的合法权益。

社会保障制度是在政府的管理之下，以国家为主体，依据一定的法律和规定，通过国民收入的再分配，以社会保障基金为依托，对公民在暂时或者永久性失去劳动能力，以及由于各种原因生活发生困难时给予物质帮助，用以保障居民的最基本的生活需要。社会保障制度是通过集体投保、个人投保、国家资助、强制储蓄等办法筹集资金的。

思考与实践

一、复习思考题

1. 简述劳动关系的含义及构成要素。
2. 简述劳动关系的调整机制。
3. 简述劳动关系管理的基本原则。
4. 劳动合同的含义及法律特征是什么？
5. 劳动合同如何订立、履行、变更和解除？
6. 什么是劳动争议？劳动争议的处理原则是什么？
7. 简述劳动争议的种类。
8. 劳动争议处理的程序是什么？
9. 什么是社会保障？社会保障制度的主要内容有哪些？

二、案例分析

案例 1　劳动合同怎么解除更有利

王成江是重点大学统计学专业本科生，工程师职称，2010 年毕业，同年与北京一家国有企业签订劳动合同，从事计划统计工作。2013 年年底公司进行股份制改革，重新签订了劳动合同，合同期限为 2014 年 1 月 1 日到 2019 年 12 月 31 日。王成江在合同补充条款上约定：公司必须提供与统计相关的工作岗位。2014 年 3 月，公司撤销下属分公司，所有的人员都没有了岗位，同时又成立了一个统计调研室，只有一个职位。王成江和其他人一起竞聘这个职位，但由于王成江和公司主要领导的关系不好，所以最后没有竞聘到此职位，而此职位被公司一位副总的夫人（一位技校生）得到。在这之后，王成江很不服气，找公司人力资源部经理理论。公司又开会讨论了王成江的工作问题，最后决定安排王成江到很偏僻的一个地方去做统计，并且口头通知并征询王成江的意见，王成江没有同意，于是从 2014 年 3 月开始，一直待岗，每月工资 326 元（最低生活费）。2014 年 9 月，王成江在家待岗期间，被另外一家企业看中，被邀请去做统计部主任，工作至今。2015 年 1 月，公司知道了王成江在外面工作，于是找到王成江，协商给他安排工作，王成江没有同意，公司通知他"要么和公司签订外出务工协议，每月向公司交纳 500 元管理费及代缴保险费，保留档案关系，要么就回来上班，否则公司不发放任何福利费"。王成江决定和原公司解除劳动合同，怎么解除更合理，他提出了自己的几点意见：一是公司补发从 2014 年 3 月到解除合同之日的按照公司工程师岗位的最低档工资，每月 1 500 左右；二是按照企业上年的月平均工资，给予 5 个月的经济补偿；三是补交 5 年的医疗保险（以前没缴，只是按照上年平均工资的 3% 发门诊费）；四是给予一定的经济赔偿（待定）。

（资料来源：http://www.mie168.com. 有改动）

讨论与训练

1. 王成江的要求是否合理，有何依据？
2. 王成江能否得到更多的补偿？
3. 用什么途径可以更合理、合法地解决问题？

案例 2 工作中违反操作规程而受伤是否算工伤

赵某是某内燃机厂"临时工"，20×5 年 3 月双方签订了 1 年期限的协议书，协议中约定了赵某在工作中如果违反操作规程发生伤亡事故，一切后果自负的条款。20×5 年 11 月的一天，赵某正在机器上操作，突然全厂停电，按照操作规程应立即将电源断开，而赵某却忘记了操作，而是坐在操作台上与同事们聊天，手不知不觉地伸到了切机的下方。这时供电恢复，赵某的右手来不及收回，三个手指被机器切断了，内燃机厂负责人闻讯赶来，派车将赵某送到当地医院治疗。赵某住院 40 天，花费 19 875 元，内燃机厂承担了全部医药费。赵某治疗终结后，内燃机厂又为赵某安排了保安工作，并明确表示从赵某每月的工资中扣除一部分抵顶医药费（19 875 元），直到扣完为止，理由是双方签订的协议中已经明确约定员工违反操作规程发生伤亡事故时后果自负。

（资料来源：杜勇，杜军. 人力资源管理：理论、方法与案例. 重庆：西南师范大学出版社，2011.）

讨论与训练

1. 内燃机厂从赵某工资中扣除医药费一事是否合法？为什么？
2. 赵某如何主张自己的权利？

（分析提示：内燃机厂与赵某签订的协议中约定的"违规操作发生事故，后果自负"条款，明显违反了劳动保障法律法规的规定，属无效条款。）

案例 3 劳动合同能否变更

2015 年 3 月，南京某印刷厂招收激光照排车间工人，王某前去应聘。王某的基本条件符合招聘要求，但因深度近视，不符合招聘的视力要求，遂让与其相貌近似的胞妹顶替体检，其妹左右眼的视力分别为 1.5 和 1.0，符合招聘条件。王某被招聘后，即与印刷厂签订劳动合同，合同试用期为两个月。王某上岗后，该厂发现她在工作中屡出差错，并发现差错源于她的视力不好，便对其视力进行复查，结果发现其实际视力仅为 0.3 和 0.4，远远低于岗位要求。2015 年 6 月，经调查，王某承认让其胞妹顶替的事实。2015 年 7 月，印刷厂提出与王某解除劳动合同，王某不同意并向当地劳动争议仲裁委员会提请仲裁。王某诉称："在应聘上确实有弄虚作假，但入厂后工作勤奋，虽不适合照排工作但仍可胜任其他工作。原订劳动合同有效且该劳动合同规定的试用期已过，双方可以变更合同继续履行。"

（资料来源：http：//wfcldd.com/file—post/display/read.php？FileID＝1210）

讨论与训练

1. 该劳动合同是否有效？为什么？
2. 用人单位解除劳动合同的条件是什么？印刷厂解除与王某的劳动合同有无法律依据？
3. 王某提出的变更劳动合同的要求有无法律依据？

案例 4　病假工资应怎样支付

8 月的一天，某针织厂职工田某因患肝炎住院治疗。其妻将此事通知了针织厂，并代田某请了病假。厂领导一副关心的样子，让其妻转告田某安心养病，不要着急，等病彻底好了再来上班。

到了发工资那天，田某的妻子来代领工资。财务人员问厂长："该给田某发多少工资？"厂长说："他生病住院后就没有工作过，不应该发给工资，就按生活费标准发好了。"

财务人员给田某的妻子发了 500 元生活费。田某见妻子从厂里回来，只问了句："工资发了吗？"田妻答道："发了。"田某就没再细问。第二个月财务同样只发了 500 元生活费，这次田某才知道自己每月只有 500 元生活费。

田某办完出院手续，马上来到厂里向财务人员质问："我又不是下岗，为什么只发给我生活费？"财务人员将厂长的原话告诉他："你又没有工作，就不该领工资。"田某不禁怒道："你们以为我们工人好糊弄？你以为我不知道，我这种情况应该领病假工资。本市最低工资还 1 270 元呢，你们至少得每月再补我 770 元。"

财务人员将厂长叫来，询问他的意见，结果厂长坚持不工作就只能领生活费，而田某却坚持要求每月发给不低于最低工资标准的病假工资。双方为此争执不下，且都声称自己的主张是符合劳动法的。

（资料来源：田在兰. 人力资源管理. 广州：暨南大学出版社，2011. 有改动.）

讨论与训练

1. 针织厂与田某到底谁是正确的呢？
2. 本案应如何处理？

三、实践训练

劳动合同的中止、变更、解除、续订与终止

1. 实训目的

通过本次实训，理解劳动合同中止、变更、解除、续订与终止的程序及有关规定，掌握其中应注意的问题，避免产生劳动合同纠纷。

2. 理论知识点

（1）劳动合同中止

劳动合同中止是指在劳动合同履行的过程中，出现法定或者约定的状况，致使劳动过程暂停但是劳动合同关系仍继续保持的状态。劳动合同中止，即劳动合同约定的权利和义务暂停履行（但是法律、法规、规章另有规定的除外），待到法定或约定的原因消除后，劳动合同仍继续履行。中止履行劳动合同期间用人单位一般会办理社会保险账户暂停结算（封存）手续。中止期间若劳动合同期满的，劳动合同终止。

（2）劳动合同的变更

劳动合同的变更是指劳动合同双方当事人就已经订立的合同条款达成修改、补充或者删减的法律行为。

（3）劳动合同的解除

劳动合同的解除是指劳动合同签订以后、尚未全部履行之前，由于一定事由的出现，提前终止劳动合同的法律行为。

（4）劳动合同的续订

劳动合同的续订是指有固定期限的劳动合同到期，双方当事人就劳动合同的有效期进行商谈，经协商一致而续延劳动合同期限的法律行为。

提出劳动合同续订要求的一方应在合同到期前30天书面通知对方。

（5）劳动合同的终止

劳动合同的终止，是指劳动合同依法生效后，因出现法定情形和当事人约定的情形而导致劳动合同的效力消灭，当事人之间的权利、义务关系终止。劳动合同关系是当事人依法自行设定的权利、义务关系。劳动合同当事人之间可以根据一定的法律事实设立权利、义务关系，也可以因一定的法律事实而消灭相互之间的权利、义务关系，终止劳动合同。

3. 实训所需条件

（1）实训时间

实训周期为1周，课堂展示时间为2课时，30人。

（2）实训地点

多媒体教室。

（3）实训所需设备材料

教师或学生课前准备大量的相关案例以备分析讨论之用。注意案例涉及的知识点必须全面，每个知识点的案例最好不要超过两个。

4. 实训内容与要求

（1）实训内容

通过对课前准备的案例进行分析讨论，掌握劳动合同的应用及注意事项。这里需要收集的案例应该为与劳动合同中止、变更、解除、续订和终止有关的内容。收集案例的方式包括：查阅有关书籍、资料，使案例全面、系统；老师带领学生到有关企业或者律师事务所进行实地采访，增强学生对知识的理解和掌握。

（2）实训要求

① 学习《劳动法》及《劳动合同法》，研究有关劳动合同中止、变更、解除、续订与

终止的法律规定。

② 学习当地的劳动法规，研究当地政府有关劳动合同中止、变更、解除、续订与终止的法律规定。

③ 了解劳动合同中止、变更、解除、续订与终止的程序，以及在此过程中应注意的事项，避免在劳动合同中止、变更、解除、续订与终止过程中导致劳动纠纷。

④ 针对因劳动合同中止、变更、解除、续订与终止过程而导致的纠纷，能够理清头绪，进行深入分析。

5. 实训组织方法与步骤

① 教师说明实训内容、要求及评分标准。

② 教师组织分组，以5~6名学生为一组，并设组长1名，对组员进行组织管理。

③ 由教师或者组长带领学生在课下进行案例的收集、整理工作。

④ 课堂上教师指导，组长组织组员对收集的案例进行讨论分析，集思广益，提出解决问题的办法，以及避免以后类似问题再次发生的修改建议，并形成PPT文件和文字报告。

⑤ 教师组织各小组抽签，按抽签顺序在课堂上展示报告结果。每组PPT文件展示时间为15分钟。

⑥ 公开展示后，各小组根据考核标准进行自我评价，评价结果不作为评分参考。

⑦ 教师讲评。

6. 实训考核方法

首先，各小组组员依据评分标准匿名给其他组组员打分，加总得分并计算平均值，得出每一个组员的分数。其次，教师根据考核标准，对各组的整体表现进行简短的评价，并给出分数。最后，把每位组员的个人分数与其所在小组的分数加总平均，得出每位组员的实训成绩。具体的评分标准如下。

① 实训前的准备工作是否完善，满分为5分。

② 模拟是否真实，是否突出主题，满分为10分。

③ 小组成员分工是否合理，合作是否融洽，满分为5分。

④ 小组是否开展了正式的讨论，是否得出了一致的方案，满分为10分。

⑤ 报告的结构是否完整，内容是否条理清晰，满分为20分。

⑥ 小组是否提出了建设性的意见，满分为10分。

⑦ 小组得出的结论与理论知识点的结合情况如何，满分为10分。

⑧ PPT文件和文字报告的制作水平如何，满分为20分。

⑨ 小组在公开展示中的表现如何，满分为10分。

第 9 章

职业生涯管理

> 【学习目标】
>
> 通过职业生涯管理的学习,对职业生涯管理理论有基本的了解和认识;掌握职业生涯的基本概念,熟悉职业选择的理论,理解职业生涯管理的含义和内容,学会运用上述知识和技能进行个人职业生涯规划,为今后的职业发展奠定基础。

案例导读

明确职场定位,少走职业生涯弯路

张明是一名工作两年的市场营销人员,从工作至今都不是很满意自己的工作状态。他现在做的是第 3 份工作,每次换工作都是草草了事。他怕没有工作的那种感觉。他以前是班上的优秀学生,学生工作也做得不错,同学们都认为他应该有很好的发展,可是他的工作都是很不起眼的。第一份是做了半年的采购,感觉跟所学没什么关系,再加上待遇不是很好,就换了;第二份是做了一年的图书发行;目前在一家网络公司的市场部做客服兼市场调查和策划,公司刚起步,行业也才接触,待遇很低,本想学经验的,结果全部要摸索着来,感觉很无助。他个人更喜欢和人沟通,但是需要有人带他入门,因为他觉得摸索的路上很没有安全感,随时可能会有问题发生。

从职场规划角度来看,张明涉及的是职业定位问题。

第一,他本人具有较好的从事市场营销的基本素质,不仅具有市场营销专业本科学历,而且性格开朗热情,喜欢与人沟通,善于思考。这些都是一个优秀市场营销人员所需具备的优秀品质。

第二,他本人对市场营销具有极高的兴趣。兴趣是最好的老师,如果能找到适合自己的营销工作,他将在职场发展上少走弯路,早些步入个人发展的快车道。

第三,从市场营销这个行业发展来看,具有光明的前途。目前在大部分领域,买方掌握着市场主动权，优秀的市场营销人才将是各企业争夺的资源。

第四，他现在面临着如何融入本行业的问题。工作两年来，他没有找到一份真正的营销工作，只是在市场营销的边缘徘徊。对自己的职场生涯没有规划，只是盲目地跟着求职走。

建议：回归行业，重树信心。

张明工作两年，换了两份工作，在哪个领域都没有太好的积累，要想在营销行业有好的发展，现在必须要做出选择。对于他而言，如果能找一家企业做市场助理或营销助理，且有一位经验丰富的上级领导给予指导，就可以学到许多营销知识和实践经验。如果把他的专业知识和实际经验结合起来，经过1～2年的锻炼一定可以找准职业发展方向。

（资料来源：周朗天，吴少华. 人力资源管理. 南京：南京大学出版社，2009.）

案例启示

类似张明这样，工作几年还没有找到自己职场定位的人很多。没有定位，就没有目标，不知道自己最适合做什么，很可能在职场上误入歧途。不仅比别人花费了更多的时间和精力，而且还拿不到高薪。

精确的定位是自我定位和社会定位的统一。自我定位就是确定我是谁？我是什么性格类型的人？我擅长什么？不擅长什么？社会定位就是我在社会中的角色定位。我在社会大分工中应该处于什么位置？扮演什么角色？也就是我应该从事什么职业？职业定位就是在社会分工的大舞台上确定自己能扮演的角色。精准的定位源于对自己的了解，全面、系统、客观地评价自己的能力、自己的优势和劣势，通过职业倾向性、兴趣等综合测评，选定最适合自己做的职业。

只有明确了职场定位，才能在职业生涯发展过程中少走弯路。当今社会竞争激烈，机会转瞬即逝。定位之后，才能根据自己的目标，抓住发展中的每一个机会，接受市场选择，不断提高自己的竞争力，从而在职场发展中如鱼得水，越来越顺畅。

9.1 职业生涯管理概述

9.1.1 职业及职业生涯管理的含义

1. 职业的含义及特点

所谓职业，是指人们为了获取物质报酬而从事的连续性的社会活动。人们从事的相对稳定的、有收入的、专门类别的工作，是人的社会角色的一个极为重要的方面。职业的产生同社会分工是分不开的。劳动者相对稳定地从事某类专门的社会工作，并从中获取收入，这种社会工作便成为劳动者的职业。

（1）职业具有专业性

职业是某种专门的、具体的社会分工。不同职业对从业人员有不同的要求，越来越多的职业对从业人员提出了资格条件。

（2）职业具有经济性

劳动者从事某种职业，目的是从中取得经济收入。换句话说，劳动者是为了取得收入，才长期、稳定地承担某项社会分工，从事该项职业。没有经济报酬的工作，不是职业。

（3）职业具有社会性

职业是劳动者所进行的社会工作。家庭主妇和保姆从事同样的劳动，但保姆是一种职业，而家庭主妇却不是，因为保姆的劳动是社会分工的结果，而家庭主妇的劳动却不是。

（4）职业具有稳定性

劳动者连续不断地从事某种社会工作，才称其为劳动者的职业。今天干这个，明天干那个，后天又改行，职业就难以形成。可以说，离开了工作的稳定性，就无所谓职业。

总之，职业是劳动者所获得的一种劳动角色。职业的根源是社会分工。在整个社会生产过程中，有诸多工种或岗位，形成了社会劳动分工体系的一个个环节。这些不同工种、岗位或特定环节，赋予劳动者以不同的工作内容、不同的责任和义务、不同的声誉和社会地位，以及不同的劳动行为模式。当劳动者稳定地在社会分工体系中从事某一工作，并依靠这一工作获得生活来源时，就成了职业工作者，便有了特定的社会标记，成了工人、医生、教师、记者、工程师、企业家、科学家、编辑、快递员、乘务员、销售员等千万种社会职业角色中的某一角色。

2. 职业生涯的含义

从广义上讲，职业生涯是指一个人从职业学习开始至职业劳动结束的整个过程。狭义的职业生涯限定于直接从事职业工作的这段生命时光，始于任职之前的职业学习和培训，终于完全结束或退出职业工作。广义的职业生涯是从职业能力的获得、职业兴趣的培养、选择职业、就职，直至最后完全退出职业劳动的过程。尽管考察职业生涯的角度不同，但是职业生涯都有如下4个方面的基本含义。

① 职业生涯是个体的行为经历，而非群体或组织的行为经历。

② 职业生涯是一个人一生之中的工作任职经历或历程。

③ 职业生涯是个时间概念，指职业生涯期。

④ 职业生涯是个动态的概念，不仅表示职业工作时间的长短，而且内含着职业发展、变更的过程，包括从事何种职业、职业发展阶段、由一种职业向另一种职业的转换等内容。

综上所述，职业生涯就是指一个人一生从事职业的全部历程。这个历程可以是间断的，也可以是连续的，它包含一个人所有的工作、职业、职位的外在变更和对工作态度、体验的内在变更。

3. 职业生涯管理

职业生涯管理是指个人和组织对职业历程的规划、对职业发展的促进等一系列活动的总称，包含职业生涯决策、设计、发展和开发等内容。

进行职业生涯管理具有以下3个方面的意义。

① 有助于提高个人人力资本的投资收益。在职业生涯设计的基础上，应该有的放矢地进行投资，获取所必需的职业能力，从而提高人力资本投资的收益。

② 有助于降低改变职业通道的成本。从事某项职业后再改变职业通道，成本特别是机会成本很高。职业生涯管理能够有效地避免或减少改变职业通道的成本。

③ 有助于组织的发展。组织通过职业生涯管理，了解并整合各种类型的人力资源，最

大限度地做到"人尽其才,职得其人"。

9.1.2 职业生涯管理的任务

1. 影响职业生涯管理的因素

职业生涯管理是一个内容非常广泛的系统工程。影响职业生涯管理的因素主要包括以下3个方面。

(1) 个人因素

① 心理特质。每个人都有其独特的心理特质和个性,如兴趣、性格、智商、情商、潜能、价值观、动机、态度及人格倾向等。

② 生理特质。包括性别、年龄、体能、健康状况、身高、体重及外貌等。

③ 学历资历。包括受教育程度、培训经历、学业成绩、社团活动、工作经验及人生目标等。

④ 家庭背景。包括父母的职业、受教育状况、社会地位及家人的期望等。

(2) 组织因素

① 组织状况。包括组织的规模、结构、阶层、生命周期、氛围及文化等。

② 人力资源管理与评估。包括人力资源规划、供给与需求的预测、招聘方式、晋升管理、工资报酬、福利待遇、员工关系及发展政策等。

③ 工作分析。包括职位分析、工作能力分析、工作绩效评估及工作研究等。

④ 人际关系。包括与主管、同事间的关系等。

(3) 环境因素

① 社会环境。包括劳动力市场的供需状况,国家有关劳动、人事制度方面的政策、法规的颁布与实施等。

② 政治环境。包括政治与政策的变动、体制的变动及国际政治关系的变化等。

③ 经济环境。包括经济增长率、市场竞争状况及经济周期等。

④ 科技发展。包括产业结构的调整、高新技术的影响,以及现代化技术与管理的发展等。

要进行有效的职业生涯管理,就必须在管理过程中对上述各有关要素进行系统的分析和研究。

2. 职业生涯管理的任务

职业生涯管理的任务主要有以下6项。

(1) 帮助员工开展职业生涯规划与开发

企业为员工提供工作分析资料、工作描述、经营理念、人力资源开发的策略等,员工据此设定自我发展目标与开发计划,使个人的目标与企业的目标相结合。

(2) 确定企业发展目标与企业职业需求规划

根据企业的现状、发展趋势与发展规划,明确企业的发展目标,并据此确定不同时期企业的职业发展规划与职位需求。

(3) 开展与职业生涯管理相结合的绩效评估工作

该工作包括:工作表现与业绩的评估;工作状态的调查;为企业或员工提供相关回馈资料;配合企业的发展目标晋升优秀员工;为员工提供职业生涯发展路径;确定甄选升迁标

准，使员工公平竞争。

（4）职业生涯发展评估

企业应协助员工确定职业生涯发展目标，并运用先进的手段进行科学的评估，从而发现员工的特点及企业的优、劣势，分析员工职业生涯发展的可行性，并使员工的发展与企业的发展相结合。

（5）工作与职业生涯的调试

根据员工工作绩效和职业生涯发展的评估结果，对员工的工作或职业生涯目标做出规划，使员工的工作与目标密切融合。

（6）职业生涯发展

职业生涯发展包括各种教育与训练、工作的延伸与工作内涵的扩大、工作责任的加重、激励措施等。

以上6项彼此之间有密切的联系，并互相影响，在实际操作中应彼此兼顾，这样才能获得最佳效果，使企业与员工共同成长。

由此可见，职业生涯管理涉及的内容非常广泛，主要包括以下4个方面。

① 理论的研究。

② 个人职业生涯规划及开发的理论与方法的研究，如自我分析的方法、目标设定的技巧、自我开发的措施、职业生涯周期的管理等。

③ 企业职业生涯开发与管理的研究，如企业职业生涯规划的方法、职业发展通道的设置、职业梯队计划与工作家庭平衡计划等。

④ 企业的职业发展目标与员工个人的职业发展目标整合方法的研究，如企业发展变化趋势及其对职业生涯管理的影响、企业目标与个人目标的整合技术等。

能力链接

发现你职业兴趣的几种方法

1. 工作观察法

① 你对目前的工作哪些方面最满意？哪些方面不满意？你认为理想的工作是怎样的？

② 你曾经做过的什么事情让你最有成就感？

③ 在你学到的新知识和新技能中，哪些你学得很快并且非常有兴趣学？哪些学得很认真但总是很吃力而且掌握不好？

④ 记下你的成绩、得到的肯定及感觉有收获且充实的事情，大约3个月或半年分析一次，几次以后你就能够逐渐明白你的兴趣所在。即使你没有参加工作，也可以从自己的生活中获得类似的资料。

2. 羡慕他人的工作

每个人都可能羡慕过别人的工作。在人生的某个特定阶段或者在某个特定的场合，比如参加某个培训或者论坛，感觉如果自己能够从事那个人的工作该是多么的幸福。有的羡慕只是一个很短暂的念头，很快就消失了；而有的羡慕会在脑海中一直徘徊。当然这种羡慕往往是对认可的被羡慕对象最光鲜一面的片面理解，当了解那份工作的全部后，或许并不喜欢。但是羡慕别人的工作，这种感觉往往是自身兴趣的一种投射。一个喜欢IT的人会羡慕比尔盖茨而不会是周杰伦；一个对管理感兴趣的人会羡慕张瑞敏而不太可能是陈忠实。所以找个安静的地方静静地回忆在过去的某段时间里你曾经对哪个工作有比较强烈的"羡慕"，从中就可以体会出你乐意为之奋斗的工作。

3. 寻找最理想的工作

如果财务自由，那你最想从事的事情是什么？不要说除了享受你什么都不想干，如果是那样的话神仙也拿你没办法。

4. 职业生涯兴趣测试

这类的测试有很多，可以在网上搜或者看相关的书籍。

在职业发展的道路上，第一步是要证明自己选对了方向。大多数人都没能选对方向或者说根本没有去选方向。而这条道路，只能靠你在工作实践中一步步明晰。

当暂时没有目标时（每个人都会遇到这样的情况），那就把当前的事情做好，先把所谓的目标放一放。当把当下的事情做好的时候，新的机会往往就会浮现出来，会把你带向新的目标。

设定目标其实并不太难，可是要贯彻执行下去就不太容易。有本管理书籍叫《执行力》，提到大多数的企业没有获得成功，不是企业的战略出现了问题，而是执行力不足，不能够实现公司预定的战略目标。所以当你有了自己初步的目标以后，接下来最为关键的就是立即让自己行动起来，向着目标实现的方向做出具体的行动。要不断行动，不同的行动会产生不同的结果，从结果中又可带出新的行动，把我们带向特定的方向，最后就决定了自己的职业生涯。

（资料来源：http://blog.sina.com.cn/s/blog_6a585d730100kko2.html，有改动）

9.2 职业生涯设计

9.2.1 职业生涯设计

职业生涯设计是指个体确立职业目标并采取行动实现职业目标的过程。这个过程应从以下 5 个方面理解。

1. 职业生涯设计是针对个体的

制订和执行职业计划的主体不是某个企业或组织，而是企业或组织中的员工个体。企业或组织可能对员工个体的职业计划产生重要影响，但这种影响是通过员工对自身、环境、目标的认知间接产生的。

2. 职业生涯设计包含确定和实施的整个过程

职业生涯设计是个体在职业生涯中有意识地确立目标并追求目标实现的过程。确立目标要基于对内外条件的了解和分析，目标确立后要通过职业活动去实现。随着内外条件的不断变化和职业活动成果的不断出现，职业目标可能会更加明晰，或者需要加以完善和修正。职业目标的确立、实现、明晰、完善和修正都离不开组织，甚至需要组织的参与和帮助。

3. 职业生涯设计中的职业目标同工作目标有很大差异，同时又有密切的联系

工作目标是个体在目前的工作岗位上需要完成的任务目标，可以是自设的，也可以是给定的。工作目标一般比较具体，是同本职工作紧密相关并随时间变化的短期目标。职业目标相对来说较为抽象，涉及时间较长，而且不一定完全同现在的工作有关。但是，职业目标的达成，同工作目标的选择及完成情况密切相关。可以说，选择适当的工作目标并很好地实现这些目标是最终达成职业目标的重要途径。

4. 企业可对员工的职业计划产生巨大影响

企业是员工度过职业生涯的重要场所，员工在对自身和环境进行分析并确立职业目标的过程中，需要来自外界的指导和帮助。企业的聘用、培训、评估、晋升等有效手段，对员工的职业计划将产生巨大的影响。企业既有责任帮助员工发展和实现自己的职业计划，又有必要对他们加以引导，使员工职业计划的发展同组织整体的发展目标相和谐。

5. 企业应帮助员工制订职业计划

现代企业的发展已与个体的发展融合在一起。为了留住员工，尤其是留住精英员工，企业应根据员工的知识与经验、背景、兴趣及组织发展需要等帮助员工制订个人职业计划，并指导实现计划的路径，在实践过程中给予帮助和指导，增强员工的归属感。

9.2.2 影响职业期望的因素

职业期望，也称职业意向，是人们希望从事某种职业的态度倾向。职业期望伴随着人的职业旅程，并决定着职业生涯设计的内容，人力资源管理部门帮助员工制订职业计划时应根据职业期望来确定。影响职业期望的因素主要有以下 8 个方面。

1. 年龄

年龄综合反映人生阅历与成熟度，年龄不同，职业意向也不同。

2. 性别

社会文化对男、女劳动者角色行为的不同要求等决定了他们对不同种类工作的适应程度不同，这也会影响不同性别的人对职业产生不同的期望。

3. 教育背景

教育对人的价值观、知识结构和工作能力等都具有重要的影响。首先，受教育程度较高的人，在就业后一般都有较大的发展，在职业发展不顺利时，其流动动机和能力也较强。其次，人们所受教育的专业对职业生涯有决定性的影响，往往成为职业生涯前半部分甚至全部。此外，不同教育程度的人具有不同的职业价值观和发展欲望，从而使人们以不同的态度对待自身、对待社会、对待职业的选择与职业生涯的发展。

4. 家庭背景

家庭是人们生活和成长的重要场所，是影响职业的最重要因素之一。人的社会化从出生时就已开始。生理与心理特征的遗传，在一定程度上影响着职业能力的发展水平，父母的职业决定了孩子特殊的生长环境，家庭的经济条件关系到子女教育等，也会直接影响子女职业能力的锻炼与提高。父母的价值观和行为模式会直接影响孩子的价值标准，同时必然会影响一个人职业选择的种类，影响选择中的冒险与妥协程度，以及理想目标的确立和对职业岗位的态度和发展倾向等。

5. 个人的需求与心理动机

年龄、性别、教育背景、家庭背景等决定了人们需求与动机的不同，工作、职业对不同的人有着不同的价值，同一个人对于不同的职业又会有不同的态度与倾向，这些必将影响人们的职业选择与职业计划。

6. 社会环境

这里主要指政治、经济、科技、文化、职业政策、就业制度、社会习俗、社会风气等。这些社会环境决定了职业岗位的数量、结构，决定着职业结构的变迁，从而决定了人们职业生涯的选择与变动。

7. 机会

机会是随机出现的，具有偶然性。机会包括各种职业岗位随机展示的就业机会。它是影响一个人能够就业和流动的因素。

8. 身体健康状况、能力、个性

这些因素也是导致职业选择与再选择的重要因素，对职业生涯的确立与变化产生直接影响。

9.2.3 职业生涯设计的内容和个人的职业活动

1. 职业生涯设计的内容

职业生涯设计的内容包括自我定位、目标设定、目标实现和目标修正 4 个方面。

（1）自我定位

自我定位是指客观、全面、深入地了解自己，了解自己为人处世所遵循的价值观念，了解自己追求的价值目标，了解自己掌握的知识与技能，以及了解自己的优势和劣势等。完成自我判断之后，对自己形成一个客观的、全面的定位。

（2）目标设定

目标设定是在正确的自我定位基础上，设立更加具体明确的职业目标。例如"大学毕业 5 年内我要成为公司中层管理者"可以看作是一个较为明确的目标设定。就整个个体职业生涯来说，目标设定可以是多层次的、分阶段的。一方面，因为社会环境的变化给人们带来了越来越多的机会，越来越多的人愿意在职业生涯中涉足多种行业。多层次的目标设定有利于实现这一愿望。另一方面，由于职业生涯跨越个人的青年期、中年期和老年期，人在各时期的需要、体能精力、技能经验、为人处世的原则和态度等都有明显的差别，所以有必要有针对性地制定阶段性目标。

（3）目标实现

目标实现是通过各种积极的主观行动去争取的。例如投求职简历，参加面试，进行工资谈判，进入企业工作；制定工作目标，完成工作任务，参加公司的培训和发展计划，构建人际关系网，谋求晋升；参加业余时间的各种学习和培训；更换工作单位等都可以看成是目标实现的具体努力。目标实现的主要内容是个体在工作中的表现及业绩，同时还包括超出工作之外的一些预见性的准备，如继续学习、掌握一些额外的技能或专业知识。

（4）目标修正

目标修正是指在达成职业目标的过程中自觉地总结经验和教训，修正自我的认知，完善职业目标。正确的自我认知需要一个过程。因此，对于职业目标的描述，在刚开始时大多数是模糊、抽象的，有的甚至是错误的。在一段时间的努力工作之后，有意识地回顾自身的言行得失，可以验证自我定位的结论是否贴切，从而判断自己对职业目标的设想方向是否正确。有效的人力资源管理制度有助于员工缩短这一认知过程，并不断修正自己的职业目标。

2. 个人的职业活动

职业生涯设计的内容主要体现在个人的职业活动之中。职业活动包括以下 9 个方面。
① 准备个人简历。
② 选择工作组织与工作种类。
③ 参加面试。
④ 工资谈判。
⑤ 选择工作岗位。
⑥ 争取最佳业绩。
⑦ 岗位轮换。
⑧ 工作中得到晋升。
⑨ 上级监督与管理。

9.2.4 职业选择理论

1. 帕森斯的职业-人匹配论

这一理论是职业选择和指导的经典性理论，最早由美国波士顿大学教授帕森斯提出。1909 年，帕森斯在所著的《选择一个职业》一书中明确阐明了职业选择的 3 大条件。
① 应该清楚地了解自己的态度、能力、水平、兴趣、智慧、不足和其他特征。
② 应该清楚地了解职业选择成功的条件，所需的知识，在不同职业工作岗位上所占有的优势、劣势、机会和前途。
③ 上述两个条件的平衡。帕森斯的理论内涵是在清楚了解个人的客观条件和社会职业岗位需求条件的基础上，将主客观条件与社会职业岗位（对自己有一定可能性的）相对照，最后选择一种职业需求与个人特长相匹配的职业。

职业-人匹配分为两种类型。一种是条件匹配，即所需专门技术和专业知识的职业与掌握该种特殊技能和专业知识的择业者相匹配；或者脏、累、险等劳动条件差的职业，需要吃苦耐劳、体格健壮的劳动者与之相匹配。另一种是特长匹配，即某些职业需要具有一定的特长，如具有敏感、易动感情、不守常规、有独创性、理想主义等人格特征的人适于从事审美性、自我情感表达的艺术创作类型的职业。

帕森斯的职业-人匹配论作为职业选择的经典性原则，至今仍然有效，并对职业生涯管理、职业心理学的发展具有重要的指导意义。

2. 霍兰德的人业互择理论

美国约翰·霍普金斯大学心理学教授霍兰德是美国著名的职业指导专家，他于 1971 年提出了人业互择理论。这一理论认为，根据心理素质与择业倾向的不同，可以将劳动者分为 6 种基本类型：实际型（R）、研究型（I）、艺术型（A）、社交型（S）、魅力型（E）及传统型（C）。根据职业本身的内容（工作中一般涉及人、物、资料、观念等因素）和它对劳动者素质的要求，也可以将职业分成 6 种类型：主要与物打交道的实际型（R）；既要与物打交道又要与观念打交道的研究型（I）；既要与人打交道又要与观念打交道的艺术型（A）；

主要与人打交道的社交型（S）；既要与人打交道又要与资料打交道的魅力型（E）；既要与物打交道又要与资料打交道的传统型（C）。

类型相同的劳动者与职业会互相吸引，某一类型的劳动者只有从事类型相同的职业，才能发挥所长，做好工作。每种类型的个性特点及适合的职业如表9-1所示。霍兰德认为同一类型的劳动者与职业互相结合，其结果是互相适应。某一类型的劳动者从事与此类型低度相关的职业，结果是互相排斥。霍兰德的这一理论是目前职业指导中比较权威的理论。

表9-1 霍兰德的人业互择理论

类型	人格类型特点	职业类型
实际型（R）	物质的、实际的、安定的，喜欢有基本技能、有规则的具体劳动 缺乏洞察力，不善与人交往	有一定程序要求的、明确的、具体的岗位职务，运用手工工具或机械进行的操作性强的技术性工作
研究型（I）	分析的、独立的、内省的、慎重的、喜好推理的、定向的科学研究与技术工作 缺乏领导能力	以观察和科学分析进行的创造性活动和实验工作，一般侧重于自然科学方面
艺术型（A）	想象力丰富，知觉的、冲动的、理想的、有独创力的，喜欢以表现技巧来抒发丰富的情感 缺乏事务性办事能力，不愿依赖、服从他人，不愿做循规蹈矩的工作	在文学与艺术方面，喜欢具有艺术表现力的职业
社交型（S）	易于合作，喜欢交往，责任感强，有说服力，愿为别人服务，关心社会问题，对教育和社会福利等事业有兴趣 缺乏动手操作能力	为社会及他人办事或服务，从事说服、教育、治疗及社会福利事业等方面的职业
魅力型（E）	支配的、冒险的、自信的、精力旺盛的、有自我表现欲的，不易被人支配，喜欢管理和控制他人，喜欢担任领导角色 缺乏科学研究能力	从事具有风险、需要胆略、责任较大的工作，善于管理、营销、投资
传统型（C）	有耐心和良好的自制力，服从、实际、稳定而有秩序，思想比较保守，循规蹈矩，有条有理，喜欢系统性强的工作 缺乏创造力和艺术性	按固定程序与规则，从事重复性、习惯性的、具体的日常事务，适宜常规管理方面的工作

9.3 职业管理

9.3.1 职业管理的含义及其作用

1. 职业管理的含义

职业管理是指组织提供的用于帮助组织内部员工从事某类职业的行为过程。职业管理是企业人力资源管理的重要内容之一。职业管理的含义包括以下3个方面。

(1) 组织为其员工设计的职业发展、帮助计划

职业管理计划有别于员工个人制订的职业计划，员工个人制订的职业计划以个体的价值实现和增值为目的，个体价值的实现和增值并不局限在特定组织内部。职业管理则是从组织角度出发，将员工视为可开发增值而非固定不变的资本，通过员工职业目标上的努力，谋求组织的可持续发展。当然，职业计划与职业管理并不是截然分开的，一般情况下，人力资源管理部门可指导或帮助员工制订个人职业计划。

职业管理带有一定的引导性和功利性。它帮助员工完成自我定位，克服完成工作目标过程中遇到的困难，鼓励将职业目标同组织的发展目标紧密相连的个体，尽可能多地给予他们机会。对于其他员工，职业管理也同样会给予必要的帮助。由于职业管理是由组织发起的，通常由人力资源部门负责，所以具有较强的专业性和系统性。与之相比，职业计划没有那么正规和系统，或者说，只有在科学的职业管理之下，才可能形成规范的、系统的职业计划。

(2) 必须满足组织与个体的双重需要

与组织内部一般的奖惩制度不同，职业管理着眼于帮助员工实现职业计划，即力求满足员工的职业发展需要。因此，要实行有效的职业管理，必须了解员工在实现职业目标的过程中会在哪些方面碰到问题、如何解决这些问题，员工的漫长职业生涯是否可以分为有明显特征的若干阶段、每个阶段的典型矛盾和困难是什么，以及如何加以解决和克服等。人力资源管理部门在掌握了这些信息之后，才可能制定相应的政策和措施来帮助员工找到答案，向他们提供相应的机会，并给予一定的指导与帮助。同样，只有满足了员工的职业需求，才可能满足组织内部人力资源增值的需要。一方面，全体员工职业技能的提高带动组织整体人力资源水平的提升；另一方面，职业管理中的有意引导可使个人目标同组织目标一致的员工脱颖而出，从而为培养组织高层经营人员、管理人员或技术人员提供人才储备。组织需要是职业管理的动力源泉，而员工个体的职业需要是职业管理活动的基础。

(3) 形式多样、涉及面广

凡是组织对员工职业活动的帮助均可列入职业管理之中。其中既包括针对员工个体的帮助，如各类培训、咨询、讲座及为员工扩充技能的学习给予便利等，同时又包括针对组织的诸多人事政策和措施，如规范职业评议制度、建立和执行有效的内部升迁制度等。职业管理自招聘新员工进入组织开始，直至员工流向其他组织或退休而离开组织。职业管理同时涉及职业活动的各个方面，因此建立一套系统的、有效的职业管理系统是非常必要的。

2. 职业管理的作用

职业管理问题不仅仅是员工的个人问题，它应该由社会和企业组织来管理，这样才能保证有效地利用人力资源，实现企业的目标。具体来说，职业管理具有4个方面的重要作用。

(1) 实现劳动力与生产资料的最佳结合

通过职业管理，有助于实现劳动力与生产资料的最佳结合，有利于人们在就业后进行职业再选择，有利于进一步优化劳动力与生产资料的配置。

(2) 实现员工的社会化

通过职业管理，有利于员工社会化的顺利进行与实现。在人的社会化过程中，显然以成人阶段的社会化为主且持续时间最长。职业管理有助于员工真正地成为独立的人进入到社会、适应社会，并改造社会、服务于社会。

（3）实现多方面的社会效益

通过职业管理，可以获得多方面的社会效益。在充分选择的条件下，人们可以各得其所、各司其职、各尽其责。职业管理为各层次管理者识别、选择、使用和开发人才提供了科学的依据，进而提高了选拔、使用人才的效果。职业管理可大大提高职业教育、培训和开发的针对性，从而取得更好的培训效果。

（4）促进人的全面发展

通过职业管理可以促进人的全面发展。职业管理有助于培养员工积极的生活态度和敬业精神，有助于培养员工的自强、自立、自主精神，有利于员工个人根据社会和职业岗位的需要，提高自己的文化水平和职业能力，有利于鼓励人的进取精神，全面提高人的综合素质。

总之，职业管理可以从多方面促进组织与个人的全面发展。

9.3.2 职业管理的内容

1. 职业管理的基本内容

职业管理的基本内容包括以下3个方面。

（1）设定目标任务

设定目标任务的总原则是：必须有利于实现组织的基本目标，必须有利于员工的个人职业计划的实现。组织职业计划的目标主要包括以下4个方面。

① 使组织内可用人才得到更快、更有效的发展，充分发挥人才在企业中的关键作用。

② 为组织内员工的职业进步提供可行的职业通道。现今一些优秀员工并不将传统的纵向升迁视为唯一的职业发展方式，在这种情况下，组织应该通过职业计划，帮助员工确定适合其个人特点的网络式职业道路。

③ 针对组织的职业需求和个人的职业目标，制定相应的教育培训方案和岗位轮换制度，使员工职业发展得以实现。为达到此目标，可采取多种形式和途径，如多类型、多形式、多方法、多内容的教育培训。通过横向与纵向职业工作的变换，拓展职业能力，丰富工作经验，促成员工职业目标的实现。

④ 调动员工的主动性、自觉性、积极性，增强员工对企业的忠诚度和向心力。组织的职业计划能够为员工职业计划的实现提供支持和帮助，因而可以产生较强的凝聚力。当员工个人的发展需要得到满足时，对于自身的工作和组织会更加满意，会产生强烈的归属感和企业意识，这是企业充满活力和后劲的关键。

（2）建立职业通道

组织了解员工个人的职业需求后，在合理性、现实性、可行性的基础上，根据其发展的需求，以及组织可能提供的帮助和条件，建立帮助员工实现个人职业目标的途径，制订相应的职业道路实施计划，如纵向上升或横向转移计划。内容包括以下4个方面：

① 沿着不同的职业道路转移或流动的人数、具体的工种和工作职务；
② 发生职业流动或转移的原因及处理办法；
③ 员工职业转移或流动预计发生的时间和去向；
④ 具体实施的方案、政策与措施。

（3）制定职业发展的教育培训措施

以促进员工职业发展为目的的企业培训，旨在培养、造就具备职业资格和经历的人员，以确保组织的需要。这种面向职业进行的教育培训工作，目的是使员工既能满足组织的现实需要，又能满足组织的未来需要，实际上是从职业角度为组织培养所需人员的一种职业开发活动。因此，教育培训是组织职业计划中一项最重要的内容，也是组织职业计划赖以实现的基本保证。

2. 个人职业计划与组织职业计划的结合

组织职业计划与个人职业计划紧密相关，两者互相呼应、互相作用，两方面的职业计划相吻合，才可能是卓有成效的。因此，组织对个人职业计划的制订与实施，应当采取适当的方式加以引导和促进，并给予积极的帮助。

（1）提供信息

个人制订职业计划之前，首先希望得到有关职业情况和职业机会的信息，而及时、准确地提供信息是组织搞好职业管理、促进员工职业发展的责任。

① 提供有关职务工作的分析资料。职务工作分析是职务工作情况的规范性说明，是员工制订职业计划必不可少的信息资料。

② 提供绩效考评信息。将员工考评情况和结果反馈给本人，帮助员工全面正确地认识自己，对照职务分析资料，明确今后的发展方向，这是个人职业计划的中心内容。

③ 提供有关职务开发与调整的信息。职业开发的调整信息具有以下 3 个方面的功能：

- 向每个员工展示工作及怎样与其他工作相关联；
- 给出职业的选择机会；
- 描述职业改变对教育和经历的要求。

（2）进行咨询和指导

组织所采取的主要形式有以下 4 种。

① 与信息工作相配合，帮助员工进行客观分析，指导员工依据自己的实际情况、工作分析资料和组织需要，确定职业目标。

② 上级与下级进行讨论沟通，充分交换意见，就职业计划和发展方向达成共识。

③ 请专家对员工的职业选择和职业计划给予有效的指导，有针对性地进行咨询与帮助。

④ 举办专题讨论会，向员工公布组织的职业计划方案及实施办法，介绍可能的职务机会与发展方式，通过通报情况、传递信息，帮助员工确定自己的职业目标，使之与组织的需要相一致。

9.4　职业发展阶段管理

构想职业蓝图，尤其是在组织帮助员工进行职业管理之前，有必要先了解一些问题，如个人的职业经历是怎样的、在什么时候曾经碰到什么样的问题、怎样才能知道自己适合做什么工作等。职业发展理论试图解答上述问题并指导职业管理和职业计划的完成。关于职业发展有许多不同的理论，这里主要介绍职业发展阶段理论。

9.4.1　职业发展阶段的含义

每个人的职业发展都要经过几个阶段，每一个阶段都会影响个人的知识水平和对职业的偏好。所以进行职业规划的第一步是必须了解职业周期的重要性。一个人可能经历的重要职业阶段大致可总结为如下 5 个。

1. 职业准备阶段

职业准备阶段是指从一个人出生开始到完成一定程度的中、高等教育，这一阶段可以认定为进入职业准备的阶段。这一阶段，个人通过对家庭成员、朋友及老师的认同，在与他们的相互作用中逐渐建立起自我的概念。开始这一阶段的角色扮演是极为重要的，儿童在这一时期将尝试各种不同的行为方式，这有助于他们建立独特的自我概念或个性。到这一阶段结束的时候，进入青春期的青少年已经形成了自己的兴趣和能力及对某些事物的基本看法，开始对各种可选择的职业有着某种现实性的思考。

2. 职业探索阶段

职业探索阶段在一个人 19～25 岁之间的这一年龄段上。在这一时期，个人将试探性地选择自己的职业，试图通过变动不同的工作或者工作单位而选定自己一生将要从事的职业。他们试图将自己的职业选择与他们对职业的了解，以及受外界环境的影响等所获得的个人兴趣与能力匹配起来。到这一阶段结束的时候，一个看上去比较合适的职业已经选定，个人也已做好了开始这一工作的准备。

3. 职业确立阶段

职业确立阶段发生在一个人的 26～44 岁之间，这一阶段是大多数人职业生命周期的核心部分。这时候多数人主要关心的是在工作中的成长、发展或晋升。

这一阶段由 3 个子阶段构成：试探子阶段、稳定子阶段和职业危机子阶段。

试探子阶段，在 26～30 岁之间，人们要进一步思考当前所选择的职业是否适合自己，如果不适合，他们就会进行调整。比如，小王大学毕业后下决心将自己的职业选定在汽车销售行业，经过以某品牌汽车 4S 店销售顾问的身份连续试用工作半年后发现该职业不适合自己，因此他准备重新选择。

稳定子阶段，在 30～40 岁之间，人们往往已经确定了较为坚定的职业目标并有明确的职业计划，如确定自己晋升的潜力、工作调换的必要性及为实现这些目标需要开展哪些教育活动等。

职业危机子阶段，在 30～40 岁之间的某个时段上，人们可能会进入一个职业中期危机阶段。在这一子阶段，人们会根据自己最初的理想和目标对已选择的职业情况做一次重要评价。这时可能会发现，自己并没有朝着所梦想的目标（比如说成为大学教授）靠近，或者已经完成了他们自己所定的目标之后才发现，自己过去确立的目标并不是自己所想要的。这一时期，人们还可能衡量职业在自己人生中的地位，并对自己的人生需求做深入的思考和审视，以便做出更合适的选择。

4. 职业维持阶段

到 45～60 岁这一年龄段上，许多人就进入了维持阶段。在这一职业阶段的后期，人们一般在自己的工作领域占有了一席之地，对成就感和发展的期望会减弱，因而他们的大多数精力主要放在保有这一位置上。大多数处于这一阶段的员工，都有自己的计划，一方面希望取得更多的成果，另一方面更加注重更新自己的知识和技能。

5. 职业下降阶段

当退休临近的时候（60 岁左右），人们就不得不面临职业生涯中的下降阶段。在这一阶段，许多人都不得不面临这样一种境况：接受权利和责任减少的现实，学会接受一种新角色，学会成为年轻人的良师益友。再接下去，就是几乎每个人都要面对的退休，这时人们所面临的选择就是如何去打发原来用在工作上的时间，通常人们会培养某一方面的爱好，以丰富自己的退休生活。

9.4.2 管理中的几个问题

1. 现实震动现象

现实震动是员工刚刚完成一定的教育过程进入组织时所特有的现象，是指新员工较高的工作期望与所面对的枯燥无味和毫无挑战性可言的工作之间的差距。目前，人们对于现实震动内涵的理解已经泛化，通常把个体在进入社会以后的种种不适应状态而导致的心理矛盾和痛苦现象统称为现实震动。从新员工的角度来看，对于一个基本没有实践经验的人来说，应当从基础工作做起，通过在工作中学习和积累经验，不断成长、成熟，这样才能获得重要的工作岗位。而企业在意识到这个问题的基础上，应尽可能地为新员工提供一些有挑战性的工作机会，帮助新员工迅速成长，使他们能够充分发挥自己的特长，调动员工的工作热情，与企业共同成长。

2. 压力管理

员工在工作过程中会碰到各种各样的压力。压力是当人们适应由周围环境引起的刺激时，反映在人们身体或者精神上的生理反应，它可能对人们心理和生理健康状况产生积极或者消极的影响。为了预防和减少压力对员工个人和企业造成的消极影响，许多企业管理者已经开始关注员工的压力管理问题。企业实施适当的压力管理能有效地减轻员工过重的心理压力，从而使员工提高工作效率，进而提高整个组织的绩效。

为了有效地进行压力管理，就要求管理者能准确查明员工的压力由何而来，从而相应地采取积极的有针对性的措施。

压力大体可分为工作压力、家庭压力、社会压力3个方面。

（1）工作压力

工作压力的起源可能有多种情况，如工作环境（工作场所物理环境和组织环境等），分配的工作任务多寡、难易程度，工作所要求的完成时限长短，员工人际关系影响，工作新岗位的变更等。工作压力应是企业人力资源管理者关注的重点。

（2）家庭压力

每一个员工都有自己的家庭生活，家庭生活是否美满和谐对员工具有很大影响。这些家庭压力可能来自父母、配偶、子女及亲属等。

（3）社会压力

还有一些压力来自社会，包括社会宏观环境（经济环境、行业情况、就业市场等）和员工身边微观环境的影响。员工所处社会阶层的地位高低、收入状况同样构成社会压力。当员工自身收入状况与其他社会阶层相比，或者与其他同行业从业人员相比较低时，也会产生压力。尽管这些压力与工作无关，但作为企业管理者同样应给予关注，尽量使之减少对员工的干扰，只有这样才能使员工全心投入到工作中去。

应当强调的是，企业在帮助员工减压方面应该更多地关注对员工内心承受力和自我协调能力的疏导和培养，即通过内在的强化作用，提高员工的抗压能力。只有员工的认识水平和承受力提高了，才能从根本上解决问题。

3. 职业途径管理

职业途径是指员工依照何种路径实现职业生涯的不断进步和发展。企业中有不同的发展途径可供员工选择，这些途径对员工提出了不同的要求。

（1）行政管理型发展之路

对地位与影响力感兴趣的员工，通常把管理这个职业当作自己的目标，他们擅长与人打交道，并通过处理人际关系以解决问题。这类人的发展规律，一般是先在基层职能部门锻炼，表现突出后获得提升。

这条路实际上也有几条分支，这类人才中，严谨的、思维能力突出的，可以担任技术部门的主管领导；有思维能力又擅长沟通协调的，可胜任职能部门的领导，其中个性坚定、承受能力强的，可以进一步晋升到企业决策层。

（2）专业技术型发展之路

专业技术型发展之路是指生产、销售、工程、财务、质量、教育、法律等职能性专业方向，它们的共同特点是要求有一定的专业技术性知识和能力，同时有较好的独立分析能力和解决问题的能力。这些能力需要经过长期的教育与锻炼才能具备，对这些方向感兴趣的员工通常稳重踏实、崇尚实干。他们关注的是专业技术内容及活动本身，并追求这方面的提高和成就。这类人的发展前途是技术职称的晋升，以及对技术性成就的认可和奖励等级的提高，并以此获得精神上和物质上的回报。

在这个领域中还存在另一平行的途径，就是有些技术人员，他们对管理也有一定兴趣。最初是横向的，在本企业内扩大和丰富自己的专业知识和技能，打好技术基础；然后又寻求机会向专业技术管理部门发展，兴趣转为向上发展，这时他们的部分精力转移到解决他人的工作协作关系的问题上。他们的晋升台阶是从一个技术部门到另外一个技术部门，然后为基层管理者，通过一定的工作轮换具备较扎实的技术水平后，进入相应的管理岗位，继而在各种不同的管理层上进行各种可能的调换，最终进入高层领域。这是典型的通过网状职业途径向上发展的过程，也是企业培养全方位人才的有效措施。

员工在企业中的职业发展方向通常有横向和纵向两种。横向是指跨越职能边界的调动，例如由制药技术转到药品销售、由药品销售转到新产品研发等。这种调动有助于扩大个人的专业技术知识和经历，为进一步深入精通某一专业打下坚实的基础，为今后成为企业的高级管理者奠定基础。纵向途径是向上的，即沿着企业的等级层，跨越等级边界，获得职务的晋升。

9.5 个人职业生涯规划

职业生涯规划的作用在于帮助个人树立明确的目标，运用科学的方法、切实可行的措施，发挥个人的专长，开发自己的潜能，克服职业生涯发展障碍，避免人生陷阱，不断修正前进的方向，最后获得事业的成功。

职业生涯规划是指个人发展与组织发展相结合，对决定一个人职业生涯的主、客观因素进行分析、总结和测定，从而确定一个人的事业奋斗目标，并选择实现这一事业目标的职业，制订相应的工作、教育和培训的行动计划，同时对每一步骤的时间、顺序和方向做出合理的安排。个人职业生涯规划的基本步骤如图9-1所示。

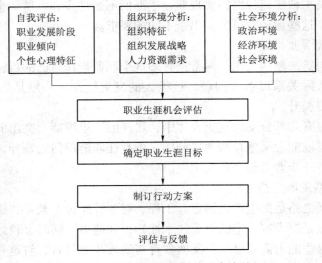

图9-1 职业生涯规划的基本步骤

9.5.1 自我评估

自我评估是对自己进行全面分析，主要包括对个人的需求、能力、兴趣、性格、气质等的分析，以确定什么职业比较适合自己和自己具备哪些能力。常使用的方法包括优缺点评估表和好恶调查表。

1. 优缺点评估表

本杰明·富兰克林（Benjamin Franklin）开创的帮助人们认识自身优缺点的自我评价程序被称为优缺点评估表。认识到自己优点的员工，能最大限度地利用其优势；通过认识自己的缺点，可避免其不良的品质或不擅长的技能。优缺点评估表如表9-2所示。

表9-2 优缺点评估表

优　　点	缺　　点
擅长与人打交道	与少数人非常亲密
乐于接受工作中的任务并按照自己的方式去完成	不容易与上级交朋友
勤劳	情绪经常紧张
乐于助人	说话不计后果
受人称赞的管理者	兴趣忽高忽低
公正无私	经常给人虚情假意的感觉
旺盛的精力	缺乏耐心
思想开放，善于接受新鲜事物	做事不容易坚持
强有力的组织能力	不喜欢重复琐事
与高级商人打交道时心情舒畅	对变化不太适应
有能力整别人的时间	做事情缺乏计划
性格稳定、开朗乐观	想法怪异
组织他人干好工作	对干工作有太多的为难情绪

2. 好恶调查表

要把好恶作为自我评价的一部分来考虑，好恶调查能帮助人们认识自我强加的限制。例如，有些人不愿意生活在寒冷地方，这种感觉应视为一种限制；有些工作要求任职者经常出差，因此要估计个人愿意出差的时间。

认识到这些自我强加的限制条件，可以减少将来的职业问题。例如一种限制可能是企业的声誉和规模，有些人喜欢产品知名度高的企业，而有些人则更喜欢较小的企业，认为提升的机会可能更多或者环境更适合自己。好恶调查表如表 9-3 所示。

表 9-3　好恶调查表

喜　好	厌　恶
喜欢旅行 喜欢住在北方 喜欢看京剧 喜欢各种球类运动 喜欢与人打交道	不想为民营企业工作 不想整天在办公室坐着工作 不喜欢整天穿职业装 不喜欢一成不变的工作

这种自我评估，能帮助个体充分认识自己的基本动机，为谋求职业、追求更高的技能做好准备。一个不愿意承担管理职责的人，可能不愿意晋升为负责人。那些了解自己的人，能更容易地做出成功的职业规划所必需的决策。

9.5.2　外部环境分析

外部环境分析是对自己所处的组织和社会环境进行分析，以确定自己是否适应组织环境或者社会环境的变化，以及怎样调整自己以适应组织和社会的需要。短期的规划比较注重组织环境的分析，长期的规划更多地注重社会环境的分析。

1. 组织环境分析

如果你已经在工作或者将要进入某一个组织工作，组织环境就会对你的职业发展产生重要影响。你对你工作的组织环境有所了解吗？它会给你的职业发展带来怎样的发展机会？

为了更清楚地了解你所处的组织环境，请先回答以下 5 个问题。

① 你所在的单位是企业、政府机构还是事业单位？

② 如果你工作的单位是企业，那么是什么性质的企业？是生产制造型企业或者商业企业？是处于发展上升中的企业还是衰落中的企业？

③ 你所在的组织的发展目标是什么？该目标为你的职业发展提供怎样的机会？

④ 组织现在和将来最需要什么样的人才？未来，组织会出现哪些新增的岗位？你的上司有哪些人退休或转移到别的岗位？你能适应组织发展的要求吗？

⑤ 你有哪些竞争对手和潜在的竞争对手？他们有哪些特长？这些特长对工作起到什么作用？

对组织的评估也要重视。在选择一个组织时，为了避免做出错误的决策，要尽可能利用可以获得的信息，了解组织的基本情况，这里要重点把握：在组织内是否有自己的发展机会，是否能满足自己职业发展的需求。

当然，进入组织后，随着对组织内部的进一步了解，要对组织进行重新评估，以进一步明确自己的发展目标或做出重新择业的决策。

2. 社会环境分析

个人不可避免地要受到所处社会环境的影响，它不但影响到自己的职业，还影响到自己生活的方方面面。为了更清楚地认识所处的社会环境对职业选择和职业发展的影响，需回答以下 5 个问题。

① 你所在地区的经济发展形势怎样？这个地区能为你提供怎样的发展机会？

② 你所在的行业是处于发展上升时期还是处于衰落时期？这个行业为你提供哪些发展机会？机会有多大？

③ 社会中将出现哪些新兴的行业？哪些新兴的行业比较适合你的发展？

④ 社会上还有哪些领域、哪些行业和哪些企业有更好的发展机会？

⑤ 还有哪些重要的社会因素影响到你的职业选择和职业发展？

社会环境分析要与自我评估、组织环境分析结合在一起，要抓住与个人职业选择与职业发展最相关的问题进行分析。

9.5.3 职业生涯机会评估

职业生涯机会评估包括长期的机会评估和短期的机会评估。通过对社会环境的分析，结合自己的具体情况，评估有哪些长期的发展机会；通过对组织环境的分析，评估组织内有哪些短期的发展机会。通过职业生涯机会评估可以确定职业和职业发展目标。

在所有机会评估方法中，SWOT 分析法是最著名也是最基本的一种。SWOT 是 4 个英语单词 strength、weakness、opportunity 和 threat 首字母的缩写，分别表示优势、劣势、机会和威胁。通常，优势和劣势从属于个人本身，而机会和威胁则更可能来自于外部环境（包括组织环境和社会环境）。因此，当个人评估职业生涯机会时，SWOT 分析法便可以派上用场。

1. 优势

自己优秀的方面，尤其是与竞争对手相比具有自身特色的优势方面，如组织协调能力强、专业技术过硬等。

2. 劣势

自己的短板，与竞争对手相比处于落后的方面，如性格内向、胆小怕事、自信心比竞争对手差等。

3. 机会

有利于自己职业选择和职业发展的机会，如企业有部分高管退居二线、企业产品种类增加、需要新车间主任等。

4. 威胁

存在潜在危险的方面，如所在企业产品被其他企业更先进的新产品替代、不喜欢自己这种性格的人来担任直接上司等。

通过 SWOT 分析，一幅清楚的职业生涯机会前景就呈现在你的面前。SWOT 分析法如表 9-4 所示。

表 9-4　SWOT 分析法

	优势（S）	劣势（W）
机会（O）	SO 策略	WO 策略
威胁（T）	ST 策略	WT 策略

运用 SWOT 分析法进行职业生涯机会评估时，要尽可能地对面临的各种职业发展机会进行评估，然后确定自己的职业生涯目标，选择最优发展机会。

职业生涯机会评估是制定职业生涯规划相当重要的阶段，职业生涯机会评估的好坏往往关系到以后的发展机会。正确的职业生涯机会评估能使自己成功地抓住机会，使事业蒸蒸日上。

9.5.4　确定职业生涯目标

职业生涯目标是指个人在选定的职业领域内未来将要达到的具体目标，包括短期目标、中期目标和长期目标。职业生涯目标一般都是在个人评估、组织评估和环境评估的基础上，由组织的部门负责人或人力资源部负责人与员工个人一起确定。

首先确定的是人生目标，然后再确定长期目标、中期目标和短期目标。其中，人生目标的设定是职业生涯规划的核心。一个人事业的成败，很大程度上取决于有无正确的人生目标。初出校门的学生进入职业队伍时首先考虑的就是人生目标，由于对自我的认识不足和对组织和社会环境的认识有限，有时人生目标是难以在就业前确定的，这时可以通过工作初期的几年对工作进行试探，进一步了解适合自己的职业环境，尽快确立职业生涯目标。

制定职业生涯目标要注意以下 3 个重要方面。

① 人生目标、长期目标要尽可能远大，要宏观，不要具体详细。
② 中、短期目标应既有激励价值，又要现实可行，而且要具体明确。
③ 短期目标要服从于上一级目标，要围绕上一级目标来制定。

当然，在制定人生目标和长期目标时，可能要多考虑一些社会和自身的因素；而制定中期目标和短期目标，就要更多地考虑组织因素。

9.5.5　制订行动方案

在确定职业生涯目标后，就要制订相应的行动方案来加以实现。把目标转化成具体的方案和措施，比较重要的行动方案有职业生涯发展路线的选择和职业的选择。

1. 职业生涯发展路线的选择

职业生涯发展路线是整个人生规划的开始，在确定自己的人生目标后，就必须考虑向哪一条路线发展，即是走行政管理线路，向行政方面发展，还是走专业技术路线，向业务方面发展等。职业生涯发展路线设计如表 9-5 所示。

表 9-5　职业生涯发展路线设计

第 1 步	进入大学学习技术与管理知识
第 2 步	在公共关系部门锻炼人际交往能力

	续表
第3步	到企业承担基层工作
第4步	到大公司担任中层管理人员
第5步	到小公司担任高层管理人员
第6步	成为大公司高层管理人员

发展路线不同，要求也就不同，这一点不能忽视。即使是同一职业，也有不同的岗位，有的人头脑灵活，适合搞经营，可以成为一名经营人才；有的人善于协调人际关系，可以成为一名卓越的行政管理人才；有的人适合搞研究，可在某一专业领域有所突破，成为专家、学者。由此可见，职业生涯发展路线的选择，也是职业发展能否成功的重要步骤之一。

2. 职业的选择

在确定职业生涯目标和选择职业生涯发展路线之后，这时就要选择相应的职业。在选择职业阶段，一般先要选择行业，再选择行业中的某一类职位。

应选择什么样的职业，可以先想想以下3个方面的问题。

① 哪些行业对你来说有比较多的发展机会？这些行业中，你最喜欢哪一类职位？你对这些行业和职业了解多少？

② 你最感兴趣的企业是什么类型的？这些企业可以给你提供好的发展机会吗？这些企业能给你好的待遇吗？

③ 你了解所选择的企业吗？这个企业能给你提供什么样的发展机会？胜任这个职位需要具备哪些条件？

在这个过程中，应考虑以下4个方面的问题。

（1）选择行业

在选择行业时，先要拟定几类合适的行业进行考察，收集行业发展的资料，多和有丰富职业经验的人交流。例如，你想步入律师这个行业，至少得了解中外法律史、国际国内法律的异同，以及尽可能收集这个行业一些优秀人物的个人资料。在对某行业进行考察时，拟出该行业某职位的相关知识门类、能力特点和实践技能。如果选定了该行业，把上述情况列出清单，结合自己的实际逐一加以学习和培养，尤其要加强锻炼实践技能。

（2）选择理想的企业

在了解自己对职业前途的需求状况之后，选择最适宜的企业是关键的一步。什么是最适宜的企业呢？薪酬待遇固然重要，但更多地要考察企业的发展机会，要注重该企业的企业文化的优越性与管理系统的规范性。一个优秀的企业所提供的文化内涵与制度框架体系将使员工终身受益，使员工无论在客观行动上还是主观观念上都融入一种以效率为基准，同时注重团队精神与个人相结合的管理环境中，而这正是企业的竞争力所在。

（3）找准职能部门

找准职能部门必须与个人的学业专长、爱好、学习体验综合起来考虑，在这个过程中，往往会受企业职能部门人员编制的限制。但是，假如具备足够的竞争优势，应该选择最适合自己发展的职能部门。有些职能部门工作量大、业务复杂，但同时有较多的发展机会，要优先考虑这些部门。

（4）重视培训

对于刚刚工作的大学生而言，要完成从学生到企业人的角色转换需要一个过渡期。一般而言，在过渡期内，企业都会为新员工提供各种培训，其目的就是让新员工迅速掌握本企业各项业务的特点，从而在最短时间内进入角色，并按照企业的制度体系开展工作。应当充分重视企业提供的各方面培训，认真对待，快速成长。

一些著名跨国企业对人才的吸引力之所以巨大，除了较高的薪酬之外，很重要的一个原因就是这些历史悠久的跨国企业通过多年市场操作，总结出了极其科学、先进且富有特色的员工培训机制，使员工能够切身感受到一整套最先进的管理操作系统，从而为今后事业的发展奠定良好的基础。

9.5.6 评估与反馈

由于社会环境的不断变化、自身的不断成长和一些不确定因素的存在，会使原来制定的职业生涯目标与规划有所偏差，这时需要对职业生涯目标与规划进行评估并做出适当的调整，以更好地符合自身发展和社会发展的需要。

调整的内容包括：职业的重新选择、职业生涯路线的选择、实施措施与计划的变更、人生目标的修正等。为了对职业生涯规划做出有效的修订与评估，通常要回答以下 6 个问题。

① 我真能做好这项工作吗？我能顶住真实工作情况所造成的压力吗？我将如何缓解这份工作带来的焦虑和紧张呢？我擅长这项工作吗？我从心里喜欢它吗？

② 人们认为我值得这么干吗？我有机会显示自己的长处吗？我能做出一定的贡献吗？我的贡献能得到领导的赏识吗？

③ 从事了这项工作后，能保持自己的个性吗？我将不得不放弃自己的价值观或道德标准吗？我将不得不顺应不合意的公司准则吗？

④ 我在工作和生活中会取得一种均衡吗？我有时间满足家庭和个人的乐趣吗？职业会向我提出力不从心的要求吗？

⑤ 我将学有所得，不断成长吗？

⑥ 组织中的成员资格符合自己的理想吗？能强化个人的自我形象吗？能与这种职业或组织结为一体并为这种结合感到骄傲吗？

当然，人生规划一旦制定，就不要轻易改变，在遇到一些不确定因素的影响时，一般只对短期规划和中期规划做调整，人生规划与长期规划的调整一定要慎重考虑。

能力链接

个人职业生涯的 PPDF 法

PPDF 的英文全称是"Personal Performance Development File"，中文译作"个人职业表现发展档案"，也可译成"个人职业生涯发展道路"。

1. PPDF 的主要目的

PPDF 是对员工工作经历的一种连续性的参考。它的设计使员工和他的主管领导对该员工所取得的成就，以及员工将来想做些什么有一个系统的了解。它既指出了员工现时的目标，也指出了员工将来的目标及可能达到的目标。它标示出了如果员工要达到这些目标，在某一阶段应具备什么样的能力、技术及其他条件等。同时，它还帮助员工在实施行动时进行认真思考，看自己是否非常明确这些目标，以及应具备的能力和条件。

2. PPDF 的主要内容

（1）个人情况

① 个人简历。包括个人的出生年月、出生地、部门、职务、现在的住址等。

② 文化教育。包括初中以上的校名、地点、入学时间、主修课程、课题等，所修专业是否拿到学位，在学校负责过何种社会活动等。

③ 学历情况。填写所有的学历、取得的时间、考试时间、课题及分数等。

④ 曾接受过的培训。填写曾接受过何种与工作有关的培训（业余还是在职培训），以及课题、形式、培训时间等。

⑤ 工作经历。按顺序填写以前工作过的单位名称、工种、工作地点等。

⑥ 有成果的工作经历。填写以前有成绩的工作，不要写现在的。

⑦ 以前的行为管理论述。填写对工作的评价，以及关于行为管理的事情。

⑧ 评估小结。对档案里所列的情况进行自我评估。

（2）现在的行为

① 现时工作情况。填写现在的工作岗位及其职责等。

② 现时行为管理文档。填写现在的行为管理文档记录，可以在这里加一些注释。

③ 现时目标行为计划。设计一个目标，同时列出与此目标有关的专业、经历等。这个目标是有时限的，要考虑成本、时间、质量和数量。如果有什么问题，可以立刻同你的上司探讨解决。

④ 如果你有了现时目标，写出你的目标。

⑤ 怎样为每一个目标设定具体的期限？此处写出你和上司谈话的主要内容。

（3）未来的发展

① 职业目标。在今后的3～5年里，你准备在单位里做到什么位置？

② 所需要的能力、知识。为了达到目标，你认为应该拥有哪些新的技术、技巧、能力和经验等？

③ 发展行动计划。为了获得这些能力、知识，你准备采用哪些方法和实际行动？其中哪一种是最好、最有效的？谁对执行这些行动负责？什么时间能完成？

④ 发展行动日志。此处填写发展行动计划的具体活动安排、所选用的培训方法，如听课、自学、所需日期、开始的时间、取得的成果等。这不仅仅是为了自己，也是为了了解工作、了解行为。同时，还要对照自己的行为和经验等写上从中学到了什么。

（资料来源：http://www.8020rc.com/news/20/19093.html）

单元小结

职业，是指人们为了获取物质报酬而从事的连续性的社会活动，是人们从事的相对稳定的、有收入的、专门的工作，是人们的社会角色的一个极为重要的方面。

从广义上讲，职业生涯是指一个人从职业学习开始至职业劳动结束的整个过程。狭义的职业生涯限定于直接从事职业工作的这段生命时光，上限始于任职之前的职业学习和培训。广义的职业生涯是指从职业能力的获得、职业兴趣的培养、选择职业、就职直至最后完全退出职业劳动的过程。

职业管理是指组织提供的用于帮助组织内部员工从事某类职业的行为过程。职业管理是组织为其员工设计的职业发展、帮助计划。职业管理必须满足组织与个人的双重需要。职业管理是企业人力资源管理的重要内容之一。

职业生涯规划是指个人根据自己的特点，对所处的组织环境和社会环境进行分析，制订自己在事业发展上的战略设想与计划安排。

思考与实践

一、复习思考题

1. 职业和职业生涯的含义是什么？
2. 简述职业管理的含义和内容。
3. 简述职业生涯管理理论。
4. 简述个人职业生涯规划的含义和流程。
5. 确定职业生涯目标要注意哪些问题？
6. 如何选择职业生涯发展路线？

二、案例分析

案例1 麦当劳"圣诞树"式的人才发展系统

世界快餐之王——麦当劳不仅经营艺术十分高超，在人力资源管理方面也有独到之处。麦当劳有人力资源管理手册，将人力资源管理的所有内容都标准化了，如怎样面试、如何招聘、怎样挖掘一个人的潜力等。手册的内容表明，麦当劳的招聘面试、对员工的考核、员工结构、员工发展系统等均比较独到，尤其是它的人才发展系统堪称一绝。

发展包括两个方面：一是能力的培养与提高，二是职位的提高与晋升。因此人才发展系统也包括两个方面：一是个人能力发展系统，二是个人职位发展系统。

麦当劳的个人能力发展系统跟其他公司既有相似之处，又有很大的差别。相似之处在于，麦当劳的个人能力发展系统也同大多数公司一样，主要靠培训。麦当劳北京公司总裁赖林胜先生说，"麦当劳北京公司每年都在培训方面有很大的投入"。首先，麦当劳是强行对员工进行培训，麦当劳在中国有3个培训中心，培训的教师全部是公司里有经验的营运人员；其次，麦当劳餐厅经理层以上人员一般要派往国外去学习，在北京的多家麦当劳里，就有100多人到美国的汉堡大学学习过。他们不单去美国学习，还去新加坡等地，因为麦当劳认为新加坡的培训做得很好，"他们的自然资源很少，主要靠人力资源开发增强综合国力"。而且，不论是出国培训还是平常培训，培训完成后员工都要给他的上级经理写行动计划，然后由经理来评估，以保证培训效果。麦当劳希望通过这些措施让员工觉得在麦当劳有发展前途。

与其他公司的不同之处是，除了培训中的细节（如前面提到的强制培训、行动计划等）外，麦当劳比较注重让员工在实践中学习和提高，即平常的"Learning by doing（干中学）"。员工进入麦当劳之初，就有年长者专门辅导，告诉他工作经验，并带领他从事实际工作，麦当劳的管理人员95%以上要从员工做起，在实践中得到提高和提升。

尤为特别的是麦当劳的个人职位发展系统。一般企业的职位设置，高高在上的是公司最高管理层，如老板或者是董事长、董事、总裁等；然后是高层经理人员，主要是职能部门总经理、产品部门总经理、地区总经理等；下面还有中层管理人员；最下面是广大员工，活脱脱一个"金字塔"。结果是越往上越小，路越窄，许多优秀人才为了争夺一个职位费尽心机，不能成功者多数选择了另起炉灶或另谋高就，很不利于公司和人才的进一步发展。麦当劳的职位系统更像一棵"圣诞树"，公司的核心经营管理层就像树根，为众多树干和树枝提供根基，只要员工有能力，就可以上一层成为一个分支，更出色者还可以"更上一层楼"，又是一个分支，甚至可能发展成树干，如此等等，永远有机会。正因为这样，麦当劳的离职率很低。

麦当劳北京公司总裁赖林胜先生在解释这一点时说："钱非万能，如果员工只是为了钱，他明天又可能为了更多的钱走掉。这15年来，包括我本人在内，都感觉麦当劳是陪我们一起成长的。因此对于连锁经营来讲，它的结构是很重要的，生产系统、采购系统重要，人力资源系统更重要。因为只要是连锁经营，你的机会就永远存在。我常跟同事们说：每个人面前都有个梯子，不用去想我会不会被别人压下来。你爬你的梯子，你争取你的目标。所以要给每个员工规划一个很长远的计划来改善现在的情形。所以，人一定要追求卓越，这是第一。还有给每个人平等的机会，不搞裙带关系。一个企业在发展之初，还要记住维护你的社会地位。在发展员工的时候，你不要总是说"我发给他工资"。工资不代表什么，人家还有给更高工资的。你给得多，别人也许会更多。没有钱是万万不能的，但钱也不是万能的。所以大家不论选择好的合作伙伴还是找好的员工，都要建立一套规范的系统。这些系统建立好以后，我们的连锁经营才能发展壮大。麦当劳最特别的人力资源管理系统就是"圣诞树"而非"金字塔"般的个人发展系统。

（资料来源：http：//wenku.baidu.com/view/c96f0d2d647d27284b7351ec.html，有改动）

讨论与训练

1. 案例中，"圣诞树"式的人才发展系统指的是什么？
2. 麦当劳是如何为它的员工个人发展开辟通道的？
3. 麦当劳吸引员工的奥秘在哪里？

案例 2　关心员工的默尔·诺曼化妆品公司

很少有哪个公司的员工能享受像默尔·诺曼化妆品公司在加利福尼亚利西尔玛总部工作的员工所享受的福利,每一个为这家化妆品制造公司工作的人都享受令人羡慕的福利:花25美分就能得到一份以上等排骨和杏仁为特色的有7道菜的午餐;有法国著名厨师提供的各种丰富的点心和面包;通常支付费用的10%就能找到公司雇用的牙科大夫并把牙补好;以批发价从公司拥有的加油站购买汽油;每两周就能于星期六晚上在公司豪华的小剧场免费观看首轮放映的电影;一份由公司高层管理人员端出的圣诞节自助式火鸡午餐;向每个员工提供一张红利支票,支付一周的额外薪水。

这种对待员工的全面仁慈态度就是由默尔·诺曼提出的。默尔·诺曼于1931年11月创建了这家公司,并把"像家人那样"对待员工作为公司的一项政策。在她的化妆品公司成功以前,默尔·诺曼外出工作只是出于生计。她的丈夫安迪·诺曼是一个推销员,为了追求他的发财梦,这对夫妇在6年里搬了7次家,穿行了整个美国,于1919年在加州圣莫尼卡安顿下来,安迪在那儿建立了一家房地产公司,但前景惨淡,决定继续搬家。

然而,这次默尔·诺曼不太愿意把赌注都押在未来的路途上。出于生计,她说服丈夫支持她创办一家自己的企业:汉堡包售货亭。很快,这个售货亭成为附近工厂和仓库工人中颇受欢迎的午餐地点,这主要得益于它出售的汉堡包特别松软。

尽管她的汉堡包售货亭大受欢迎,但是默尔·诺曼认识到,经营一家只供应一种产品且生意只集中于午餐时间的小饭店只能赚到有限的钱。1923年,她关闭了汉堡包售货亭,转而开设了一家新的全天营业饭店,供应早、中、晚三餐。但新饭店在刚开张几分钟后就关闭了。原因是一位愤怒的顾客因为店里没有烤奶油蛋饼的铁模而责骂她,而她对自己一大早就关闭饭店的举止解释为:当你经营一个企业时,你总是假定你自己了解这一行。我甚至不知道要去搞一副烤奶油蛋饼用的铁模,因此我关门了。

这次实践给她上了宝贵的一课:下次创办企业时要更加审慎,更加小心地规划。之后,诺曼为一名叫杜莫尔的医生工作,从中学会了为自己的化妆品配方。到1927年,诺曼试验出一种粉底油膏,并相信它已相当不错,足以出售给公众。然而,饭店的失败仍然记忆犹新,这位40岁的企业家并不想轻率地投入这项事业。于是,诺曼一边仍然在杜莫尔那里工作,一边开始悄悄地向朋友和熟人出售她的"粉底霜"。与此同时,她还开发出其他美容产品,如洁肤剂、冷霜和扑面粉等。

由于支付不起报纸广告费,诺曼只得依靠口头介绍来为她的家庭工作室招揽新顾客。任何带朋友来工作室的顾客及其朋友,诺曼都提供一次免费化妆,以鼓励口头介绍。

虽然这样做既费钱又费时,但诺曼相信如果顾客喜欢化妆的效果,他们就会购买这种产品。事实证明默尔·诺曼是正确的。通过提供这种免费的化妆服务来促销,她的这家以其本人名字命名的公司发展成为不稳定化妆品市场中最能持续保持赢利的公司之一。

诺曼是一位非常坚决果断的女人,她对自己的最终成功充满信心,而且她还很善于听取旁人的意见。在她侄子的建议下,诺曼在圣巴巴拉开办了第二家默尔·诺曼工作室。

结果圣巴巴拉的工作室非常成功,一年内又诞生了另外70家默尔·诺曼工作室。这些工作室并非特许经营,而是由经营者拥有的独立企业,这些经营者同意只使用默尔·诺曼的产品,并遵循其他准则。

最初，默尔·诺曼本人亲自训练所有新的工作室拥有人，但是随着企业的发展，她不得不设计一些教导她们的其他方法。1936年，她开始出版《默尔·诺曼公司新闻报》，让交易商了解公司的最新发展。两年以后，她接着又创建了默尔·诺曼训练学校，这个学校在全国流动，为工作室拥有人不断提供销售训练。

1983年默尔·诺曼化妆品公司在世界2 500个工作室的销售额由1978年的6 000万美元跃至8亿美元。

（资料来源：田在兰. 人力资源管理. 广州：暨南大学出版社，2011.）

讨论与训练

1. 默尔·诺曼的职业生涯设计有何特点？
2. 怎样看待默尔·诺曼的成功？
3. 默尔·诺曼的职业生涯对你有何启发？

案例3 美国惠普公司员工职业发展的自我管理

美国惠普是世界知名的高科技企业，被称为"惠普之道"的独特而有效的管理模式为世人所称道。该公司聚集了大量的素质优秀而训练良好的技术人才，他们是惠普最宝贵的财富，是发展与竞争力的主要源泉。惠普能够吸引来、保留住和激励起这些高级人才，不仅靠优厚的物质待遇，更重要的是靠向这些员工提供良好的提高、成长和发展的机会，其中帮每位员工制订令他们满意的、有针对性的职业发展计划是其中一个重要因素。

例如，该公司的科罗拉罗泉城分部就开发出一种历时3个月的职业发展自我管理课程。这门课程主要包含两个环节：先是让参加者用各种测试工具及其他手段进行个人特点的自我评估，然后将评估中的发现结合其工作环境，编制出自己的一份发展路径图来。

把自我评估作为职业发展规划的第一步，当然不是什么新主意。自我帮助的书籍泛滥成灾已经多年了。不过这些书本身却缺乏一种成功的要素，那就是在一种群体（小组或班组）环境中所具有的感情支持，在这种环境里大家可以共享激情与干劲，并使之维持长久不衰。

惠普公司科罗拉罗泉城分部从哈佛大学的职业发展课程里选择了6种活动工具，通过这6种活动工具课程的学习，取得每人的个人特点资料。这6种活动工具如下。

（1）一份书面的自我访谈记录

给每位参加者发一份提纲，其中有11个问及他们自己情况的问题，要他们提供自己生活情况（有关的人、地、事件）、经历过的转折，以及对未来的设想，并让他们在小组中讨论。这篇自传摘要体裁的文件将成为自我分析所依据的主要材料。

（2）一套"斯特朗-坎贝尔个人兴趣调查问卷"

对这份问卷的325项问题填答后，就能据此确定他们对职业、专业领域等的喜恶倾向，为每人与各种不同职业中成功人物的兴趣比较提供依据。

（3）一份"奥尔波特-弗农-林赛价值观问卷"

此问卷中列有相互矛盾的多种价值观，每个人必须对之做出45种选择，从而测定这些参加者对多种不同的关于理论、经济、美学、社会、政治及宗教价值观接受和统一的相对强度。

（4）一篇24小时活动日记

参加者要把一个工作日内及一个非工作日内全天的活动如实而无遗漏地记下来，用来对照其他来源所获的同类信息。

(5) 对另两位"重要人物"（对自己有重大意义的人）的访谈记录

每位参加者要对自己的配偶、朋友、亲戚、同事或其他重要人物中的两个人，就自己的情况提出一些问题，看看这些旁观者对自己的看法，这两次访谈需要录音。

(6) 生活方式描述

每位参加者都要用文字、照片、图或他们自己选择的其他手段，把自己的生活方式描绘一番。

这项活动的关键之处就在于所用的方法是归纳式的而非演绎式的。一开始就让每位参加者拿出有关自己的新资料，而不是先从某些一般规律去推导每个人的具体情况。这个过程是从具体到一般，而不是从一般到具体。参加者观察和分析自己的资料，并从中认识到一些一般性规律。他们先把6种活动中所获取的资料分别进行研究，分别得出结论，再把6种活动中所得的资料合为一体，进行分析研究。

每个人都做好了自我评估后，部门经理逐一采访参加过此活动的下级，听他们汇报自己选定的职业发展目标，并记录下来，同时还要写出目前在他们部门供职的这些人的情况和职位。当公司未来需要的预测结果与每位参加者锁定的职业发展目标相符时，部门经理就可据此帮助他的部下绘制出其在本公司发展升迁的路径图，标明每一次升迁前应接受的培训或应增加的经历。每位员工的职业发展目标还得和绩效目标与要求结合起来，供将来考评使用。部门经理要监测他的部下在职业发展方面的进展，作为业绩考核活动的一部分，并给他们提供尽可能的帮助与支持。

（资料来源：周文成．人力资源管理：技术与方法．北京：北京大学出版社，2010．）

讨论与训练

1. 在惠普公司的职业管理中，个人与组织是如何配合协调的？
2. 惠普公司职业管理方法对员工个人及组织有什么作用？
3. 惠普公司的职业管理在整个人力资源管理工作中有什么作用？

三、实践训练

企业员工职业生涯规划调研

1. 实训目的

① 了解中小企业是如何进行员工职业生涯规划的。

② 了解企业现有职业生涯规划状况及存在的问题。

2. 实训内容与步骤

① 选择学校附近的不同企业作为调研对象，根据所选行业，分小组确定调研目的和内容。

② 进行实地调查，对所选择的企业进行走访，了解企业职业生涯规划状况和职业生涯规划的方法。

③ 总结企业经常采用的职业生涯规划方法。

④ 指出调查中发现的职业生涯规划状况存在的问题。

⑤ 针对存在的问题，提出具体的解决方法和建议。

3. 实训考评

① 分组时以班级人数来确定小组，每一小组人数以4~8人为宜。

② 小组中要分工合理，分别搜集不同的内容和数据。

③ 搜集内容和数据之前要统一认识、统一口径、统一判断标准，讨论要充分。

④ 通过采集的资料，进行充分的讨论和分析，小组组长负责调研报告的整理和总结，并上交任课教师做评价。

参 考 文 献

［1］刘冬蕾．人力资源管理概论．成都：西南财经大学出版社，2009．
［2］冯拾松．人力资源管理与开发．北京：高等教育出版社，2007．
［3］张岩松，贝凤岩．现代人力资源管理案例教程．北京：北京交通大学出版社，2010．
［4］叶龙，史振磊．人力资源开发与管理．北京：北京交通大学出版社，2011．
［5］陈天祥，王国颖．人力资源管理．广州：中山大学出版社，2004．
［6］刘磊．人力资源管理．北京：中国电力出版社，2013．
［7］孙泽厚，罗帆．人力资源管理理论与实务．2版．武汉：武汉理工大学出版社，2007．
［8］赵曙明．人力资源管理．北京：中国人民大学出版社，2006．
［9］米尔科维奇．薪酬管理．6版．北京：中国人民大学出版社，2002．
［10］德斯勒．人力资源管理．9版．北京：中国人民大学出版社，2005．
［11］张德．人力资源开发与管理．2版．北京：清华大学出版社，2004．
［12］董克用．人力资源管理概论．北京：中国人民大学出版社，2007．
［13］彭剑锋．人力资源管理概论．上海：复旦大学出版社，2005．
［14］萧鸣政．人力资源开发的理论与方法．北京：高等教育出版社，2004．
［15］郑晓明．人力资源管理导论．北京：机械工业出版社，2005．
［16］舒尔茨．论人力资本投资．北京：商务印书馆，1990．
［17］余凯成．人力资源管理．大连：大连理工大学出版社，2002．
［18］徐纪良．现代人力资源论．上海：上海人民出版社，1996．
［19］赵文贤．人力资源开发与管理．上海：上海人民出版社，1996．
［20］叶向峰．员工考核与薪酬管理．北京：企业管理出版社，1999．
［21］胡君辰，郑绍濂．人力资源开发与管理．上海：复旦大学出版社，1999．
［22］张一弛．人力资源管理教程．北京：北京大学出版社，1999．
［23］安鸿章．工作岗位研究原理与应用．北京：中国劳动出版社，1998．
［24］许玉林．组织行为学．北京：中国劳动出版社，1996．
［25］刘昕．薪酬管理．北京：中国人民大学出版社，2002．
［26］程延园．劳动关系．北京：中国人民大学出版社，2002．
［27］孙彤．组织行为学．北京：高等教育出版社，2000．